ENNODE DE PAVIE

LETTRES

LIVRES III et IV

COLLECTION DES UNIVERSITÉS DE FRANCE
publiée sous le patronage de l'ASSOCIATION GUILLAUME BUDÉ

ENNODE DE PAVIE

LETTRES

TOME II

LIVRES III et IV

TEXTE ÉTABLI, TRADUIT ET COMMENTÉ
PAR
STÉPHANE GIOANNI
Directeur des études à l'École française de Rome

Deuxième tirage

PARIS
LES BELLES LETTRES
2021

Conformément aux statuts de l'Association Guillaume Budé, ce volume a été soumis à l'approbation de la commission technique, qui a chargé Mme Monique Goullet et M. Guy Sabbah d'en faire la révision et d'en surveiller la correction en collaboration avec M. Stéphane Gioanni.

95 boulevard Raspail, 75006 Paris
www.lesbelleslettres.com

Premier tirage 2010

ISBN : 978-2-251-01456-2
ISSN : 0184-7155

INTRODUCTION

Le renouveau des études ennodiennes, depuis une quinzaine d'années, a redonné à Ennode la place qui lui revient dans la littérature et l'histoire de l'Italie théodoricienne aux côtés de Cassiodore. En ce qui concerne sa *Correspondance*, la publication du premier tome des *Lettres* en 2006 et le livre de B.-J. Schröder *Bildung und Briefe im 6. Jahrhundert* [1] en 2007 ont montré les fonctions de ses épîtres dans l'évolution du genre épistolaire, la transmission de la culture antique et l'édification de la société romano-gothique. Il n'est pas dans notre intention de proposer une nouvelle présentation des *Lettres* d'Ennode [2] mais de présenter les épîtres contenues dans les livres 3 et 4 et de faire le point sur quelques recherches récentes.

Le contexte historique : le schisme laurentien et ses suites (498-507)

Les épîtres rassemblées dans ce volume ont été écrites pour l'essentiel entre 502 et 507, même si certaines lettres sont probablement antérieures ou postérieures à cette période [3]. Les principaux correspondants sont les mêmes

1. B.-J. Schröder, *Bildung und Briefe im 6. Jahrhundert. Studien zum Mailänder Diakon Magnus Felix Ennodius*, Berlin-New York, 2007.
2. *Ennode de Pavie, Lettres*, I, Paris, 2006 (CUF), introduction, p. VII-CXCVIII.
3. La transmission d'Ennode illustre l'influence du Moyen Âge sur la réception des œuvres tardo-antiques, souvent transmises dans des recueils d'extraits, des florilèges ou des collections constituées par des

que dans les livres précédents (Faustus Niger, questeur du palais de Ravenne, son fils Avienus, consul en 502, la sœur d'Ennode Euprepia, son parent Apollinaire et ses amis Jean, Constantius, Senarius, Eugenes et Agapitus qui exercent de hautes fonctions à la cour). Si l'on constate un nombre croissant de correspondants religieux (diacres, prêtres, abbés, évêques, pape), la majorité des lettres sont toujours destinées à des personnages influents de la cour, en particulier les questeurs du palais successifs (Faustus, Eugenes), les comtes financiers (Julianus, Apronianus) et autres *uiri illustres* (Senarius, Constantius, Agapitus, Trasemundus, Vitalis...). La géographie épistolaire change peu. La plupart des lettres sont adressées à Ravenne, à Milan, à Rome ou en Gaule. Ennode écrit aussi une première lettre à l'évêque de Syracuse (Eulalius) et traite plusieurs affaires concernant des personnes habitant en Afrique (Agnellus, Dominator et les parents du préfet du prétoire Opilion). L'origine sociale et les fonctions élevées des correspondants, aussi bien dans le clergé qu'à la cour, confirment que le diacre de Milan joue un rôle de médiateur de plus en plus important au service de l'administration épiscopale.

En Italie, le contexte historique reste fortement marqué par le règlement du schisme laurentien [4], à la fin de l'année

compilateurs qui en ignoraient la logique primitive. C'est pourquoi de nombreuses œuvres sans repère chronologique n'ont sans doute pas été classées suivant l'ordre de composition. Nous avons présenté dans le premier volume une série d'éléments qui suggèrent, selon nous, que la « collection » des œuvres d'Ennode n'était pas fixée définitivement avant leur redécouverte par Paul Diacre à la fin du VIIIe siècle (*Ennode, Lettres,* I, p. CXLI-CLIV : « la chronologie » ; S. Gioanni, « Nouvelles hypothèses sur la datation de la collection d'Ennode », dans éd. F. Gasti, *Atti della III Giornata Ennodiana*, Pise, 2006, p. 59-76). Les livres 3 et 4 fournissent de nouveaux éléments que nous discutons dans les notes complémentaires. L'analyse de certaines adresses épistolaires (voir *epist.* 3, 18, note 1, p. 89-90) et la confrontation des deux versions de l'*epist.* 3, 4 dans le manuscrit de Bruxelles (voir *epist.* 3, 4, note 1, p. 73) méritent une attention particulière.

4. Sur le schisme laurentien, voir T. Sardella, *Società Chiesa e Stato nell'età di Teoderico. Papa Simmaco e lo scisma laurenziano*, Messina, 1996 ; E. Wirbelauer, *Zwei Päpste in Rom. Der Konflikt zwischen Lau-*

502, auquel plusieurs épîtres font allusion. Ce conflit avait éclaté le 22 novembre 498, cinq jours après la mort du pape Anastase, quand deux papes furent élus simultanément pour lui succéder : Symmaque, qui défendait une politique de rigueur à l'égard de l'Orient, avait été élu par la majorité du clergé alors que Laurent avait reçu le soutien de l'aristocratie [5] qui entretenait de nombreuses sympathies avec le parti byzantin. Les deux « pontifes » s'étaient rendus à Ravenne auprès du roi Théodoric qui se déclara pour Symmaque dont la victoire fut scellée lors d'un premier synode tenu à Rome le 1er mars 499. Pourtant, le conflit resurgit en novembre 501 après la réunion d'un second synode : l'objet principal de la discussion fut l'annulation d'un ancien décret *(scriptura)* dont le diacre Hormisdas, correspondant d'Ennode et futur successeur de Symmaque, fit une lecture publique. Ce texte avait été promulgué en 483 durant la phase de transition entre la mort de Simplicius et l'élection du nouveau pontife Felix. Il avait été défendu par le préfet de la Ville Basilius, chef de la famille des *Decii*, qui prétendait que le pape Simplicius l'avait chargé de veiller à la succession pontificale, malgré l'opposition du clergé romain qui se voyait ainsi privé de sa liberté d'élection. Le premier point était donc un conflit entre l'aristocratie et le clergé pour le contrôle de l'élection du pape. Le second point était d'ordre économique : la *scriptura*, que le diacre Hormisdas continuait à lire devant le synode, établissait un règlement qui limitait le patrimoine

rentius und Symmachus (498-514), Munich, 1993 ; Ch. Pietri, « Aristocratie et société cléricale dans l'Italie chrétienne au temps d'Odoacre et de Théodoric », dans *MEFRA* 93, 1, 1981, p. 417-467 ; J. Moorhead, « The Laurentian Schism. East and West in the Roman Church », dans *Historia* 27, 1978, p. 125-136 ; P. A. B. Llewellyn, « The Roman Church during the Laurentian Schism : Priests and Senators », dans *Church History* 45, 1976, p. 417-427 ; G. B. Picotti, « I sinodi romani nello scisma laurenziano », dans *Studi storici in onore di Gioacchino Volpe*, II, Firenze, 1958, p. 741-786 ; G. Pfeilschifter, *Der ostgotenkönig Theoderich der Grosse und die katholische Kirche*, Münster, 1896.

5. D'après le *Liber pontificalis*, Faustus Niger, le principal correspondant d'Ennode, était le « seul » représentant de l'aristocratie consulaire à se ranger du côté de Symmaque (*Liber pontificalis*, 53. 5, p. 261 : *solus autem Faustus ex consulibus pro ecclesia pugnabat*).

croissant de l'Église qui bénéficiait depuis longtemps des dons et de l'évergétisme [6] aristocratiques. La *scriptura* prévoyait que le patrimoine de l'Église devait rester identique à celui qui était parvenu à l'évêque et ne pouvait s'accroître d'aucune donation supplémentaire. Toute aliénation de biens serait frappée de nullité à la mort du donateur et les biens devaient retourner dans la famille du donateur, avec restitution de l'usufruit. En annulant la *scriptura*, le synode de 501 permettait à l'Église de conserver le contrôle économique sur les biens reçus de l'aristocratie et d'augmenter son patrimoine. Cette décision ranima le conflit entre le pape et les partisans de Laurent qui accusèrent Symmaque de vouloir dilapider le patrimoine ecclésiastique, comme on peut le voir dans le fragment laurentien du *Liber Pontificalis* [7]. Une série de documents, que l'on appelle les « faux-symmachiens » (documents apocryphes écrits par des partisans de Symmaque) montre que ce problème économique est bien au cœur du schisme : l'un d'entre eux (les *Gesta de Xysti purgatione et Polychronii accusatione*) met en scène l'évêque de Jérusalem Polychronios qui est accusé – comme Symmaque – d'avoir vendu les *praedia* que son Église avait reçus de l'aristocratie.

Après le synode de 501, les ennemis de Symmaque, représentés notamment par les sénateurs Festus et Probinus [8],

6. Sur l'évergétisme dans l'œuvre d'Ennode, voir Cl. Sotinel, « L'évergétisme dans le royaume gothique : le témoignage d'Ennode de Pavie », dans *Committenza e committenti tra antichità e alto medioevo*, Universitat de Barcelona, 1996, p. 213-222 ; et Ch. Pietri, « Les pauvres et la pauvreté dans l'Italie de l'Empire chrétien », dans *Christiana Respublica. Éléments d'une enquête sur le christianisme ancien*, École française de Rome, 1997 (*Collection de l'École française de Rome* 234) p. 835-868.

7. *Frammento laurenziano*, éd. L. Duchesne, p. 45-46 : ***Accusatur etiam ab uniuerso clero Romano***, *quod contra decretum a suis decessoribus obseruatum* ***ecclesiastica dilapidasset praedia*** *et per hoc anathematis se uinculis inretisset. Pro diebus autem paschalibus ab omnibus paene* ***uir uenerabilis Petrus Altinatis episcopus a rege uisitator ecclesiae Romanae*** *deposcitur (...).*

8. Voir Paul Diacre, *Historia Romana*, 16, 2 : *Festus senatorum nobilissimus et exconsul et alius exconsul Probinus Laurentii partibus*

firent pression sur le roi Théodoric qui désigna l'évêque Pierre d'Altinum comme *uisitator* chargé de pacifier les relations dans l'Église de Rome. Le choix de l'évêque d'Altinum s'explique peut-être par l'intervention de son métropolitain, le puissant évêque d'Aquilée Marcellianus, qui resta jusqu'à sa mort un farouche opposant à Symmaque (*epist.* 4, 1 et 4, 31). Ennode nous apprend en effet que Pierre d'Altinum mit en cause la légitimité de Symmaque en prenant le contrôle des églises de Rome et en célébrant Pâques au Latran le 14 avril suivant le comput alexandrin (et non à Saint-Pierre, le 7 avril, comme l'avait décidé Symmaque) [9]. Les partisans de Laurent obtinrent un troisième synode en 502 (juillet ?) destiné à mettre en accusation Symmaque. Celui-ci posa comme condition la révocation du *uisitator* Pierre d'Altinum et la restitution des églises de Rome placées sous son administration. L'assemblée des évêques, présidée par les trois métropolitains d'Italie du nord (Milan, Aquilée et Ravenne) accepta ces requêtes et organisa une nouvelle session le 1er septembre 502 dans la basilique sessorienne où fut proclamé à haute voix l'acte d'accusation rédigé par la faction laurentienne (le *Libellus contra synodum absolutionis incongruae*) qui n'est connu que par la réponse des partisans de Symmaque. Prétextant une mystérieuse agression, le pape se réfugia à Saint-Pierre et refusa de se rendre au synode malgré l'insistance de l'assemblée. Les évêques se réunirent donc une troisième fois vers la mi-septembre pour prendre acte de l'impossibilité de juger le pape par défaut, considérant en outre qu'aucun évêque de Rome n'avait jamais été jugé par d'autres évêques et demandant au roi d'être déchargés du jugement [10]. Devant le refus de Théodo-

fauentes aduersus Faustum exconsulem ceterosque qui Symmacho adhaerebant, pontifici bellum infer[*ebant*].

9. Ennode, *Libellus Pro Synodo* (*opusc.* 2 = 49 *Vogel*), 88-89. Nous citons les épîtres (livres 1 à 4) d'après notre édition. Les autres œuvres d'Ennode seront citées d'après l'édition de F. Vogel qui reconstitue le classement interne des manuscrits carolingiens (*MGH*, *aa* 7).

10. *Relatio episcoporum ad regem* et *Anagnosticum regis*, éd. Th. Mommsen, 1894, p. 422-423 et p. 425-426 (*MGH, aa* 12).

ric, les partisans de Symmaque profitèrent d'une quatrième session, le 23 octobre, dite *Synodus Palmaris*, pour justifier l'attitude du pape, estimant que l'évêque de Rome ne pouvait en aucun cas être mis en accusation par des hommes et que la décision devait être laissée au jugement de Dieu. C'est probablement à cette occasion que le diacre de Milan Ennode fut chargé de répondre à l'acte d'accusation de la faction laurentienne par son *Libellus aduersus eos qui contra Synodum scribere praesumpserunt*, plus connu sous le titre *Libellus pro Synodo* (*opusc.* 2). La victoire des symmachiens fut parachevée lors d'une cinquième session, le 6 novembre, présidée par Symmaque en personne dans la basilique Saint-Pierre. Bien que la très grande majorité des évêques italiens soient parvenus à s'entendre, les tensions persistèrent, comme en témoigne l'*epist.* 3, 10 d'Ennode, peut-être à cause de l'attitude hésitante du roi Théodoric. Ce n'est qu'après la mort de l'évêque d'Aquilée Marcellianus en 506, l'un des plus hostiles adversaires de Symmaque, que Théodoric adressa un *praeceptum* au Sénat de Rome, le 11 mars 507 ou 508, demandant de respecter les décrets du « vénérable synode [11] » afin de rétablir la cohésion des Églises. Mais cette tentative fut insuffisante si l'on en croit Cassiodore pour qui le conflit ne fut définitivement résolu qu'avec la mort de Symmaque le 19 juillet 514.

Il est difficile de déterminer précisément si la question des relations avec l'Orient eut une incidence sur le déroulement du conflit, malgré le refus du comput alexandrin par Symmaque et l'implication de l'aristocratie pro-byzantine en faveur

11. *Praeceptum regis Theoderici*, éd. Th. Mommsen, 1894, p. 392 (*MGH, aa* 12) : *Et licet post uenerabilem synodum ad huiusmodi decreta uestri sufficiat ordinatio sola iudicii, tamen pro uestra huiusmodi praesentibus oraculis dedimus consultatione responsum, ut nulli fas sit ecclesiae cuiuslibet antistiti sub qualibet alienatione de proprietate contractus. Vsumfructum plane suum cui salua uoluerint aequitate praestabunt. Neque enim frustrari [debet] sola pontificis uoluntate uel cleri peregrinis debita omnibus uel statui ecclesiae res delata. Quid enim tam profanum est quam ut in hac largientis parte uioletur arbitrium, dum quod ad ecclesiam quisque uoluit pertinere, priuatae sibi uindicent pro usufructu rei personae contractum.*

de Laurent. En revanche, on peut affirmer que le schisme laurentien a vu s'affronter deux conceptions divergentes de l'autorité pontificale. Comme l'écrit Cl. Sotinel, Ennode « se place délibérément sur le plan de l'ecclésiologie » en qualifiant de schismatiques les adversaires de Symmaque, notamment le métropolitain d'Aquilée Marcellianus, « attaché à une organisation ecclésiastique traditionnelle où Rome a peu de part [12] ». L'Église médiévale a reconnu l'importance du schisme laurentien, comme le montrent les *Dictatus papae* du pape Grégoire VII publiés en 1075, recueil de 27 propositions qui définissent la suprématie pontificale comme la clef de voûte de la Réforme Grégorienne. Ennode est en effet l'unique auteur cité dans ce document pour sa contribution à la doctrine pontificale : « XIX. [Le pontife] ne doit être jugé par personne. (...) ; XXIII. Le pontife Romain, s'il est canoniquement ordonné, est indubitablement rendu saint par les mérites du bienheureux Pierre, comme en témoigne saint Ennode, évêque de Pavie, en accord avec beaucoup de saints pères, ainsi qu'il est écrit dans les décrets du bienheureux pape Symmaque [13] ». L'implication d'Ennode dans l'histoire pontificale a fortement pesé sur la réception et sur l'appréciation de son œuvre au Moyen Âge [14].

Plusieurs épîtres des livres 3 et 4 évoquent directement ou indirectement le schisme laurentien [15], l'engagement

12. Cl. Sotinel, *Identité et christianisme. Aquilée du IIIe au VIe siècle*, Rome, 2006 (*BEFAR*, 324) p. 290.

13. Voir *The Register of Pope Gregory (1073-1085)*, trad. H. E. J. Cowdrey, Oxford, 2002, p. 150 : XIX. *Quod a nemine ipse iudicari debeat. (...)* ; XXIII. *Quod Romanus pontifex, si canonice fuerit ordinatus, meritis beati Petri indubitanter efficitur sanctus testante sancto Ennodio Papiensi episcopo ei multis sanctis patribus fauentibus, sicut in decretis beati Symachi pape continetur.*

14. Nous pensons que la critique d'Arnoul de Lisieux sur l'œuvre d'Ennode dans sa lettre au légat pontifical Henri de Pise (1160) révèle un profond désaccord avec la doctrine de la primauté « pontificale » à laquelle Ennode – du moins pour l'Église médiévale – avait beaucoup contribué (*Ennode, Lettres*, I, 2006, p. CLXVI-CLXIX : « histoire d'une dévalorisation »).

15. Nous avions déjà repéré quelques discrètes allusions au schisme, *malum cui Roma subcumbit* (*epist.* 1, 3, 8), dans les livres 1 et 2. Mais,

d'Ennode en faveur de Symmaque (*epist.* 4, 1), le remboursement du prêt consenti par l'évêque de Milan à Symmaque pour sa défense devant le roi de Ravenne (*epist.* 3, 10 ; 4, 11), la succession de l'évêque d'Aquilée resté hostile à Symmaque (*epist.* 4, 31), la persistance des tensions après 502 et les tentatives de rallier les anciens opposants aux décisions du concile (*epist.* 4, 1). Toutefois, les soixante-neuf épîtres réunies dans ce volume ne se résument pas au schisme laurentien. Elles évoquent une multitude d'affaires qui révèlent l'attachement de la société romano-gothique aux pratiques culturelles, sociales et juridiques héritées du monde romain.

La « contractualisation » des échanges dans l'Italie théodoricienne

La diversité des épîtres montre d'abord que les correspondances se prêtent mal aux généralités et aux théorisations abstraites. Comme l'essentiel de la production littéraire et documentaire du VIe siècle, elles supposent avant tout une étude d'exemples et de pratiques singulières qui évoluent, se contredisent et s'affinent sans cesse. La difficulté d'interprétation est accrue par le style allusif des correspondances dont on ne possède ni les réponses ni les documents techniques qui servaient de compléments ou d'aide-mémoire aux porteurs et dont il ne nous reste que les traces (*subdita, suggerenda*...) [16]. Dans ces *negotiosa conloquia* (*epist.* 3, 19), Ennode remplit une fonction de médiateur entre les parties concernées et les autorités ravennates, le plus souvent le questeur du palais ou les comtes financiers. Parmi les sujets abordés, on remarquera la récurrence de certains thèmes : les

dans l'ensemble, ces évocations étaient beaucoup moins claires que dans les livres 3 et 4 qui correspondent au règlement du conflit : voir *Ennode, Lettres*, I, p. LXXXVII-LXXXVIII.

16. Sur le rôle des porteurs dans les échanges épistolaires, voir l'étude récente de E. Paoli-Lafaye, « Messagers et messages. La diffusion des nouvelles dans la *Correspondance* d'Augustin », dans J. Desmulliez et P.-L. Gatier (dir.), *Correspondances, Documents pour l'histoire de l'Antiquité tardive*, Lyon, 2009, p. 125-141.

esclaves disparus (en fuite, prêtés ou volés : *epist.* 3, 1 ; 3, 16 ; 3, 19 ; 4, 4), le règlement de contentieux financiers (*epist.* 3, 10 ; 4, 7 ; 4, 8), les conflits juridiques entre des laïcs (*epist.* 3, 33 ; 3, 20 ; 4, 15) ou des clercs (*epist.* 3, 4), etc. Ces épîtres s'ajoutent aux nombreuses lettres de recommandation (*epist.* 3, 3 ; 3, 21 ; 4, 9 ; 4, 11 ; 4, 14 ; 4, 18 ; 4, 21 ; 4, 22), d'éloge (*epist.* 3, 12 ; 3, 18 ; 3, 26), de réprimande (*epist.* 3, 15 ; 3, 28) et aux billets d'amitié qui ont pour but d'entretenir les liens et nouer de nouvelles relations (*epist.* 3, 6 ; 3, 25 ; 3, 27).

Toutes ces lettres, qui illustrent les multiples activités d'un diacre au service de son évêque, insistent principalement sur deux registres de l'obligation [17] : l'affection (*affectus*) et la justice (*aequalitas*), séculière ou ecclésiastique. Le premier mode de contrainte, qui relève du code épistolaire, se résume pour l'essentiel à la nécessité d'écrire et à la condamnation répétitive du silence puisque « la fréquence de l'écriture nourrit d'un aliment vital l'amitié enracinée dans les cœurs » (*epist.* 4, 19, 1). Mais la « théâtralité » de l'amitié épistolaire et de ses manifestations affectives ne doit pas être interprétée comme le débordement « enfantin [18] » d'émotions incontrôlables. Elles sont

17. Ennode, *epist.* 4, 11, 2 à Luminosus : « Dans cette affaire, [l'évêque de Milan] implore, par mon intermédiaire, la faveur de votre défense de sorte que, ce que vous devez aux *lois*, vous apparaissiez le montrer à l'*amitié*, et que grandisse pour l'*affection* ce qu'il n'est pas permis de refuser à la *justice* ».

18. Les modernistes ont parfois considéré que les manifestations émotionnelles des hommes du Moyen Âge étaient comparables à celles des enfants, incapables de refréner leurs émotions (J. Huizingua, *Le déclin du Moyen Âge*, Paris, [1919], 1932 et N. Elias, *La Civilisation des mœurs* [1939] 1991). Selon cette interprétation, l'homme serait devenu « adulte » avec la conversion du « guerrier » du haut Moyen Âge en « courtisan » des Temps Modernes, obligé de maîtriser ses émotions pour participer au pouvoir de la cour. B. Rosenwein a démontré que la ritualisation des émotions remplissait déjà un rôle essentiel dans la formation des communautés politiques et sociales dans la Francie du VIIe siècle (B. H. Rosenwein, « Pouvoir et passion. Communautés émotionnelles en Francie au VIIe siècle », dans *Sacralité et formes du pouvoir*, (Ve-XIIe siècle), *Annales*, 2003/6, p. 1271-1292). L'extrême raffinement

l'expression subtile, complexe et ritualisée des rapports hiérarchiques qui constituent l'édifice de la société romano-gothique.

Le second mode de contrainte reflète la normalisation des échanges dans une société où l'autorité de la « coutume » (*consuetudini*) s'est effacée devant la force de la « loi » (*legi*), comme l'écrit Ennode à Decoratus (*epist.* 4, 17, 1-2). L'abondance du vocabulaire juridique, qui envahit le champ de l'amitié, décrit une société protégée par un véritable « sanctuaire » de la légalité (*epist.* 3, 21, 1). La *Correspondance* contient de précieux témoignages sur l'organisation de la justice civile et ecclésiastique dans l'Italie ostrogothique où la défense de l'état de droit (*libertas*) et de la civilisation romaine (*ciuilitas*) semble incarnée par la « sérénité » du questeur de Ravenne (*epist.* 4, 9 et 4, 14) à laquelle s'opposent la vénalité et la corruption des juges de Milan (*epist.* 3, 2 et 3, 10) [19]. La multiplication des pactes juridiques et moraux (*pactio*, *conuentio*, *foedus*...) renforce la « contractualisation » des relations sociales fixant les droits et les devoirs de chacun, y compris de l'évêque de Rome (*epist.* 4, 8). Dieu lui-même est présenté comme le garant des lois humaines qui se répartissent en lois civiles et ecclésiastiques dont Ennode souligne la complémentarité (*epist.* 3, 1, 3). La multiplication des correspondances dans l'Antiquité tardive contribue à la « contractualisation » des échanges en développant un système de communication fondé sur le don et le contre-don (l'obligation de donner une lettre et de renvoyer une réponse).

Les *Lettres* d'Ennode révèlent, plus largement, une nouvelle perception de l'organisation économique et sociale qui

des échanges épistolaires au sein des élites de l'Antiquité tardive et du haut Moyen Âge montre également que les contraintes du code épistolaire, la préciosité de la langue et la maîtrise des passions étaient perçues comme des conditions de l'appartenance à la communauté curiale et de la stabilité de la société romano-gothique.

19. M. Dumoulin, « Le gouvernement de Théodoric et la domination des Ostrogoths en Italie d'après les œuvres d'Ennodius », dans *Revue historique* 78, 1902, p. 1-7 et 241-265 ; 79, 1902, p. 1-22.

trouve ses racines dans la tradition patristique [20]. Par exemple, dans l'*epist.* 4, 8 qui défend des héritiers lésés par le pape Symmaque, Ennode emploie de nombreux termes économiques qui appartiennent à la littérature « évangélico-patristique » (*commodis*, *detrimentum*, *lucra*, *diuitias*, *auara*, *labor*, *dispensatio*, *largitas*...) et qui permettent de jouer sur le double tableau de l'enrichissement matériel et spirituel que le donateur retire de sa générosité ; le thème de la « sainte avarice » renvoie à la *dulcis feneratio* de celui qui place ses intérêts dans les cieux par l'intermédiaire de la charité. Loin de se réduire à un artifice rhétorique, la confusion volontaire de la sphère économique et religieuse met en évidence une nouvelle organisation des échanges matériels qui s'inscrivent à la fois dans l'économie réelle et dans l'économie du salut. Elle manifeste une nouvelle perception des échanges qui justifient l'intervention des clercs dans le règlement des affaires.

La gestion des conflits apparaît en effet comme une fonction majeure du diacre de Milan qui poursuit la conversion de l'écriture épistolaire [21] en rappelant les devoirs de son *propositum* ecclésiastique.

Éthique et société : la *cura epistularis* d'Ennode

L'importante épître à Mascator, dans laquelle Ennode rappelle son rejet de l'éloquence profane après son entrée dans l'Église, est très claire sur ce point : « Je tais (...) le fait que l'humilité ecclésiastique m'a fait rejeter ce qui pourrait

20. Cette nouvelle perception a été étudiée par Valentina Toneatto à propos de l'administration monastique de la fin du IVᵉ siècle au début du IXᵉ siècle, dans *Marchands et banquiers du Seigneur. Lexiques chrétiens de la richesse et de l'administration monastique de la fin du IVᵉ siècle au début du IXᵉ siècle*, thèse dirigée par le Prof. Fr. Bougard et soutenue le 28 novembre 2009 à l'Université Paris Ouest – Nanterre La Défense (à paraître).

21. Voir V. Zarini, « Ennode et Arator : une relation pédagogique et son intérêt littéraire », dans P. Galand-Hallyn et V. Zarini (éds.), *Manifestes littéraires dans la latinité tardive. Poétique et rhétorique*, 2009, en particulier, p. 335-338 : « Littérature et religion ».

plaire, que celui qui aime l'oraison ne cherche pas la pompe oratoire, que, lorsque je considère ma vocation, je fuis ce qui conduit à la gloire, que je refuse comme un vice tout ce qui élève, que je considère comme une faute ce qui rend puissant ou sublime, que je perds le mérite d'une louange juste lorsque je recherche la faveur. Je n'avancerai pas une excuse colorée au pinceau de la vérité quand je réplique que j'ai déjà abandonné ce que m'avait donné l'application aux études libérales, que dans le cours d'un fleuve autrefois abondant s'écoule le filet d'une éloquence presque asséchée. Je tais le fait que ma langue, que la pratique avait rendu agile, s'est engourdie à cause d'une tout autre pratique : la faconde est remplacée par le silence ; l'abaissement a remplacé dans notre cœur le cothurne » (*epist.* 3, 24, 3-4). L'enseignement moral, déjà visible dans les premiers livres, apparaît de plus en plus nettement dans les livres 3 et 4. Ennode exhorte inlassablement ses correspondants à devenir des exemples de vertu, notamment dans les cercles de la cour : « Mon cher Seigneur, je te prie de ne pas chercher, désormais, à adopter les attitudes dont tu as appris les méfaits, comme un homme méprisant qui refuserait de s'amender » (*epist.* 4, 12, 4) ; « Mettez sous le joug de l'amitié les nuques fières des grands personnages en leur montrant l'exemple » (*epist.* 4, 7, 4). L'antique « religion des amitiés » (*epist.* 3, 10, 1 ; 4, 35, 1) répond à la *necessitas admonitionis* du diacre (*epist.* 4, 7, 5) et devient le cadre d'un enseignement continu.

Les *Lettres* d'Ennode appartiennent, par cette préoccupation, à la tradition antique des lettres de direction morale. Mais elles se rattachent aussi à la tradition patristique qui considérait l'amitié comme une relation favorable à la conversion [22]. Le diacre de Milan se préoccupe de l'édification intérieure de ses amis tout en profitant lui-même du soutien de ses correspondants : « Qui donc refuserait l'intercession, auprès de Dieu, d'une personne d'une parfaite religion ? Moi

22. Par exemple F. Butlen, « L'amitié dans les *Confessions* de saint Augustin », dans *Revue des Études Latines* 86, 2009, p. 191-221 et en particulier p. 211 et *sq.* « Le face à face amical à l'origine de la conversion ».

surtout, qui suis accablé par les lourdes charges de mes péchés et qui ai obtenu votre faveur, ce qui est pour moi la promesse d'une totale absolution. En te saluant donc avec la vénération que je te dois, j'espère que tu feras des vœux pour moi dans tous les lieux où sont honorés les saints » (*epist.* 3, 7 au prêtre Adeodat) ; « Il est très proche de la pureté celui qui mérite la conversation des saints » ; « Mon cher Seigneur, offre longtemps à la terre, si notre Dieu l'accorde, l'exemple d'une vie très sainte et, grâce à la sagesse de la religion sacrée, montre par le mépris du siècle présent qu'il ne faut pas seulement espérer dans cette vie-là » (*epist.* 3, 4, 2 et 3, 12, 3 à l'abbé Stephanus) ; « Que tes prières puissantes se dressent pour me défendre, que mes épaules chancelantes soient secourues par ta main fortifiée par le secours céleste » (*epist.* 4, 3, 2 à l'évêque Eulalius).

Les auteurs du Moyen Âge ont été sensibles à la fonction spirituelle des échanges épistolaires, comme en témoignent des recueils liturgiques qui citent abondamment les *Lettres* d'Ennode [23]. Dès lors, il n'y a pas de contradiction entre la complexité de la prose ennodienne et l'éloge récurrent de la simplicité. Pour Ennode, la « simplicité », ce n'est ni la « facilité », ni la « clarté formelle », c'est la sincérité des cœurs « simples » qui correspondent, dans la tradition biblique, aux âmes délivrées de la duplicité et du mensonge : « on voit clairement ce qu'apporte une conversation simple, ce qu'apporte une conversation artificieuse. Il déchire le nuage de l'éloquence, l'esprit qui interprète l'écrit ; il parvient rapidement à comprendre lorsqu'il a dégagé le sentier des mots avec ses faux. C'est pourquoi j'apprécie beaucoup ces devoirs où éclate la sincérité et où l'occasion de tromper en toute sécurité ne s'immisce pas » (*epist.* 3, 31, 2). Cette

23. J. Leclercq, « Un recueil de leçons pour les vigiles des défunts », dans *Revue Bénédictine*, tome 54, 1942, p. 19 : « L'auteur (...) applique aux relations des vivants avec les défunts ce qu'Ennode avait dit de la présence spirituelle réciproque des amis séparés par la distance, il applique à la prière pour les défunts ce qu'Ennode avait dit du bienfait des échanges épistolaires. Ces beaux textes trouvent ici une utilisation très neuve ».

conception de l'écriture épistolaire est fidèle à la théorie augustinienne de l'éloquence (*De doctrina christiana*, IV) qui subordonne l'art rhétorique à l'enseignement du christianisme [24]. Mais la *cura epistularis* d'Ennode va bien au-delà de l'édification spirituelle des correspondants. Elle est au service de la concorde et de l'*unanimitas* de la société chrétienne.

L'*epist.* 4, 7 au comte du patrimoine Julianus résume une bonne partie du projet d'Ennode, critiquant le mépris des puissants et louant celui qui sait rester proche malgré les distances, les tensions et le pouvoir : « Que ta grandeur conserve donc l'attitude des personnes valeureuses et qu'elle n'abandonne pas les bonnes relations qu'elle a commencé à nouer avec ma petitesse (...). Celui qui bride son orgueil une fois parvenu au sommet prouve qu'il a mérité ce qu'il a obtenu. Démontrez par l'honnêteté de votre conscience que la réussite peut se soumettre aux impératifs de l'amour ! ». Il ne suffit donc pas à l'honnête homme de s'amender et d'exercer le pouvoir. Il lui faut aussi apprendre à rester « proche » de ses amis [25] et de la communauté des hommes [26]. La seconde lettre à Julianus (*epist.* 4, 20) établit un lien explicite entre le

24. B. Bureau, « Ennode de Pavie adversaire de 'Quintilien'. Ethique et éloquence autour de la controverse *liberi parentes alant aut uinciantur* (Ennode, *sict.* 21, Ps.-Quint. *Decl. Maior.* 51) », dans M. Ledentu (éd.), *Parole, Media, Pouvoir dans l'Occident Romain, Hommages offerts au Professeur Guy Achard*, Lyon, 2007, p. 157 : « on est là au cœur de la théorie augustinienne de l'éloquence, comme de la formation qu'il entend donner à l'orateur chrétien. (...) L'éducation des chrétiens, qui concerne au premier chef Ennode et ses protégés, doit donc permettre de faire paraître, dans les tribunaux comme dans la chaire des prédicateurs, des hommes armés, pour la défense et l'illustration de la vérité ».

25. La salutation finale de l'*epist.* 4, 20 donne même l'impression de subordonner la réussite de Julianus à la conservation des liens épistolaires avec Ennode.

26. Cette conception n'est pas sans rappeler un extrait du *De officiis* de Cicéron qui considère que les vrais savants et les sages ne restent pas cloîtrés dans leur tour d'ivoire mais se préoccupent avant tout de l'intérêt des hommes : « ceux dont les études et toute la vie ont été consacrées à la connaissance des choses, ne renoncèrent pas pour autant à favoriser les intérêts et le bien-être humains. (...) Et il en va de même de la grandeur d'âme : sans bienveillance ni solidarité humaines, elle serait

« bien de l'amitié » (*bonum diligentiae*) et le « bien de l'État » (*bonum reipublicae*). La « pourpre » de la langue, symbole ancestral de l'autorité suprême, caractérise parfaitement cette communication épistolaire au sommet du pouvoir qui influença l'écriture politique au Moyen Âge [27]. Elle mobilise tous les procédés du style précieux qui rendent la lecture si difficile [28] et confirme que la préciosité littéraire est bien un mode de communication et de distinction au sein des élites romano-gothiques.

Mais l'écriture épistolaire d'Ennode révèle un autre aspect essentiel de la sociabilité du haut Moyen Âge. La répétition ostentatoire des sentiments, qui embrasse parfois le champ sémantique de l'affection jusqu'à saturation (*amicitia, diligentia, amor, gratia, caritas, affectus, affectio, dilectio...*), ne doit pas être interprétée comme une marque de flatterie ou de flagornerie serviles. Fondée sur la valorisation et le partage des émotions, l'extériorisation des sentiments d'amitié ou de haine permet au contraire de contrôler les affects par l'intermédiaire du code épistolaire. Les expressions stéréotypées et les contraintes de l'épître permettent de maîtriser les conflits, limiter leurs effets destructeurs et construire une véritable « communauté émotionnelle [29] » entre Milan,

une sorte de sauvagerie et de monstruosité » (Cic., *De off.*, 44, trad. M. Testard).

27. Sur les fonctions culturelles, sociales et politiques de la langue de « pourpre » (*epist.* 4, 9, 2), nous nous permettons de renvoyer à notre article S. Gioanni, « La langue de 'pourpre'et la rhétorique administrative dans les royaumes ostrogothique, burgonde et franc (VIe-VIIIe siècle) », dans Fr. Bougard, R. Le Jan et R. McKitterick (éds.), *La culture au haut Moyen Âge : une question d'élites ?*, Turnhout, 2009, p. 13-38. Peu après Ennode, Cassiodore souligne aussi la fonction politique de la langue de « pourpre » dans une lettre placée au début des *Variae* et adressée au « respectable » Théon à propos d'un vêtement royal que le teinturier n'a pas encore réalisé malgré les ordres du roi (Cassiodore, *uar.* 1, 2, 1-7, le roi Théodoric à Théon, a. 507).

28. Voir A. Dubois, *La Latinité d'Ennodius. Contribution à l'étude du latin littéraire à la fin de l'Empire romain d'Occident*, Paris, 1903 ; *Ennode, Lettres*, I, 2006, p. CIII-CXXIII : « l'esthétique du labyrinthe ».

29. Voir B. H. Rosenwein, *Emotional Communities in the Early Middle Ages*, Ithaca, New-York, Londres, 2006, 228 p. ; B. H. Rosen-

Ravenne, Rome et la Provence, dotée de ses modes d'expression et de son vocabulaire propre. Héritière de l'antique « religion des amitiés », la *caritas* épistolaire d'Ennode rapproche les personnes et pacifie les relations entre l'ancienne noblesse impériale, les nouveaux maîtres de l'Italie et les Églises du premier Moyen Âge. L'expression ostensible des émotions ne reflète donc pas un simple esprit courtisan. Elle contribue à la formation d'une « culture de cour [30] » qui favorise le sentiment d'appartenance à l'élite et pose les bases d'une société idéale qui se confond, aux yeux d'Ennode, avec le nouvel ordre romano-gothique.

*
* *

Je remercie chaleureusement les chercheurs qui ont nourri mon travail de leurs conseils, malgré leurs nombreuses obligations. Monique Goullet et Guy Sabbah ont relu respectivement la traduction des livres 3 et 4, en me faisant profiter de leur connaissance exceptionnelle de la langue latine. Josiane Barbier, Christiane Cosme, Régine Le Jan, Claire Sotinel, François Bougard, Martin Heinzelmann, Laurent Morelle et Vincent Zarini m'ont éclairé sur le contexte littéraire et les réalités historiques de certaines lettres particulièrement ardues. Plusieurs extraits ont été discutés dans le séminaire de latin que je codirige avec Monique Goullet et Benoît Grévin à l'université Paris 1, ainsi que dans le séminaire d'histoire du haut Moyen Âge dirigé par Régine Le Jan,

wein définit une « communauté émotionnelle » comme un groupe constitué d'individus qui adhèrent aux mêmes normes d'expression émotionnelles et valorisent ou dévalorisent les mêmes émotions ; voir aussi C. Stephen Jaeger, *Ennobling Love. In Search of a Lost Sensibility*, Philadelphie, 1999, p. 328.

30. L'expression est empruntée à Norbert Elias qui décrit les mécanismes de la « culture de cour » dans son célèbre ouvrage sur les structures sociales de la cour des rois de France au XVIe et au XVIIe siècle (N. Elias, *La Société de cour*, Paris, 1974). Toutefois, comme B. Rosenwein, nous nous écartons de l'analyse d'Elias sur le caractère « enfantin » des manifestations émotionnelles de l'homme médiéval (voir *supra* note 18).

Geneviève Bührer-Thierry et François Bougard à l'université Paris 1, et dans le séminaire d'histoire médiévale dirigée par Cristina La Rocca à l'Université de Padoue. Que toutes les personnes qui ont participé à ces échanges trouvent ici l'expression de ma gratitude et de mon amitié.

TABLEAU CHRONOLOGIQUE

L'Italie théodoricienne et les Églises italiennes de la fin du Ve siècle au début du VIe siècle

Histoire politique	Histoire religieuse	Vie et principales œuvres d'Ennode concernant l'Histoire de l'Italie
474 : Zénon, empereur d'Orient 476 : à Rome, déposition de l'empereur Romulus Augustule ; chute de l'Empire d'Occident	483 : ***scriptura* promulguée par le préfet Basilius**, chef de la famille des *Decii*, chargé d'organiser la succession pontificale après la mort du pape Simplicius 483-492 : Felix III, pape 484 : le pape Felix III prononce en juillet l'excommunication d'Acace, patriarche de Constantinople, coupable d'avoir rédigé l'*Henotikon* à la demande de l'empereur Zenon et d'avoir reconnu l'hérétique Pierre Monge comme évê-	473/474 : naissance d'Ennode à Arles

	que d'Alexandrie. La condamnation d'Acace, qui est à l'origine du **schisme acacien**, divise le monde chrétien entre la *pars Occidentis* et la *pars Orientis* jusqu'en 519	
490 : consulat de Faustus Niger	489 : Laurent, évêque de Milan	
491 : Anastase, empereur d'Orient	492-496 : Gélase Ier, pape	
493 : Odoacre, patrice d'Italie, est vaincu à Ravenne par Théodoric, le roi des Goths. Début de l'Italie ostrogothique avec pour capitale Ravenne	496-498 : Anastase II, pape	494 : Ennode accompagne peut-être l'évêque Epiphane de Pavie envoyé par Théodoric en ambassade chez les Burgondes pour obtenir le rachat de prisonniers
		495 : *Dictio in natale Epiphani* (*carm.* 1, 9 = 43 Vogel), poème écrit pour l'anniversaire de l'évêque Épiphane de Pavie
498 : l'empereur d'Orient, Anastase, confère les insignes royaux à Théodoric	498 : (22 novembre, cinq jours après la mort du pape Anastase), Symmaque et Laurent sont élus simultanément ; **début du schisme laurentien**	
		Entre 497, année de la mort de l'évêque Épiphane de Pavie, et 499, Ennode entre dans le clergé de Milan
500 : (octobre) séjour de Théodoric à Rome	499 : (1er mars) **premier synode du pontificat de Symmaque :** règlement des élections pontificales	
	501 : - Symmaque décide de suivre le comput de Rome	501/504 : *Vie d'Epiphane, évêque de Pavie* (*opusc.* 3 = 80 Vogel)

	pour le calcul de la date de Pâques ; nouvelles accusations contre Symmaque ; le roi Théodoric envoie Petrus, l'évêque d'Altinum, comme *uisitator* chargé d'administrer l'église de Rome à la place de Symmaque - (novembre) **second synode :** annulation de la *scriptura* promulguée en 483	
502 : consulat d'Avienus, fils de Faustus Niger 502-505 : Faustus Niger, *quaestor Palatii* à Ravenne	502 : **troisième synode romain** - première session (entre mai et juillet) - deuxième session (1er septembre) : acte d'accusation rédigé par la faction laurentienne (*Contra Synodum absolutionis incongruae*) ; la majeure partie du clergé et du peuple soutient Symmaque ; la minorité du clergé et la majorité des sénateurs soutiennent Laurent - troisième session (mi-septembre) : les évêques ne peuvent juger le pape parce qu'il n'existe aucun précédent montrant un évêque de Rome jugé	vers 502 : Ennode, diacre de Milan

	par les autres évêques - quatrième session (23 octobre) dite *Synodus Palmaris* : la décision doit être laissée au jugement de Dieu ; Symmaque est considéré comme innocent ; Ennode répond à l'acte d'accusation de la faction laurentienne, en rédigeant le *Libellus aduersus eos qui contra Synodum scribere praesumpserunt* - cinquième session (6 novembre) présidée par Symmaque à Saint-Pierre	502 : *Libellus aduersus eos qui contra Synodum scribere praesumpserunt* (*opusc.* 2 = 49 Vogel), appelé aussi *Libellus pro Synodo* 502/506 : *Dictio in natale Laurentii Mediolanensis episcopi* (*dict.* 1 = 1 Vogel), écrite après le *Synodus Palmaris* pour l'anniversaire de l'évêque Laurent de Milan
vers 506/507 : Eugenes, *quaestor Palatii* à Ravenne 507 : Cassiodore, *quaestor Palatii* à Ravenne 507 : (printemps) bataille de Vouillé, victoire rapide de Clovis sur les Wisigoths 508 : Théodoric annexe la Provence	vers 506 : mort de Marcellianus, évêque d'Aquilée resté hostile à Symmaque ; Marcellinus lui succède 507/508 : (11 mars) Théodoric adresse un *praeceptum* au Sénat de Rome ordonnant le **respect des décrets du « vénérable Synode »**	vers 506 : *Vie d'Antoine, moine de Lérins* (*opusc.* 4 = 240 Vogel) 506/507 : *Panégyrique de Théodoric* (*opusc.* 1 = 263 Vogel)

	513/4 : mort du pape Symmaque ; Hormisdas, évêque de Rome	513/514 : Ennode, évêque de Pavie
		515 : première ambassade pontificale en Orient, conduite par Ennode
518 : mort de l'empereur Anastase ; il est remplacé par Justin		517 : deuxième ambassade pontificale en Orient, conduite par Ennode
	519 : après une nouvelle ambassade pontificale en Orient à laquelle Ennode ne participe pas, le pape Hormisdas et l'empereur Justin trouvent un compromis qui met **fin au schisme acacien**	
		521 : mort d'Ennode
526 : mort du roi Théodoric		
527 : mort de l'empereur Justin ; son neveu Justinien, empereur d'Orient		

COMPLÉMENT BIBLIOGRAPHIQUE

Cette bibliographie complète celle qui a été donnée dans le tome I, p. CLXXXVII-CXCVI. Nous nous limitons ici aux travaux qui concernent ou éclairent directement l'œuvre d'Ennode. Les références des autres études et des sources anciennes sont développées dans les notes complémentaires. Pour les instruments de travail, nous avons suivi les normes d'abréviation de l'*Année Philologique*.

A. Éditions et traductions

Magni Felicis Ennodii Opera, éd. J. J. Grynaeus, Bâle, 1569, p. 393-402 (*Monumenta Sanctorum Patrum Orthodoxographa, pars altera*).

Beati Ennodii Ticinensis Episcopi Opera, éd. A. Schott, Tournai, 1611.

Magni Felicis Ennodii Episcopi Ticinensis Opera, éd. J. Sirmond, Paris, 1611.
L'édition de J. Sirmond a été reproduite par J.-P. Migne (*PL* 63, Paris, 1847).

Annales Ecclesiastici, tomus XIV, 500-545, éd. Card. C. Baronius, revue et augmentée par P. A. Pagi, Lucques, L. Venturini, 1743.

Magni Felicis Ennodii Opera, éd. G. Hartel, Vienne, 1882 (*CSEL* 6).

Magni Felicis Ennodii Opera, éd. F. Vogel, Berlin, 1885 (*MGH*, aa, 7).

Œuvres complètes de saint Ennodius, I. Lettres, traduction française par l'abbé S. Leglise, Paris, Picard, 1910.

Ennode de Pavie, Lettres, I, texte établi, traduit et commenté par S. Gioanni, Paris, 2006 (CUF).

M. Cesa, *Vita del beatissimo Epifanio vescovo della Chiesa pavese*, Côme, Edizioni New Press, 1988 (*Biblioteca di Athenaeum*, 6).

G. M. Cook, *The Life of Saint Epiphanius by Ennodius*, Washington, 1942 (*Studies in Medieval and Renaissance Latin Language and Literature*, 14).

D. di Rienzo, *Gli Epigrammi di Magno Felice Ennodio* (Pubblicazione del Dipartimento di Filologia Classica, 27), Naples, Université de Naples Frédéric II, 2005.

C. Rohr, *Der Theoderich-Panegyricus des Ennodius*, Hannover, 1995 (*MGH Studien und Texte*, 12).

S. Rota, *Panegirico del clementissimo re Teoderic*, Roma, Herder, 2002 (*Biblioteca di Cultura Romanobarbarica*, 6).

G. Vandone, *Appunti su una poetica tardoantica : Ennodio, carm. 1, 7-8 = 26-27V*, Università di Pavia, 2004 (Pubblicazioni della Facoltà di Lettere e Filosofia dell'Università di Pavia, 110).

Un site internet, créé et mis à jour par C. Rohr, recense les travaux publiés ou en préparation sur l'œuvre d'Ennode : http://www.sbg.ac.at/ges/people/rohr/ennodius/ennodius.htm

B. Études

R. Alciati, *Monaci, Vescovi e Scuola nella Gallia Tardoantica*, Rome, 2009.

P. Amory, *People and identity in Ostrogothic Italy, 489-554*, Cambridge, 2007.

N. Brocca, « Ennodio e il « caso« dei due epitaffi per Cinegia », dans F. Gasti (éd.), *Atti...*, p. 123-142.

B. Bureau, « Ennode de Pavie adversaire de 'Quintilien'. Éthique et éloquence autour de la controverse *liberi parentes alant aut uinciantur* (Ennod. *Dict.* 21, Ps. Quint. *Decl. Maior.* 51) », dans M. Ledentu (éd.), *Parole, Media, Pouvoir dans l'Occident Romain, Hommages offerts au Professeur Guy Achard*, Lyon, 2007, p. 147-172.

M.-A. Calvet-Sebasti, « Le rituel de l'échange de lettres à l'occasion des fêtes religieuses », dans J. Desmulliez et P.-L. Gatier (dir.), *Correspondances, Documents pour l'histoire de l'Antiquité tardive*, Lyon, 2009, p. 67-81.

L. Ceccarelli, « L'esametro di Ennodio tra tradizione e innovazione », dans F. Gasti (éd.), *Atti...*, p. 219-242.

F. E. Consolino, « Prosa e poesia in Ennodio : la *dictio* per Epifanio », dans F. Gasti (éd.), *Atti...*, p. 93-122.

F. Gasti (éd.), *Atti della terza Giornata ennodiana (Pavia, 10-11 novembre 2004)*, Pise, 2006 (*Memorie e Atti di Convegni*, 32).

F. Gasti, « Il giardino del re », dans F. Gasti (éd.), *Atti...*, p. 169-188.

S. Gioanni, « La langue de « pourpre » et la rhétorique administrative dans les royaumes ostrogothique, burgonde et franc (VIe-VIIIe siècle) », dans Fr. Bougard, R. Le Jan et R. McKitterick (éds.), *La culture au haut Moyen Âge : une question d'élites ?*, Turnhout, Brepols, 2009 (*Collection Haut Moyen Âge*, 7) p. 13-38.

S. Gioanni, « Une figure suspecte de la sainteté lérinienne : saint Antoine. D'après la *Vie du bienheureux Antoine* d'Ennode dePavie », dans *Recherches Augustiniennes et Patristiques* 35, 2007, p. 133-187.

S. Gioanni, « Nouvelles hypothèses sur la collection des œuvres d'Ennode », dans F. Gasti (éd.), *Atti...*, p. 59-76.

S. A. H. Kennell, « Latin Bishops and Greek Emperors : Ennodius' Missions to Constantinople », dans M. Gourdouba *et alii* (éds.), *The Eastern Mediterranean in the Late Antique and Early Byzantine Periods*, Helsinki, 2004 (*Papers and Monographs of the Finnish Institute at Athens* 9) p. 41-58.

J. Leclercq, « Un recueil de leçons pour les vigiles des défunts », dans *Revue Bénédictine* 54, 1942, p. 16-40.

R. Mancini, *La lingua dei dei : il silenzio dall'antichità al Rinascimento*, Vicenza, 2008.

C. Majani, « *Fons Aponi* in Claudiano, Cassiodoro ed Ennodio : per un'analisi intertestuale », dans F. Gasti (éd.), *Atti...*, p. 207-218.

E. Paoli-Lafaye, « Messagers et messages. La diffusion des nouvelles dans la Correspondance d'Augustin », dans J. Desmulliez et P.-L. Gatier (dir.), *Correspondances, Documents pour l'histoire de l'Antiquité tardive*, Lyon, 2009, p. 125-141.

G. Polara, « Ennodio fra chiesa, politica e letteratura », dans F. Gasti (éd.), *Atti...*, p. 19-41.

Chr. Rohr, « Wie aus Barbaren Römer gemacht werden – das Beispiel Theoderich. Zur politischen Funktion der lateinischen Hochsprache bei Ennodius und Cassiodor », dans M. Diesenberger et B. Zeller (éds.), *Sprache und Identität im Frühmittelalter. Beiträge des internationalen Symposions in Wien, 15.-17. 1. 2009* (à paraître).

C. Rohr, « Byzanz und die oströmichen Kaiser im Spiegel der Werke des Ennodius », dans F. Gasti (éd.), *Atti...*, p. 43-57.

B. H. Rosenwein, *Emotional Communities in the Early Middle Ages*, Ithaca, New York, Londres, 2006.

B. H. Rosenwein, « Pouvoir et passion. Communautés émotionnelles en Francie au VIIe siècle », dans *Sacralité et formes du pouvoir, (V^e-XIIe siècle)*, *Annales*, 2003/6, p. 1271-1292.

D. R. Shanzer, « Two Clocks and a Wedding. Theoderic's Diplomatic Relations with the Burgundians« , dans *Romanobarbarica* 14, 1997, p. 225-258.

K. Smolak, « Considerazioni sull'epitalamio di Ennodio », dans F. Gasti (éd.), *Atti...*, p. 155-168.

E. de Saint-Denis, « Évolution sémantique de *urbanus – urbanitas* », dans *Latomus* 3, 1939, p. 5-24.

B.-J. Schröder, *Bildung und Briefe im 6. Jahrhundert. Studien zum Mailänder Diakon Magnus Felix Ennodius*, Berlin-New York, 2007 (*Millennium Studies in the Culture and History of the First Millennium*, 15).

B. J. Schröder, « *Pernices uerborum saltus* in una lettera di Ennodio (381 Vogel = *epist.* 8,5 Hartel) », dans F. Gasti (éd.), *Atti...*, p. 77-92.

Cl. Sotinel, *Identité et christianisme. Aquilée du III*ᵉ *au VI*ᵉ *siècle*, Rome, 2006 (*BEFAR*, 324).

C. Urlacher, « L'influence de Paulin de Nole sur les *carmina* d'Ennode », dans F. Gasti (éd.), *Atti...*, p. 189-205.

G. Vandone, « *Nec proles nascenti sufficit aevo* : il discorso di Cupido nell'epitalamio a Massimo (*carm.* 1,4,54-72 = 388, 54-72 Vogel) », dans F. Gasti (éd.), *Atti...*, p. 143-153.

V. Zarini, « Ennode et Arator : une relation pédagogique et son intérêt littéraire », dans P. Galand-Hallyn et V. Zarini (éds.), *Manifestes littéraires dans la latinité tardive. Poétique et rhétorique*, Paris, 2009 (*Collection des Études Augustiniennes – série Antiquité* 188) p. 325-342.

C. Thèses et Mémoires

R. Bartlett, *Ennodius of Pavia. A sixth-century churchman and his times* (unpubl. PhD Thesis Brisbane 1999).

A. Thiollier, *Intolérable silence. La communication rompue dans la correspondance entre amis aux V*ᵉ *et VI*ᵉ *siècles*, mémoire de master dirigé par le Prof. R. Le Jan, soutenu le 28 juin 2010 à l'Université Paris 1.

V. Toneatto, *Marchands et banquiers du Seigneur. Lexiques chrétiens de la richesse et de l'administration monastique de la fin du IV*ᵉ *siècle au début du IX*ᵉ *siècle*, thèse dirigée par le Prof. Fr. Bougard, soutenue le 28 novembre 2009 à l'Université Paris Ouest – Nanterre La Défense (à paraître).

C. Urlacher-Becht, *Ennode de Pavie, chantre officiel de l'Église de Milan. Édition, traduction, commentaire des Hymnes*, thèse dirigée par les Prof. G. Freyburger et V. Zarini, soutenue le 13 juin 2009 à l'Université de Strasbourg (à paraître).

CONSPECTVS SIGLORVM

I. Principaux manuscrits utilisés pour l'édition critique [1]

B Bruxelles, Bibliothèque Royale, 9845-9848, IXe s.
V Vatican, Biblioteca Apostolica, Lat. 3803, fin IXe s.
L Londres, Lambeth Palace Library, 325, fin IXe s.-début Xe s.
D León, Biblioteca de la Catedral, 33, XIIe s. (*inconnu de F. Vogel*).

31. Pour une vue d'ensemble de la transmission manuscrite d'Ennode, voir le répertoire de C. Fini, *Il censimento dei codici di Ennodio*, Pise-Rome, 2000 et *Ennode, Lettres*, I, 2006, p. CLIV-CLXXXI : « La transmission et la réception des *Épîtres* ». Pour l'édition critique, nous avons utilisé les mêmes manuscrits que pour les livres 1 et 2. La valeur du plus ancien témoin, le manuscrit de Bruxelles (*B*), nous a incité à signaler systématiquement la leçon de *B* dans l'apparat critique, sauf quand elle relevait d'un barbarisme. Retenant la forme définitive de la « leçon », nous n'avons pas fait apparaître les différentes étapes de la correction des manuscrits, sauf pour *B*, pour *V* et pour les cas les plus intéressants. L'apparat traduit une attention particulière aux manuscrits inconnus de F. Vogel (*D*, *A* et *F*), même si ces témoins, qui appartiennent à la seconde classe, la famille du *Vaticanus* (*V*), apportent peu d'éléments nouveaux pour l'établissement du texte et intéressent surtout l'histoire de sa réception. Au total, la qualité de l'édition des *MGH* et la difficulté du texte, trop souvent amendé, nous ont incité à limiter les modifications à des problèmes précis, à quelques ponctuations aberrantes et à proposer une édition conservatrice. Les conjectures personnelles sont exceptionnelles, les autres variantes ayant été proposées par les copistes ou par les éditeurs. Dans les livres 3 et 4, nous apportons seize variantes par rapport à l'édition de Vogel : *epist.* 3, 3, 1 ; *epist.* 3, 4, 1 ; *epist.* 3, 5, 1 ; *epist.* 3, 10, 3 ; *epist.* 3, 13, 1 ; *epist.* 3, 16, 2 ; *epist.* 3, 17, 2 ; *epist.* 3, 20, 1 ; *epist.* 3, 23, 1 ; *epist.* 3, 27, 2 ; *epist.* 3, 29, 1 ; *epist.* 4, 4, 1 ; *epist.* 4, 7, 2 ; *epist.* 4, 8, 3 ; *epist.* 4, 8, 4 ; *epist.* 4, 23, 1 (voir notes complémentaires).

E Escorial, Biblioteca de San Lorenzo, d. III. 22, début XIIIe s.
T Troyes, Bibliothèque Municipale, 658, 461 et 469, XIIIe s.
C Vatican, Biblioteca Apostolica, Reg. Lat. 129, XIVe s.
P Vienne, Österreichische Nationalbibliothek, cvp. 745, XVe s.

II. Florilèges, recueils d'extraits et témoins lacunaires

F Paris, Bibliothèque Nationale de France, Lat 2833 A, Xe s. (*inconnu de F. Vogel ; copie d'un recueil de la première moitié du IXe s. ; contient notamment des extraits des* epist. *3, 2 ; 3, 12 ; 3, 13 ; 3, 14*).
A Londres, British Libr. Royal 8 E. IV, XII/XIIIe s. (*inconnu de F. Vogel ; présente de nombreuses lacunes*).

III. Éditions

b editio princeps de J. J. Grynaeus, Bâle, 1569.
Sc édition de A. Schott, Tournai, 1611.
Sirm édition de J. Sirmond, Paris, 1611.
Bar Annales Ecclésiastiques, éd. C. Baronius, 1664.
Hart édition de G. Hartel, Vienne, 1882.
Vog édition de F. Vogel, Berlin, 1885.

LIVRE III

Résumé des lettres

1 – Unique lettre à l'évêque Senator. Des proches de Senator ont réclamé des esclaves de la maison d'Ennode. Le diacre de Milan a envoyé un médiateur, le sublime et noble Victor, pour obtenir leur restitution. De retour de Ravenne, il constate que l'affaire n'est toujours pas réglée malgré les lois de la justice civile et les engagements de l'évêque.

2 – Deuxième lettre à Eugenes, ami d'Ennode, qui vient de perdre son frère brutalement. Il pourrait s'agir du brillant orateur Olybrius. Ennode partage la tristesse d'Eugenes. Mais il ne faut pas s'enfermer dans le silence. Il faut continuer à écrire des lettres, ne serait-ce que pour ne pas laisser tomber dans l'oubli les mérites exceptionnels du défunt. Lettre de déploration.

3 – Nouvelle lettre à Faustus Niger, le questeur du palais de Ravenne. Ennode lui recommande son ami Constantius.

4 – Première lettre à l'abbé Stephanus. Éloge du mode de vie sainte de Stephanus auquel Ennode peut désormais répondre comme à un égal. L'abbé a demandé à Ennode de défendre sa communauté qui doit soutenir un procès contre un clerc. Mais il faut se méfier de la vénalité des juges de Milan. Il serait préférable d'envoyer un moine à Ravenne auprès de Faustus, le questeur du Palais.

5 – Unique lettre à Maxime. Ennode refuse les éloges flatteurs sur son style. Mais il le remercie d'avoir loué un écrit d'Ennode dans le cercle du Seigneur Patricius.

6 – Court billet d'amitié. Éloge de l'affection épistolaire. Ennode attend un message de Laurent auquel il promet de répondre.

7 – Première lettre au prêtre Adeodat. Ennode fait l'éloge de sa « parfaite religion ». Il lui demande de faire des vœux pour lui dans des lieux où sont honorés des saints.

8 – Troisième lettre au jeune Avienus. Alors que l'amitié n'avait pas incité Avienus à écrire à Ennode, la colère l'a poussé à lui adresser une lettre de reproche. Ennode s'en félicite bien qu'il se prétende innocent de ce dont on l'accuse.

9 – Première lettre à Marcellianus, qui exerce une haute charge à Ravenne : Ennode célèbre la constance de Marcellianus en qui il place toute sa confiance. Mais l'objet de cette lettre, dont le contexte n'est pas évoqué, reste inconnu.

10 – Première lettre à Luminosus, *uir sublimissimus* et ami d'Ennode. Éloge de la « religion des amitiés ». Ennode veut obtenir du pape, par l'intermédiaire de Luminosus, le remboursement des sommes (400 sous d'or !) empruntées à l'évêque de Milan durant le schisme de l'anti-pape Laurent (498-503) et pour lesquelles Ennode s'était porté caution.

11 – Deuxième lettre à Senarius, parent d'Ennode. Senarius n'a pas entretenu l'amitié et la concorde promises. Qu'il refuse l'attitude méprisante des puissants et qu'il n'oublie pas que tout pouvoir vient de Dieu ! Une lettre de lui rassurerait Ennode sur ses dispositions.

12 – Deuxième lettre à l'abbé Stephanus. La générosité du Christ est comme un fleuve puissant qui attise le désir de Dieu. Il en est de même pour les lettres de Stephanus. Que celui-ci répande l'exemple de la vie très sainte !

13 – Deuxième lettre à Apollinaire, fils de Sidoine et parent d'Ennode : Ennode explique les raisons de son silence. Comme dans une précédente lettre à Apollinaire, Ennode déplore les conditions de transmission du courrier : les épîtres s'égarent ! Il n'a pas confiance dans la multitude des porteurs inconnus qui ne pensent qu'à faire du profit. Il préfère attendre que se présente un porteur domestique.

14 – Unique lettre à Promotus, parent d'Ennode qui pourrait se trouver en Gaule. L'amitié épistolaire est comme une personne mourante quand elle n'est plus entretenue. Les difficultés ne manquent pas, il est vrai : les porteurs sont rares ou négligents.

15 – Deuxième lettre à Euprepia, sœur d'Ennode et mère de Lupicinus : dans cette lettre de réprimande (*haec exprobratio*), Ennode exhorte sa sœur, qui se trouve en Gaule, à revenir à de justes dispositions et à s'occuper de son fils Lupicinus qui a été confié au diacre de Milan.

16 – Deuxième lettre à Laconius, ami d'Ennode et *consiliarius* du roi burgonde Gondebaud : après avoir blâmé le silence de Laconius, Ennode lui recommande le porteur, un certain Benenatus, venu recupérer ses esclaves fugitifs.

17 – Unique lettre à Stephanus qui devient évêque de Lyon en 501 jusqu'à sa mort en 515. Ennode lui adresse ses félicitations mais il s'étonne de ne pas avoir reçu une lettre lui annonçant la nouvelle. Ennode prend donc les devants et recommande le porteur venu en Gaule pour des affaires personnelles.

18 – Première lettre à Eulalius, évêque de Syracuse. Ennode le remercie pour son billet d'amitié. Quelle joie de le lire et quelle consolation ! La conversation d'un saint permet de contempler les récompenses célestes.

19 – Nouvelle lettre à Faustus Niger, le questeur du palais à Ravenne : Ennode l'informe qu'il a peut-être retrouvé Germanus, son jeune esclave en fuite depuis trois ans.

20 – Nouvelle lettre à Faustus Niger, le questeur du palais à Ravenne : Julianus, parent d'Ennode, a des ennuis judiciaires avec Marcellinus qui est défendu par le goth Gevica. Il s'est rendu immédiatement au tribunal de Milan pour se mettre à la disposition du juge et a fait savoir à Gevica qu'il attendait le procès avec impatience. Il a même signalé l'affaire à Thrasemundus, un parent du roi Théodoric. Mais rien n'y fait. Marcellinus se dérobe. Par cette lettre, Ennode s'adresse au questeur du palais de Ravenne pour régler cette affaire et dissiper les inquiétudes de Julianus (vers 504).

21 – Nouvelle lettre à Faustus Niger, le questeur du palais à Ravenne : Ennode lui recommande le *uir sublimis* Vitalis qu'il avait déjà fait entrer au Sénat, le « sanctuaire de la liberté ».

22 – Nouvelle lettre à Faustus Niger, le questeur du palais à Ravenne : Ennode regrette, malgré l'espoir qui lui fait perdre la raison, que ses nombreuses lettres ne parviennent pas à rompre le silence de Faustus. Il lui recommande le porteur de la présente, Constantinus en personne.

23 – Deuxième lettre à Marcellianus, qui exerce une haute charge à Ravenne : à la demande du sublime Virgile, Ennode lui demande d'annuler l'ordre du comte des Largesses sacrées qui obligeait Virgile à se rendre à Ravenne contre sa volonté et malgré son grand âge.

24 – Première lettre à Mascator, ami et parent (?) d'Ennode : le diacre de Milan répond à sa demande bien qu'il ait rompu avec les arts libéraux. Que Mascator ne se plaigne pas de la médiocrité du style qui déplaît aux gens instruits ! Qu'il s'en prenne à lui-même ! La langue d'Ennode a perdu en souplesse ce qu'elle a gagné en profondeur.

25 – Troisième lettre à Eugenes, ami d'Ennode. Eugenes sait quels désirs animent le cœur d'Ennode : poursuivre leur relation épistolaire. Qu'il révèle maintenant ses propres sentiments !

26 – Quatrième lettre au jeune Avienus, fils de Faustus. Lettre d'éloge : ses écrits manifestent son amitié, sa pureté et son talent rhétorique.

27 – Cinquième lettre au jeune consul Avienus, fils du Faustus : Ennode ne laissera pas s'immiscer le silence dans leur relation. Qu'Avienus, de son côté, fasse comme il l'entend !

28 – Troisième lettre à Euprepia, sœur d'Ennode et mère de Lupicinus : qu'Euprepia arrête de justifier son silence épistolaire par les distances, le contexte politique ou la négligence des porteurs ! Quelle fausseté naturelle ! Quelle mette enfin de l'ordre dans sa vie et son âme ! Quant à son fils Lupicinus, il peut compter sur Ennode.

29 – Quatrième lettre à Eugenes, ami d'Ennode. Éloge de l'écriture épistolaire qui peint et rend présent le visage de l'absent. Ennode est incapable d'exprimer son amitié comme il le faudrait. Mais il écrit, lui. Déjà deux lettres sans réponse. Qu'Eugenes s'adresse enfin à celui qui l'estime !

30 – Sixième lettre au jeune Avienus, consul en 502 et fils du Faustus : Ennode s'étonne des critiques d'Avienus qui lui reproche de faire pression pour obtenir des lettres. Mais ce n'est que de l'affection épistolaire et il n'y a pas de domination plus sublime. Nul ne peut se dispenser du joug de l'affection, pas même les consuls !

31 – Septième lettre au jeune consul Avienus, fils du Faustus : certes, l'amitié épistolaire peut être mensongère mais les lettres sont aussi le miroir de la conscience. L'esprit qui cherche à comprendre parvient à dissiper les nuages de l'éloquence complexe. Il faut être simple, c'est-à-dire être sincère, authentique, vrai. C'est pour cela qu'Ennode aime tant écrire.

32 – Unique lettre à Passivus. Ennode justifie son silence épistolaire dans un langage précieux : l'éloquence peut être trompeuse et, de toute façon, elle est incapable d'exprimer l'amitié d'Ennode pour Passivus : il vaut mieux renoncer à la considération par le silence que détruire l'amitié par des lettres.

33 – Nouvelle lettre à Faustus Niger, le questeur du palais à Ravenne : aider les humbles par des lettres de recommandation, c'est aussi cela la vocation d'Ennode. Celui-ci transmet donc au questeur une requête (*supplicatio*, *petitio*) concernant une dame pieuse et démunie, qui veut faire respecter ses droits. À présent, c'est à Faustus de donner une suite favorable à l'affaire.

34 – Troisième lettre à Senarius, parent d'Ennode. Le langage ne peut exprimer parfaitement l'amitié. Mais Ennode ne pensait pas que Sena-

rius serait resté silencieux si longtemps. Il n'a même pas envoyé les correspondances formelles. Mais Ennode est patient, il continue d'écrire, même s'il souffre du silence de Senarius, comme il l'a déjà écrit dans une précédente lettre (*epist.* 3, 11).

LIVRE TROISIÈME

1. – Ennode à l'évêque Senator

1. La première chose [1] qui convient à une sainte profession est, sans hésitation, de faire volontairement, conformément à la justice, tout ce que les autres ont l'habitude d'accomplir quand ils reçoivent des avertissements [2] ; mais la seconde, qui est inséparable de l'honnêteté, est de ne pas se sentir accablé par les remontrances justifiées. Et dans ce cas, même si celui qui est averti n'occupe pas le premier rang, il bénéficie néanmoins de la bienveillance divine car il ne s'oppose pas aux manifestations de la vérité.

2. La cause de ce préambule, la voici, pour ne pas, à mon tour, desservir ma cause par l'abondance de paroles. Il y a quelque temps, je vous ai humblement demandé que, parmi les esclaves [3] de ma maison réclamés par vos gens, comme cela était établi, le seul qui était resté me fût restitué [4]. Vous avez répondu à mes prières par la sainte promesse que, même si ce jeune esclave vous convenait à bon droit, vous, toutefois, vous feriez passer l'affection avant vos intérêts. **3.** De retour de Ravenne – chose désagréable à dire – pour mes péchés, la décision épiscopale n'a pas pu prendre effet. J'impute à mon démérite [5] de voir celui dont la bouche condamne le mensonge transgresser les règles. Voici qu'à nouveau je m'en remets à votre conscience ; voici que j'accomplis ce qui est convenable pour un fils : en la personne sublime et noble du Seigneur Victor [6], je remets à l'humilité tout ce qui pourrait

LIBER TERTIUS

1. – Senatori episcopo Ennodius

1. Prima res est sancto conueniens sine dubitatione proposito, sponte pro iustitia facere quidquid alii solent monitis exhibere, sed honestati proxima uel secunda, rectis suggestionibus non grauari. In qua parte etsi principem locum non possidet qui monetur, habet tamen Dei gratiam, quod ueritatis insinuationibus non repugnat.

2. Causam ergo praefationis insinuo, ne et ego utilitatem meam differre uidear prolixitate sermonum. Dudum per me suppliciter postulaui, ut de mancipiis, quae de casa mea a uestris sollicitata constabat, unum mihi quod remanserat redderetur. Dedistis precibus meis sancta promissione responsum, ut etiamsi uobis puer ipse iure conpeteret, uos tamen gratiam commodis anteferre. **3.** Regresso me de Rauenna, quod dictu nefas est, pro peccatis meis effectum sacerdotalis definitio habere non potuit. Adscribo meritis meis, quod cuius ore damnatur mendacium, statuta uiolauit. Ecce iterum me ad conscientiam uestram refero, ecce quod filium decet exhibeo, ut per sublimem et magnificum uirum domnum Victorem ad humilitatem conferam, quidquid mihi poterat legum saecularium aucto-

I. ennodius *om.* *T* || **1.** quidquid : quicquid *V* || alii : aliis *DT* || honestati : -tate *T* || possidet : -sedit *B* || quod : quam *A* || **2.** prolixitate : -lexitate B^{pc} || per me : pro me *A* || suppliciter postulaui : supplecitér postolaui *B* || casa : causa *DA* || conpeteret : -ere *A* || anteferre : aufferre *D* || **3.** definitio : diff- *TCP,b* || damnatur : -nantur *L* || filium : fidelium *B* || uirum *om.* *B,b* || quidquid : quicquid *V.*

être obtenu par l'autorité des lois profanes [7]. **4.** Voyez si je suis coupable, moi qui ai choisi une personne en harmonie avec les mœurs des évêques, capable même d'adoucir les cœurs rebelles de ceux qui combattent l'équité. Je me suis déjà promis l'issue favorable de cette affaire, moi qui ai vérifié son talent de médiateur. Considérez s'il convient à la religion, s'il est digne d'un pontife de mépriser celui qui peut commander aux rochers. Il y a deux atouts qui jouent en ma faveur : la sincérité de l'affaire et l'habileté de celui qui porte ma requête ; tout ce qui fera obstacle à cela recevra bientôt le jugement des justes [8].

2. – Ennode à Eugenes

1. Bien que le commerce épistolaire s'accorde mieux avec la joie que la tristesse [1] et bien que mon expression, rendue maladroite par un trouble récent, ne mette pas bien en lumière le tréfonds de mon cœur ni l'empressement de mon amitié [2], je verrai une autre fois [3], cependant, si une conversation plus rare fait du tort à l'amour ; ce qui est sûr, cependant, c'est que l'absence d'échange manifeste l'incapacité de parler. C'est pour témoigner de l'affection que la divinité a donné l'office de la parole. **2.** Mais tu pourrais dire, mon cher Seigneur, que ces considérations sont étrangères à celui qui est accaparé – je l'ai appris – par de très grandes douleurs, qu'un cœur oppressé par l'angoisse n'est pas attentif aux paroles de l'amour et que rien d'agréable ne peut être ressenti dans les lamentations. Ce qui oppresse l'esprit éloigne ce qui charme l'oreille. « Mon frère dans les Cieux, qui fut la plus grande portion de mon âme, l'a emportée au tombeau [4] ». Que pourrait-on exiger de celui dont la moitié de la vie a été enfermée dans une sépulture ? Dans les très grandes peines, il n'est pas possible de se plaindre à une voix soumise aux gémissements. Durant le temps des larmes, dicter un récit est inopportun.

3. Je répondrai que mon cœur aussi a été pareillement envahi par la tristesse de cet événement cruel et qu'il m'est

ritate praestari. **4.** Videte si reus sum, qui elegi uirum antistitum moribus congruentem, qui uel contra aequitatem repugnantium indomita posset corda mollire. Effectum mihi negotii iam promisi, qui legati meritum conprobaui. Prouidete, si religionem deceat, si a pontifice dignum sit illum, qui potest cautibus inperare, contemni. Duo sunt quae mecum faciunt : negotii sinceritas et genius subplicantis ; quidquid contra hoc obstiterit, bonorum sententiam mox meretur.

2. – Eugeneti Ennodius

1. Quamuis commercia litterarum magis sint laetitiae quam maeroris nec secretum pectoris aut amicitiae diligentiam bene in lucem digerat clauda recenti confusione elocutio, uidero tamen utrum dispendium caritati inferat sermo rarior, monstrat tamen si nullus prorogetur infantiam. Testem diuinitas gratiae linguae dedit officium. **2.** Sed dicas, mi domine, haec aliena esse ab eo quem nouerim maximis doloribus occupatum, pressum pectus angoribus ad amoris uerba non erigi nec quidquam delenificum lamenta sentire. Res quae mentem premit repudiat quod oblectat auditum. « Qui maior animae fuit portio frater in superis, hanc transtulit ad sepulchra ». Quid exigendum ab illo sit, cuius diuiduum salutis busta clauserunt ? In summis adflictionibus queri non posse uocem gemitibus subiugatam. Lacrimarum tempore dictatur inportuna narratio.

3. Respondebo, quod par quoque meum pectus acerbi casus maeror intrauerit ; nec diuidi me posse ab eius tristitia,

I. **4.** negotii iam : -tia etiam *A* || religionem : reginem B^{ac} li B^{sl} || genius : -nus *DA* || contra hoc obstiterit : hoc contra extiterit *T*.

II. ennodius *om.* *T* || **1.** commercia : -mertia *VL* -mentia *TP* || diligentiam : -tia *B* || uidero : uideo *T* || prorogetur : protegetur T^{1} || diuinitas : -tatis *A* || **2.** nouerim : nominum *D* || quidquam : quicquam *V* || premit : -met *B* || quod oblectat – maior animae fuit : quod oblectat quae maior est anime *F* || clauserunt : cluserunt *F* || sepulchra : -cra *V* -chrum *F* || diuiduum : dimidium *Sirm.Schott*^{nota} || queri : quaeri *F,b* || dictatur *Hartel* : dicatur *libri.*

impossible de ne pas partager la tristesse de celui que le bonheur a parfois uni à moi grâce à l'harmonie de nos volontés. Je remarque toutefois que souvent, dans le deuil, la conversation [épistolaire] est [5] l'expression d'un malheur très douloureux et que les remèdes du silence ont été interrompus par les paroles d'un entretien. **4.** Je dirai [6] : celui qui refuse d'écrire sa lamentation veut voir périr avec sa propre vie l'objet de sa déploration. Le souvenir d'un frère et d'un savant ne mérite pas que disparaisse avec nous ce que nous avons pensé de lui. Quand la bouche est au repos, l'esprit est économe dans les plaintes. La mémoire d'un être aimé que l'on confie aux tablettes déchire violemment les entrailles de ses proches avec les aiguillons [de la parole]. Jamais, le récit de la mort rapporté dans une lettre ne permet que le défunt ne s'efface. **5.** Pour cette raison, cherchant à te consoler malgré mes larmes, j'en appelle à ta Grandeur pour que le bienfait d'une présence épistolaire nourrisse entre nous l'affection que nous nous sommes promise sous l'invocation de Dieu et pour que cette figure de l'éloquence [7], dont les mérites ne peuvent tomber dans l'oubli, revive aussi par notre entretien.

3. – Ennode à son Seigneur Faustus

1. Puisque l'occasion de vous [1] écrire m'est donnée par un ami qui m'est proche, pourquoi m'abstenir de correspondances comme si je manquais d'un porteur, surtout quand l'assiduité épistolaire me vaut habituellement des réponses ? Cette tâche a été favorisée par la demande d'une personne honorable, mon frère Constantius [2], votre admirateur, qui souhaite subordonner à mes bienfaits sa propre activité, qui a retenu votre attention, Seigneur, comme il convient à un être compétent. En effet, il confère des droits à autrui sur son propre travail celui qui veut devoir à des recommandations ce qu'il mérite. **2.** Toutefois, j'ai tendu la main à ses prières et,

quem mihi pro uoluntatum similitudine non nunquam laeta iunxerunt. Ostendo tamen saepe grauioris mali in luctibus indicem fuisse sermonem et intercepta taciturnitatis remedia proditore conloquio. **4.** Dicam : qui lamentationi suae paginas denegat, in una aetate uult perire quod deflet. Non meretur recordatio fratris et docti, ut nobiscum quid de ipso senserimus occumbat. Feriato ore in planctibus parcus est animus. Amati commemoratio, quae mandatur tabellis, uiscera carorum aculeis uiolenter inrumpit. Nunquam patitur obitum ueteriscere relatio funeris digesta per litteras. **5.** Hoc studio magnitudinem tuam flens consolator appello, ut uicarii sermonis beneficio et promissus sub inuocatione Dei inter nos nutriatur affectus et persona facundiae, quae meritis suis occasum non patitur, nostra quoque confabulatione reuiuiscat.

3. – Domino suo Fausto Ennodius

1. Cum scribendi occasio et domestica et amica subpeditet, quare a paginis temperem tamquam indigus perlatoris, maxime cum sedulitas litterarum responsa mihi soleat saepe praestare ? Huic se studio comitem dedit honorabilis uiri ueneratoris uestri fratris Constanti postulatio, qui industriam suam, qua aput uos domnos, ut efficacem decet, innotuit, meis desiderat beneficiis subiugare. Transcribit enim ad aliena iura sudorem suum qui debere uult commendaticiis quod meretur. **2.** Dedi tamen manus precibus et pro eius

II. **3.** nunquam : numquam *V* unquam B^{1} || iunxerunt : iuncxerunt *BV* || taciturnitatis : tace- B^{ac} || **4.** lamentationi : lamentationi B^{sl} -nis *A* || denegat : -nigat B^{1} || quid *om. B* || feriato ore : feriat ore B^{ac} a feriato ore *Sirm.* || fratris – feriato : fratris qui negat ueritatem. feriato *F* || uiscera : -ram *D* || nunquam : numquam *V* || ueteriscere : -rescere *VD* -rascere T^{2} || **5.** consolator : -latur *B* || uicarii : -rio *A* || reuiuiscat : -catur *A*.

III. **1.** domino : dño *BVLC* domno *Sirm.* || subpeditet : -pedetit B^{1} -peditat D^{ac} || a : *add.* B^{mg} ad *D* || indigus *B,b* : -ditus V^{1sl} -dictus *LACP* -diciis *P* || maxime : maxima est *B* || soleat : -lent D^{ac} *om. A* || ueneratoris : -tores *B* || fratris : -tres *B* || constanti : -tii *Sirm.* || aput : apud *V* || uos : nos *A* || domnos *Hartel* : -nus *cett. om. A* || decet : -cit B^{1}.

conformément à son désir, sous le prétexte de vous exprimer mes humbles hommages, je vous ai envoyé ces écrits en priant Dieu que la nouvelle de votre santé et de votre bonheur me soulève de joie le plus rapidement possible. Toutefois, en considération de moi, que votre Grandeur daigne favoriser celui que j'ai nommé, si mes prières ne sont pas indignes, d'une égale faveur.

4. – Ennode à l'abbé Stephanus

1. Quelle est douce l'affaire relatée dans votre lettre [1] qui m'a offert un cadeau pour l'esprit [2] ! Qu'ils sont bienvenus les besoins des porteurs qui, en cherchant leur propre remède, soignent les attentes des autres ! Je le confesse, si ma vocation ne me l'interdisait, je concevrais presque le désir coupable de voir troubler la paix de certaines personnes. Voici que le malheur me donne ce que le bonheur ne m'accorde pas. Comment le pécheur que je suis pourrait-il recevoir, lorsque la situation est calme, les lettres de saints que l'éclat de mes mérites n'a jamais pu susciter ? **2.** Voici quel grand secours m'ont apporté ceux qui reconnaissent l'avoir obtenu de vous. Je considère que c'est la divine Providence qui m'a accordé ces bienfaits. Je crois désormais que j'ai déposé une grande partie du fardeau de ma mauvaise existence passée. Il est très proche de la pureté celui qui mérite la conversation des saints. C'est pourquoi, tant que l'immonde dérèglement du siècle m'a possédé, je n'ai jamais mérité les missives d'un si grand homme. Même après, durant de longues périodes, jamais je n'ai reçu de biens de ce genre. **3.** Grand Dieu ! Quelle dignité tu accordes à tes serviteurs ! Dès que tu as posé sur eux ton regard, même tes amis les acceptent ! En vérité, je vous ai toujours regardé[s] [3] avec une dévotion particulière : toujours, j'ai courbé ma nuque

desiderio sub occasione exhibendae humilitatis scripta prorogaui Deum rogans, ut sub omni celeritate nuntius me uestrae ualitudinis et prosperitatis adtollat. Nominatum tamen pro mei consideratione magnitudo uestra gemino, si indignus precator non sum, fauore comitetur.

4. – Ennodius abbati Stephano

1. Litterarum uestrarum quam dulce negotium est, quod mihi spiritale munus exhibuit ! Quam uotiua perlatorum necessitas, quæ remedii sui studio desideriis medetur alienis ! Confiteor, nisi repugnaretur proposito, inimica pene ad turbandam aliquorum securitatem uota conciperem. Ecce præstant aduersa, quod secunda non tribuunt. Sanctorum litteras tranquillis rebus unde peccator acciperem, quas nunquam meritorum meorum nitor exegit ? **2.** Ecce quantum mihi contulerunt suffragium, qui a uobis obtinuisse se confitentur. Diuinam æstimo prouidentiam illa tribuere. Multum iam credo, quod de malæ conuersationis fasce deposui. Proximus est innocentiæ, qui sanctorum meretur colloquia. Quare dum me sæcularis licentia immunda possedit, nunquam tanti uiri apices merui : post etiam per longa interualla, nunquam huiusmodi bona suscepi. **3.** Deus magne, quam dignitatem seruientibus tibi tribuis, ut quos respicere cœperis, etiam amicis tuis reddas acceptos ! Vere semper uos singulari cultura suspexi : semper uenerandis moribus

III. **2.** humilitatis : hum...litatis *B* || scripta : scribta *B* || deum : dein *T* || adtollat : at- *V* || fauore : -bore *B* || non sum fauore comitetur : non sine fauore *A*.

IV. ennodius – proximus est B^1 ennodius – depromatur B^2 || ennodius *om.* *T* || stefano B^1*VL* : stephano B^2 || **1.** munus : -nos B^1 || exhibuit : exibuit B^1 || studio : stimulo B^2 || repugnaretur *scripsi* (*uid. epist.* 3, 8, 1 : *nisi aduersaretur proposito*) : -aret *cett.* || pene : penae *B* || aliquorum : alicorum B^1 || conciperem : -ceperem B^1 -ceperim B^2 perciperem *D* || praestant : pre- *B* || acciperem : -ceperem B^1 -ceperim B^2 || unde *om.* *A* || quas : quam *LA* || **2.** contulerunt : -tolerunt *corr.* B^1 -tuliuit *D* || qui : quia *DA* || ista : illa *Sirm.* || malae : male *BV* || alloquia : collo- *Sirm.* || suscepi : -cipi *B* || seruientibus : credentibus *T* || **3.** coeperis : ceperis *codd.* || acceptos : -tus *B*.

accablée de péchés devant votre vénérable existence. Voici désormais que l'on s'adresse à moi comme à un égal. La soumission que j'ai longtemps gardée m'a élevé. Secours-moi donc par tes prières : car tu montres, par tes lettres, que la protection que vous offrez n'est pas fragile [4]. En effet, ils sont aussi vos protégés, ceux qui m'ont apporté les biens qui me transportent de joie. **4.** Je reviens à l'affaire. Ce misérable clerc a pris peur à l'idée de plaider devant l'évêque après avoir vu que je serais le défenseur de ceux pour lesquels vous avez bien voulu députer ma soumission [5]. Je suggère, si vous le souhaitez, que l'un d'entre eux se rende à Ravenne auprès de votre fils le seigneur Faustus avec une lettre de recommandation de votre part, pour éviter que, à leur préjudice, ne soit rendue une sentence obtenue par la vénalité des juges qui abondent à Milan [6].

5. – Ennode à Maxime

1. Je souffrirais d'une profonde [1] arrogance [2], sous prétexte d'être élevé [3] par les paroles de votre lettre, si, conscient de mes qualités réelles, je ne réfrénais pas mon maigre talent par la modestie et si je ne tenais pas la balance du jugement, même quand je suis comblé d'éloges immérités. L'estime dont vous m'honorez vous a fait oublier la critique. Ma vocation m'oblige à vivre dans une retraite discrète [4]. Vous portez aux nues mes écrits, comme une personne aimante : il est indispensable que je craigne ceux qui dédaignent tout à cause d'une négligence déplaisante et méprisent même les meilleures choses. **2.** Toutefois, je vous rends grâce de m'écrire que chez le Seigneur Patricius [5] on me juge tel que vous me l'avez fait par votre témoignage. C'est donc à votre recommandation que l'on doit cet amour, non pas à mon texte qui a révélé un style rude dépourvu d'éloquence. Toutefois, en exprimant la salutation qui est due à votre Grandeur, je rends grâce à Dieu de vous avoir grandi par les succès que vous souhaitiez et de vous avoir ramené sur vos propres

grauata peccatis colla submisi. Ecce iam quasi æqualis appellor. Erexit me diu custodita subiectio. Foue me ergo orationibus tuis : ostendis enim paginis, fragile a uobis non exhiberi patrocinium. Nam et isti suscepti sunt, qui mihi bona de quibus gestio, contulerunt. **4.** Ad rem redeo. Perditus ille clericus expauit causam dicere apud episcopum, postquam defendi a me uidit eos quibus meum deputastis obsequium. Suggero, si iubetis, et unus de ipsis Rauennam ambulet cum uestris ad filium uestrum domnum Faustum commendatitiis, ne in præiudicio ipsorum uenalis iudicum, qui Mediolani exuberant, sententia depromatur.

5. – Ennodius Maximo

1. Graues hiatus paterer litterarum uestrarum eleuatus alloquio, si non mei conscius imperitiam pudore comprimerem, et iudicii lancem tenerem, etiam cum laudor immeritus. Vos dignatio censuræ fecit immemores : me propositum intra uerecundum degere penetrale compellit. Vos scripta mea tanquam amantes attollitis : me necesse est illos metuere, qui rancido despicientes cuncta neglectu, etiam edecumata condemnant. **2.** Ago tamen gratias quod apud domnum Patricium talem me iudicari scribitis, qualem uestro testimonio reddidistis. Insinuationi ergo amor debetur iste, non paginæ, quam scaber stilus sine eloquentiæ dote signauit. Salutationem tamen magnitudini uestræ dignam referens, Deo gratias ago, quod uotiuis uos auctos successi-

IV. **3.** acceptos : -tus *B* || appellor *om. A* || ergo me : me ergo *CP,b* || uobis : nobis *D* || **4.** causam dicere : dicere causam *T* || depromatur : -metur *B*.

V. **1.** graues *scripsi* (*uid. epist.* 1, 1, 4 : *graues hiatus patitur* et *uid. Symm. epist.* 3, 49) : grandes *libri* || paterer : patirer B^1 || degere : degenere *D* || scripta : scribta *B* || adtollitis : adtollites B^1 attollitis *V* || despicientes : di- *B* || cuncta neglectu *om. D* || edecumata : edocumata *A* edocumenta *b* || **2.** amor debetur : debetur amor *T* || paginae : pagine *B* pagina B^2,*b* || eloquentiae : elocutione *A* || dignam : -gna *D* || uotiuis : -iuos *B* -iuis *D* || uos : suos *D* || auctos : aut eos re *B* || ad : a *D* || caritatis : clari- *D*.

terres, vous que mon esprit, grâce aux liens de l'affection, ne sent jamais absent.

6. – Ennodius à Laurent

Il faut se rendre au pouvoir de l'amour [1]. Je suis enchaîné par l'affection, à laquelle j'ai confié ces paroles, au point de ne pas me taire quand il s'agit du salut que je vous dois. Un porteur domestique m'a donné une occasion que je n'aurais pu laisser passer sans vous faire parvenir un billet en témoignage de mon amitié. En vous saluant donc avec le respect que je vous dois, je vous prie de me réconforter par un message qui vous représente parce que je me promets, quant à moi, de vous répondre en vous faisant remettre une lettre.

7. – Ennode au prêtre Adeodat

Qui donc pourrait ne pas se souvenir de votre affection [1], sauf s'il est dépourvu d'humanité ? Qui donc refuserait l'intercession, auprès de Dieu, d'une personne d'une parfaite religion ? Moi surtout, qui suis accablé par les lourdes charges de mes péchés et qui ai obtenu votre faveur, ce qui est pour moi la promesse d'une totale absolution. En te saluant donc avec la vénération que je te dois, j'espère que tu feras des vœux pour moi dans tous les lieux où sont honorés les saints. Et si j'obtiens des bienfaits de Dieu, je te paierai en retour sans délai parce que c'est pour moi une certitude que tu mérites d'être entendu.

8. – Ennodius à Avienus

1. Si l'offense permet de multiplier les écrits de ta Grandeur [1], combien je voudrais que les tranquilles dispositions de ton cœur serein fussent souvent troublées par elle ! Et si ma vocation [2] ne s'y opposait pas, je te fournirais des raisons

bus reduxit ad propria, quos mens mea pro conexione caritatis nunquam sentit absentes.

6. – Ennodius Laurentio

Dandae sunt manus amoris imperio. Vinctum me tenet adfectio, cui uerba concessi, ut quod ad salue debitum pertinet non tacerem. Domestici perlatoris occasio mihi perire non potuit, nisi ad diligentiae testimonium scripta transmitterem. Salutans ergo reuerentia debita precor, ut uicario me releuetis affatu, quia promitto mihi litterarum prorogatione responsum.

7. – Ennodius Adeodato presbytero

Quis uestrae affectionis inmemor, nisi qui est inhumanus, existat ? Quis totius religionis personae apud Deum nolit habere suffragium ? Ego maxime, qui et grauibus peccatorum sarcinis premor et uestram gratiam optinui, quae res mihi absolutionem integram pollicetur. Salutans ergo ueneranter et debite spero, ut pro me per omnia sanctorum loca uota facias. Quae consecutus Dei beneficia sine mora dissoluam, quia conpertum mihi est, quod mereris audiri.

8. – Ennodius Avieno

1. Si offensa praestat, ut magnitudinis tuae scripta geminentur, quam uellem saepe illa sereni pectoris tui tranquilla turbari ! Et nisi aduersaretur proposito, causas indignationis

VI. dandae sunt : gaudae cum *A* || manus : maius *D* || tacerem : -ceret *T*[1] || ad : -d *V*[sl] || scripta : scribta *B* || releuetis : reueletis *LA*.

VII. existat : exsistat *V* || nolit : nollet *B* || gratiam uestram : uestram *add.* *B*[1mg] uestram gratiam *A* || ueneranter : uenerantur *T*[1] || quae : quem *B* || mereris : -reres *B*.

VIII. **1.** ut : quod *A* || scripta : scribta *B*.

d'être en colère puisque ce que l'amour ne mérite pas, je l'ai obtenu par mes fautes [3]. Quant à moi, je déclare pourtant que je ne n'ai pas commis d'erreur en cette affaire dans laquelle, tout en m'accusant de négligence, vous m'avez offert une récompense. Dans mon trouble, j'ai envoyé un jeune esclave par l'intermédiaire duquel j'ai montré le strict nécessaire. Le cœur léger, la langue s'adonne [4] à ses devoirs [5], l'esprit tourmenté refuse la grâce de la salutation. **2.** Voici que je rends grâces à Dieu pour deux raisons : d'une part, parce que je ne suis pas coupable et, d'autre part, parce que vous m'avez cru coupable. Le trouble que vous avez ressenti m'a offert un bienfait que l'affection m'aurait difficilement concédé. Quant à moi, ce que je te dois, je ne peux l'expliquer. Elle est pauvre l'amitié que la conversation parvient à exprimer. Mon cher Seigneur, en saluant comme je le dois, je prie Dieu que tu écrives toujours tout ce que porte ton âme.

9. – Ennode à Marcellianus

1. Je sais que ta Grandeur [1] abonde en bienfaits remarquables de Dieu et qu'elle conserve envers les amis la constance promise. Votre esprit ne sait pas faire des promesses en l'air, lui qui conserve l'affection sans en perdre une goutte ; c'est pourquoi, après Dieu, c'est en vos mains que je me livre et que je me remets en toute sécurité et je ne doute pas que Dieu me comblera de ses bienfaits par votre intermédiaire en quelque affaire que ce soit. **2.** Mon cher Seigneur, comme je l'ai dit plus haut, en vous exprimant les honneurs de la salutation, je vous prie de me soulager par la conversation fréquente de vos lettres car Dieu m'accorde une faveur immense lorsque j'ai la joie de recevoir des nouvelles de votre santé, parce que votre foi et votre honnêteté font de vous l'ami de tous ceux qui craignent Dieu.

ingererem, quando quod amor non meretur per culpas obtinui. Ego tamen errore uacare me nuntio in ea causa, in qua dum accusatis neglegentiam, praemium contulistis. Puerum turbatus direxi, per quem nihil aliud quam quod opus esset ostendi. Libero pectore lingua uacat officiis, mens confusa gratiam salutationis abiurat. **2.** Ecce Deo in utroque gratias, quia nec ego reus sum et uos me reum esse credidistis. Beneficium mihi commotio uestra contulit, quod uix dedisset affectio. Ego quid tibi debeam explicare non possum. Pauper est caritas, in cuius narratione sermo non deficit. Domine mi, salutem debitam dicens Deum rogo ut quodlibet animo gesseris semper scribas.

9. – Ennodius Marcelliano

1. Scio magnitudinem tuam grandibus Dei beneficiis abundare et promissam circa amicos seruare constantiam. Nescit animus uester incerta polliceri amorem sine aliqua inminutione custodiens, et ideo securum me post Deum uestris trado et commendo manibus, et Dei beneficia in quibuscumque negotiis per uos mihi euenire non ambigo. **2.** Domine, ut supra, salutationis honorificentiam soluens rogo, ut frequenti me epistularum uestrarum releuetis alloquio, quia summum mihi a Deo munus conceditur, si de uestra meruero sospitate gaudere, quos fides et integritas omnibus, qui Deum timent, facit acceptos.

VIII. **1.** amor : -orem *D* || obtinui : optinui *V* obtinui per culpas *b* || errore : -rare *D* || nuntio : non scio *D* || **2.** mi : mihi *BVL* || salutem debitam : salutationis debitum *C,b* || gesseris : -res B^{ac} || finit *add. VLTCP.*

IX. ennodius *om. T* || marcelliano : marcellino *T* || **1.** amorem : -re *D* || aliqua : -quae *B* || uester : noster *A* || inminutione : immuta- *b* || **2.** domine : domine mi *P* || supra : sapra B^{ac} || frequenti me : frequentissime *B* || summum mihi : mihi summum *T* || quos : quia *Sirm.* || fides : -dis *B.*

10. – Ennode à Luminosus

1. La religion des amitiés [1] et la plante de la sympathie qui a grandi entre nous [2] pourraient ne pas souffrir de l'éloignement des terres, si ce qui est refusé à la vue était compensé par les entretiens [épistolaires] et si, nous qui sommes séparés par le poids inerte de nos corps, nous étions liés par cette partie que nous avons reçue du Ciel, par nos âmes. Interprète d'une affection pure, la langue exprimerait les souhaits de nos cœurs, si l'office de la parole s'efforçait de combler le manque et si le dévoilement de notre pensée profonde était obtenue dans les correspondances : alors, l'amour ne serait flétri par aucune négligence, alors, l'amitié, polie par l'établissement de liens mutuels, brillerait et le souvenir de nous ne souffrirait d'aucune âpre inertie. **2.** Mais que dois-je faire puisque pour moi les nuages de mes mérites obscurcissent la sérénité de celui qui aime bien et puisque mes péchés entraînent l'oubli de moi ? Mais qu'il soit loin de mon intention d'imiter ce que l'on me fait endurer et, par le silence, de me venger de votre mutisme [3]. C'est donc doublement stimulé que je concède ces paroles. Je n'ai pas pu refuser un commerce épistolaire qu'exigent l'intérêt et la sympathie. **3.** Vous savez parfaitement que, par mon intermédiaire et de vive voix, votre saint père, le seigneur évêque, vous a demandé que la dépense qui a été faite pour les nécessités du Seigneur pape à Ravenne [4], soit l'objet d'un remboursement. En effet, pour divers personnages puissants dont il n'est pas prudent d'indiquer les noms par écrit, le Seigneur sait qu'il a dépensé plus de quatre cents sous d'or. **4.** Il les a donnés parce que j'ai engagé ma confiance [5]. Je ne peux pas me présenter librement devant lui jusqu'à ce que, par votre intermédiaire, comme j'en ai la ferme confiance, la promesse soit accomplie. C'est pourquoi j'ai envoyé le porteur de la présente, homme de religion et de confiance, pour que vous me soulagiez du pacte et du tort dont je viens de parler. Ainsi, en vous exprimant l'honneur de ma salutation en toute humilité, je prie, en prenant à témoin Celui qui a vu nos vœux communs

10. – Ennodius Luminoso

1. Posset amicitiarum religio, et adultæ inter nos planta gratiæ nulla discretarum sentire damna regionum, si quod negatur aspectui, pensaretur alloquiis : et pigro corporum onere diuisi, per illam quam e cœlo sumpsimus partem, animis iungeremur. Index meræ affectionis uota pectorum lingua signaret, si ad desiderii copiam militaret oris officium, et penetrale mentis resignatum teneretur in litteris : tunc nullo caritas neglectu ueterasceret : tunc diligenti mutuæ deuinctionis usu polita fulgeret, nec scabro memoria uestri torpore læderetur. **2.** Sed quid faciam quod mihi meritorum meorum nebulæ serenitatem bene amantis obducunt, et obliuionem mei peccata mea conciliant ? Facessat a proposito meo, imitari quod factum doleo, et per silentium sumere de uestra taciturnitate uindictam. Geminis ergo stimulis uerba concessi. Negare non potui commercium epistolare, quod et causa poposcit et gratia. **3.** Scitis optime quia a uobis, et per me, et ore proprio sanctus pater uester domnus episcopus postulauit, ut expensa quæ pro necessitatibus domni papæ Rauennæ facta est, redhibitione pensaretur. Certis enim potentibus quorum nomina tutum non est scripto signari, nouit Dominus, quia plus quam quadringentos auri solidos erogauit : **4.** hos me fidem dicente concessit. Frons mea apud ipsum libera esse non potest, donec per uos, sicut confido, pollicitatio compleatur. Idcirco direxi præsentium perlatorem, hominem religionis et fidei, ut ab hac me quam præfatus sum, conuentione et iniuria subleuetis. Vnde salutationis honorem tota humilitate persoluens, rogo, per illum contes-

X. ennodius *om.* *T* ‖ **1.** posset : possit *B,b* poscit *coni. Sc.* ‖ regionum : religionum *A* ‖ sumpsimus : sumsimus *V* ‖ animis : animi si *B* ‖ ingeremur : ingeremus *D* ‖ index : -dix *B* iudex *A* ‖ si *om.* *B* ‖ copiam : cup- *B* ‖ diligentia *BCP* : diligenti *VLDAT* ‖ nostri *BC* : uestri *cett.* ‖ **2.** mihi B^{sl} ‖ mei peccata : mei peccata mea *b* ‖ poposcit : proposuit B^{ac} ‖ **3.** quia *scripsi* : quae *codd.* ‖ certis : cunctis *D* ‖ nomina tutum : nominatum B^{1} nomina tuum *L* ‖ scripto : scribto *B* scriptio *L* ‖ solidos : -dus *L* ‖ **4.** direxi T^{2}, *Sirm.* : direxit *cett.* ‖ hominem et religionis : et *om.* *Sirm.* ‖ salutationis : -tionem D^{ac}.

envers le saint pape, que vous décidiez de quelle manière je serai délivré d'une telle inquiétude. **5.** Cependant, si vous n'estimez pas que cela fût respectueux, faites le savoir, et je restituerai de ma propre fortune tout ce qui a été dépensé par le saint évêque sous ma caution, parce que j'ai les lettres du saint pape par lesquelles il a ordonné que ce qu'il était nécessaire de faire devait être accompli avec ma garantie [6]. Si je mérite de supporter cette charge, ce sera à votre sagesse de l'apprécier.

11. – Ennode à Senarius

1. Si votre cœur [1] ne s'était pas débarrassé pas du souvenir de votre amitié envers ma personne, si ta Sublimité ne le contraignait pas à revenir à un jugement prudent [2] après la faveur que tu m'as témoignée, tu m'adresserais des lettres fréquentes [3]. Mais que dois-je faire puisque l'amour indû [4] ne repose pas sur des racines solides et puisque l'on remet rapidement à l'examen ce que le souffle de la bienveillance a discrètement dérobé ? **2.** Moi, je sais seulement [5] que j'aurais dû être aimé avant d'être mis à l'épreuve. De cette affection, je n'ai conservé que ce fruit que j'ai soustrait en provision quand j'étais inconnu. Mais il aurait été convenable de ne pas vous éloigner rapidement de celui à qui vous avez donné le nom d'ami, pour que ne retombe pas toujours sur moi la faute de ne pas avoir gardé les sentiments promis. D'ordinaire, en effet, la conscience d'un être auquel on est lié ne connaît pas la sévérité et il est nécessaire qu'elle garde toujours ce que, en cœur fidèle, elle reçut une fois. **3.** En t'exprimant donc le salut que je te dois, j'espère que, méprisant les déplaisantes marques de dédain des puissants, vous éleverez avec les insignes de l'humilité l'honneur qui vous incombe et le pouvoir que Dieu vous a accordé. Que la parole, qui se fait l'interprète de nos cœurs, renforce ma confiance en cette espérance et que l'affection montrée dans les correspondances en donnent le fidèle témoignage à nos esprits !

tans qui communia circa sanctum papam uota respexit, ut ordinetis qualiter ab huiusmodi inquietudine releuer. **5.** Tamen, si uerecundum esse non creditis, indicate, et de propria facultate restituo, quidquid me spondente a sancto episcopo constat expensum : quia litteras sancti papæ habeo, quibus iussit, quidquid opus esset fieri, cum mea debere securitate compleri. Si mereor laborare, uestræ erit prouisionis expendere.

11. – Ennodius Senario

1. Si diligentiae memoria circa personam meam animus uester non exueretur, si reuerti eum ad iudicium sublimitas tua non cogeret post fauorem, frequentia scripta prorogares. Sed quid faciam, quia non ualidis radicibus nititur amor indebitus et cito ad examen reducitur, quidquid gratiae aura subripuit ? **2.** Me noui solum prius debuisse diligi quam probari. Hunc tantum fructum de caritate possedi, quem incognitus prouisione subtraxi. Sed uos conuenerat non cito ab eo, cui amici nomen inposuistis, abscedere, ne non semper ad meam culpam redeat, quod promissa mihi non tenetur affectio. Solet enim esse ignara districtionis deuincti conscientia, et opus est ut perpetuo teneat quidquid semel fidum pectus acceperit. **3.** Salutem ergo debitam dicens spero ut despicientes rancida potentum fastidia honorem uestrum et quam deus tribuit possibilitatem humilitatis fascibus sublimetis. Cuius rei fidem interpres animorum lingua confirmet et testimonium fidele mentibus deferat caritas monstrata per litteras.

X. **4.** uerecundum : ueri- V^{ac} || **5.** creditis : credetis *B* || indicate : iudicare *BDT*^{1},*b* || papae habeo quibus iussit : papae quibus habeo iussit *D* || quidquid : quicquid *V* || esset : esse V^{1}*LA* || mereor : meo *spatio relicto B* || expendere V^{pc}*TCP* : expludere V^{ac} explaudere *L* expendet *B* exempla dare *A*.

XI. ennodius *om. T* || senario : sanario *B* || **1.** exueretur *corr.* V^{sl} || eum : eam *coni. Vog.* || cogeret : -rit *B* || scripta : scribta B^{2} || prorogares : -ret *D* || quidquid : quicquid *V* || subripuit : -repuit *B* || **2.** noui solum *B* : solum noui *cett.* || prouisione : -ni *fort.* || ab eo : habeo V^{ac} || amici nomen inposuistis : imposuistis amici nomen *CP,b* amici unica nomen imposuistis *A* || quidquid : quicquid *V* || **3.** despicientes rancida : dispicientis ranceda *B* || finit *add. VLT.*

12. – Ennode à l'abbé Stephanus

1. Les dons de Dieu sont doublés pour ceux qui espèrent [en lui] et la grâce d'en-haut abonde d'une double faveur [1]. La vague des présents célestes déferle en de larges cours ; les flots des présents qui viennent du Christ coulent en dépassant les attentes de celui qui s'y abreuve [2]. C'est la seule veine qui ne tarit pas et qui promet de ne pas décliner, charriant dans son cours autant que le cœur d'un assoiffé mérite de recevoir. Voyez de quoi sa saveur cachée abreuve ce dernier [3], quand l'eau [4] engendre chez lui l'ardeur et que, tandis que son cœur bouillonne [5], la force d'irrigation [6] de cette onde vive redouble la soif de ses lèvres. **2.** Telle est la manière de vos lettres [7] qui comble les désirs autant qu'elle les fait croître ; leurs eaux profondes, on s'y abreuve et on en redemande ; elles enrichissent de leur masse d'eau [8] pure au point qu'elles répandent dans le cœur un feu caché ; en elles, je vois que les flammes et les coupes sont parentes, et que leur diversité naturelle a scellé une concorde qui leur est étrangère [9]. **3.** Mon cher Seigneur, offre longtemps à la terre, si notre Dieu l'accorde, l'exemple d'une vie très sainte [10] et, grâce à la sagesse [11] de la religion sacrée, montre par le mépris du siècle présent [12] qu'il ne faut pas seulement espérer en cette vie-là.

13. – Ennode à Apollinaire [1]

1. Combien je me préoccupe chaque jour de vous montrer mon affection par des liens d'amitié [2] ! S'il n'y avait aucun manquement [3] de la part des voyageurs [4], je serais tout

12. – Ennodius abbati Stephano

1. Geminantur Dei dona sperantibus et duplici exuberat gratia superna beneficio. Largis meatibus caelestium munerum unda procurrit, transeunt haurientis ambitum quae a Christo ueniunt fluenta donorum. Sola uena est quae maciem nescit et defectus abiurat, tantum cursibus suis suggerens, quantum meretur pectus sitientis accipere. Cui aduertite quid occultus sapor infundat, quando ardorem limpha conciliat et siccitatem labiis aestuante animo inriguitas uiui fluminis gignit. **2.** Talis est uestrarum ratio litterarum, quae quantam afferunt desideriis satietatem, tanta pariunt et augmenta, quarum profunditas et bibitur et optatur, et ita puro ditant gurgite, ut occulto ab eis uiscera subfundantur incendio. In quibus cognatas uideo flammas et pocula et diuersitatem naturae in peregrinam coisse concordiam[a]. **3.** Domine mi, longum terris Deo nostro tribuente uitae beatissimae exemplum praesta et per religionis sanctae philosophiam non in hac tantum uita sperandum esse contemptu saeculi praesentis ostende.

13. – Ennodius Apollinari

1. Quantum cura mea, quae affectui uestro per necessitudinem militat, in dies suggerit ! Si nulla commeantium

a. cf. Esaie, 65, 25

XII. ennodius *om.* *T* || stephano : stefano *VL* || **1.** sperantibus et duplici : sperantibus sibique fideliter seruientibus et duplici *F* || gratia superna : superna gratia *CP,b* gratia exuberat superna *D* || largis meatibus : largissime actibus *B* || procurrit : percurret *B* || transeunt : transeant *V*[ac] || sitientis : sicientis *VL* || limpha : limpfa *B* || gignit : gignet *B* || **2.** quantam *BC,b* : -tum *cett.* || **3.** cognatas : -ta *T* || mi : mihi *BVL* || nostro *om C,b* || philosophiam : filo- *B* phylosophyam *VL* || in *om. A* || tantum uita *B* : uita tantum *cett.*

XIII. *epistulas 13-18 primus edidit Sirm.* || apollinari : apollenari *BVL* || **1.** mea : mei *A* || uestro : nostro *AT* || necessitudinem : nice- *B* || suggerit *VL*[2]*TC* : suggesserit *L*[1] suggere *B* || si nulla commeantium essent damna, contentus ad illud... *coni. Vog.*

heureux de me précipiter vers cette unique consolation pour les absents que la Providence céleste a placée dans les correspondances. Mais que dois-je faire quand ils se présentent dans une si grande confusion que l'on ne sait pas qui choisir de préférence, à qui on puisse confier les écrits destinés [5] à votre sainte conscience ? **2.** Des personnes particulièrement méprisables saisissent l'occasion de tirer profit de tout ce que nous offrons à l'affection et il est pénible [de voir] que la cupidité dicte sa loi à ce qu'exige la force de l'amour. C'est pourquoi j'ai décidé de m'abstenir d'écrire [6] jusqu'à ce que je trouve un porteur domestique [7], de peur que la preuve de mon amitié [8], égarée par des porteurs indignes, ne se dégrade à cause de l'incurie d'autrui et que cette dégradation ne me soit imputée, alors que je n'en suis pas l'origine. **3.** En vous expliquant ainsi brièvement la cause inévitable de mon silence [9], je m'applique de nouveau à vous écrire : par cette activité, les mots que l'on attend dans une lettre m'apportent la présence de votre Grandeur par les chemins secrets de nos cœurs. Adieu donc, mon cher Seigneur, et, avec cette sérénité que tu dois montrer à ta famille [10], réconforte par de fréquents entretiens celui qui t'aime, parce qu'il n'y a pas de présent plus appréciable pour qui le demande que vous voir souvent me donner des nouvelles de votre santé et vous enquérir de la mienne.

14. – Ennode à Promotus

1. Un cœur soumis aux liens de la parenté et de l'amour produirait de fréquents entretiens [1], si la considération de la distance irrémédiable qui sépare les pays ne privait nos désirs de leurs remèdes [2]. En effet, tout ce qui a été lié par l'affection, tout ce qui a été uni par les liens du sang a du mal à

essent damna, contentus ad illud unicum solamen absentium, quod in litteris inuenit prouidentia superna, concurrerem. Sed quid faciam, quando tanta est uenientium confusio, ut nescias qui potissimum deligendus sit, cui reddenda sanctae conscientiae uestrae possint scripta committi ? **2.** Trahunt enim in occasionem conpendii sui uiliores, quicquid nos praestamus affectui ; et graue est ut seruiat cupiditati, quod exigit uis amoris. Idcirco animum usque ad domestici perlatoris oportunitatem ab scriptione suspendi, ne diligentiae ratio sparsa per inmeritos perlatores aliena inportunitate ranciscat et ad me culpa redeat, quae a me non sumpsit exordium. **3.** Necessitatem ergo procurati silentii breuiter explicans ad usum me paginalem conuerto, per quod magnitudinis uestrae mihi praesentiam secretis animorum itineribus expectata per paginas uerba concedunt. Vale ergo, mi domine, et illa quam debes generi serenitate frequentibus amantem foue conloquiis, quia nullum est tam uenerabile munus sollicito, quam si saepe uos agnoscam uestram nuntiare, meam quaerere sospitatem.

14. – Ennodius Promoto

1. Frequentia et necessitudini et amori exhiberet conloquia pectus obnoxium, nisi desideriis remedia sua subduceret discretarum consideratio sine medella terrarum. Quicquid enim caritate iunctum est, quicquid sanguinis catena

XIII. **1.** illud unicum : unicum illud *Sirm.* aliud unicum L^1C. ‖ concurrerem : -rent *Sirm.* ‖ uenientum : -tium *VLTC* ‖ deligendus : dele- *codd., Sirm.* ‖ committi : comitti B^1 ‖ **2.** trahunt enim : trahunt uero imperfectum *F* ‖ uiliores : fideles defuncti *F* ‖ praestamus affectui : affectui eorum praestamus *F* ‖ cupiditati : cupitati V^{ac} ‖ exigit : -egit *B* -igis L^1 ‖ per *om. D* ‖ inmeritos : inmeritus B^1 ‖ inportunitate : ino- B^1 ‖ redeat : reddeat *B* ‖ **3.** paginalem : -ginale *BVLDA* -gine *C* ‖ ad usum me paginalem : ad munus me paginale *Hartel* ‖ paginas : -gina B^1VL -ginam *CD* -ginalia *A* pro pagina *coni. Hartel* ‖ uenerabile munus : uenerabilem unus B^1 ‖ sollicito : -lecito *B* ‖ meam : uestram *DA* ‖ sospitatem : suspitatem B^1.

XIV. **1.** necessitudini : -nem *B* ‖ sua *om. Sirm.* ‖ subduceret : -rent *VLDAT* ‖ discretarum : des- *B* ‖ medella : medilla *B* medelam V^1.

conserver son souffle lorsqu'il est séparé par les distances terrestres. En effet, quels secours peut avoir celui qui se voit même refuser la richesse d'un échange épistolaire suivi [3] ? **2.** Une amitié entre absents [4] qui reste muette, par quel témoin peut-elle se manifester [5] ? En effet, ou bien on attend en vain l'occasion de trouver des voyageurs ou bien on trouve des personnes telles qu'il est impossible de leur confier des écrits destinés à des êtres chers [6]. Cependant, j'ai eu peine à différer plus longtemps mes souhaits pleins d'inquiétude [7], jusqu'à trouver un porteur domestique [8] ; c'est donc [9] par son intermédiaire que, vous exprimant l'honneur de ma salutation, je vous donne les nouvelles que vous attendez concernant ma santé et que je me promets [10] une réponse de vous par la diffusion d'une lettre dans laquelle serait exprimé, en des mots dignes d'être embrassés, le fait que votre santé est au beau fixe.

15. – Ennode à Euprepia

1. Il est rare qu'un amour soutenu par les liens de la parenté s'incline devant la nécessité [1] ; il arrive rarement qu'un général se laisse asservir : les sentiments commandent toujours et de leur plein droit. Quel obstacle a jamais entravé le nom souverain de l'affection ? À quelle obéissance la libre charité est-elle soumise ? Seul celui qui rejette tout sentiment d'attachement avance l'excuse de la peur. Un esprit qui combat pour la piété [2] ne redoute pas les ordres des princes, même s'ils sont rudes. **2.** Aucune législation sur terre n'est assez barbare pour tolérer qu'une mère n'accomplisse pas ses devoirs envers son fils. Tout ce qu'il existe de peuples dans le monde est en accord avec l'humanité. Tout ce qui naît à la lumière du monde recherche les fruits de son ventre et de sa semence. C'est la seule attitude [3] et la seule préoccupation que nous partageons avec tous les animaux. De quelle sauvagerie taxera-t-on un esprit qui, en ce qui concerne le soin de son enfant, apparaît inférieur aux [4] êtres sans raison ?

sociatur, hoc distractum uix respirat per interualla regionum. Quae enim possit habere subsidia, cui frequens denegatur copia et paginalis alloquii ? **2.** Muta inter absentes diligentia quo teste pandatur ? Aut enim oportunitas commeantium expectata subtrahitur aut inueniuntur tales, quibus non possint reddenda caris scripta conmitti. Vix tamen usque ad domesticum perlatorem diu anxia uota suspendi, per quem honorem salutati exhibens optata uobis patefaciam meae prosperitatis indicia et litterarum mihi spondeam promulgatione responsum, quibus, si in portu est sanitas uestra, amplectendis reseretur affatibus.

15. – Ennodius Euprepiae

1. Rarum est ut necessitati amor fultus necessitudine colla summittat : uix contingit ut seruiat qui imperator est ; semper et suo iure dominatur affectus. Quo umquam regium diligentiae nomen inpeditur obstaculo ? Cui libera caritas mancipatur obsequio ? Excusationem de aliquo timore non adhibet, nisi qui animum deuinctionis abiecit. Mens quae pietati militat, etsi sint dura, principum iussa non metuit. **2.** Nulla sunt tam barbara iura populorum, quae non reddi filio debita materna patiantur. Quicquid in orbe gentium est, ab humanitate non discrepat ; quicquid in mundana luce gignitur, fructus uteri requirit et seminis. Sola nobis cum cunctis animalibus causa et sollicitudo communis est. Cuius aestimabitur esse mens illa feritatis, quae erga curam subolis posterior ab inrationabilibus inuenitur ?

XIV. **1.** possit : -set *B* || **2.** copia : cup- *B* || muta inter : mutanter *V*^{ac}*A* mutinter *L*^{ac} || subtrahitur : -hetur *B* || possint : -sent *B* || spondeam mihi : mihi spondeam *A*.

XV. euprepiae : eupraepiae *B* || **1.** unquam : num- *V* || diligentiae *B* : -tia *cett.* || impeditur : -ditor *B* || adhibet : -bit *B* || pietati : piaetati *B* pietate *cett.* || principum : -pium *A* || **2.** barbara iura : barbara iussa *Sirm.* || quae : quem *T* || gentium : genitum *Sirm.* || causa : ea causa *coni. Hartel* || esse mens : mens esse *VLDAC* esse *om. T* || feritatis : -tates *B* || subolis : sobolis *V*.

3. La composition [5] qui précède te concerne, en tant que sœur. Toi, qui a oublié ton unique enfant [6], tu lui as refusé la pitié due à un orphelin et le bonheur de celui qui a encore une mère. En vérité, je déclare, en vertu de ma vocation, que récemment surtout lorsque tu lui as même refusé des correspondances – alors que, grâce à Dieu, la paix a été solidement consolidée entre les maîtres de nos régions [7] – tu as surpassé la tigresse par ta cruauté. **4.** Quand a-t-on pu trouver une chose que tu puisses aimer plus que [8] ton fils ou redouter à cause de ton fils ? La préoccupation des ressources aurait dû passer en second parce qu'on ne s'occupe jamais bien d'un héritage lorsqu'on méprise l'héritier. Je le dis tout net : si Dieu n'avait pas utilisé ma sollicitude, à moi son serviteur, pour faire obstacle aux malveillants [9], toutes les branches de ta descendance auraient été sectionnées. Les lionnes mettent en sécurité leurs petits dans l'antre des forêts ou du désert afin que leur portée ne soit pas la proie des hommes [10]. **5.** On pourrait dire que cette lettre de reproche révèle que je supporte difficilement la charge représentée par le jeune homme. Le Seigneur sait que ma seule et terrible souffrance est de ne pas compter sur ta présence et de constater, par ton silence, que tu as totalement oublié l'affection. Cependant, la bienfaisance de Dieu permet à notre enfant de ne pas être privé de la tutelle paternelle. **6.** Initié aux arts libéraux, il a franchi le seuil de la noblesse [11]. Je t'ai envoyé aussi le texte de la déclamation par laquelle il a été recommandé et dans laquelle tu trouveras non pas de l'éloquence mais l'expression de mes désirs [12]. Adieu donc, ma chère dame, et si cela est possible, reviens auprès de nous comme Dieu l'ordonne [13].

16. – Ennode à Laconius

1. Il y a longtemps [1] que mon esprit est tourmenté par cette attente [de vos lettres] qui d'habitude le réconfortait. Vous avez longtemps prolongé votre silence sans qu'aucune nécessité ne vous y obligeât. Je n'ai pas imité votre négligence au point de ne pas [2] continuer moi non plus à vous écrire [3],

3. Germanitatem tuam respicit praefata concinnatio. Tu unici oblita pignoris et miserationem orbati et felicitatem eius, cui mater superest, abstulisti. Vere fateor sub libertate propositi, modo maxime quando ei a te et conloquia denegantur pace Deo propitio inter regionum nostrarum dominos omni radice solidata, tigridem te inmanitate superasse. **4.** Quando inueniri potuit, aut quod plus amare possis a filio aut propter filium quod timere ? Facultatum cura debuit posthaberi, quia nunquam bene hereditas quaesita est herede contempto. Ecce dico : ni deus per sollicitudinem meam, serui sui, maliuolis obstitisset, omnis generis tui fuerat planta succisa. Leaenae catulos tutis siluarum aut heremi commendant penetralibus, ne partus earum praeda sit hominum. **5.** Dicas forsitan, quod haec exprobratio grauiter me ferre inpactam de adulescente sarcinam monstret. Nouit dominus hoc solum me acerbe perpeti, quod et praesentia tua careo et totius te per silentium inmemorem affectionis esse cognosco. Benificio tamen Dei paterna puero nostro non denegatur instantia. **6.** Inbuendus liberalibus disciplinis limen nobilitatis ingressus est. Ipsam quoque ad te dictionem, qua commendatus est, destinaui, in qua non eloquentiam sed uota cognoscas. Vale ergo, mi domina, et si fieri potest, nostris te cum Dei ordinatione redde conspectibus.

16. – Ennodius Laconio

1. Diu est quod animus meus illa, qua solebat releuari, expectatione torquetur. In longum traxistis silentia, nulla necessitate conpulsi. Non fui huius imitator neglegentiae ut neque ego scripta prorogarem sed ad dies conticui superuen-

XV. **3.** germanitatem : -tam *D* || unici : uinci *A* || miserationem : mese- B^1 || dominos : -minus *B* || solidata : solitata *A* || inmanitate : -tatem *B* || **4.** nunquam : numquam *V* || maliuolis obstitisset : malibolis obstetisset *B* maligno D^{pc} || catulos : -tulus *B* || penetralibus : peni- *B* || **5.** adulescente : adolis- *B* || dominus : deus *Sirm.* || denegatur : derogatur *Sirm.* || **6.** finit *add. codd.*

XVI. **1.** qua : quae B^1 || releuari : -ua *L* || torquetur : -quitur *B* || silentia : silentia silentia B^{ac} || neque : mea *Sirm.* || sed : si *T.*

mais je me suis tu jusqu'à ce jour, abusé par l'espoir de voir venir votre lettre. Maintenant, cependant, ma résolution est vaincue par le mutisme obstiné, désormais, de votre Grandeur. Il faut arracher le silence qui a crû solidement dans quelque racine. Ainsi donc, nos écrits visent à un double profit : **2.** recommander le porteur, un certain Benenatus [4] qui vient à la recherche de ses esclaves fugitifs [5], et ne pas différer l'objet de mes désirs. Adieu donc, mon cher Seigneur, et, conformément à ton souhait, adresse-moi de bonnes nouvelles, puisque tu sais que je m'empresse d'écrire des lettres semblables, afin que le porteur se réjouisse de ton bienfait et que moi je sois soulagé par ta réponse.

17. – Ennode à l'évêque Stephanus

1. Après que vos mérites eurent reçu la dignité qui leur sied et obtenu l'honneur [1] dont votre vie s'est montrée digne, je n'ai reçu, pour mes péchés, aucune lettre de votre Béatitude. L'oubli qui est observé à mon égard est étranger à votre mode de vie [2] et à vos habitudes envers ceux qui vous prient. Que ma témérité ne soit pas blâmée par votre autorité pontificale ! Il est difficile à l'amitié de considérer les droits dont elle dispose. Il n'est jamais mesuré celui qui est sous l'emprise de l'affection [3]. **2.** À cela s'ajoute que je n'ai pas pu m'opposer au porteur des présentes [4], si bien que [5] j'envoie un certain Benenatus [6], venu dans les Gaules pour certaines affaires [7], pour faire la connaissance de votre couronne par l'intermédiaire de ma lettre. En le recommandant en toute humilité, je prie que, par son intermédiaire, on s'efforce de me réconforter par des paroles qui vous rendront présent. **3.** Mon cher Seigneur, en exprimant ma salutation dévouée avec une entière dévotion, j'espère en premier lieu que la sérénité de vos prières, qui adresse sans cesse des supplications à la divinité, n'omettra pas de faire aussi mention de ma personne.

turi spe inlusus alloquii. Nunc tamen uicit deliberationem meam iam matura amplitudinis uestrae taciturnitas. Debet euelli silentium, quod duriter in quadam radice conualuit. Geminis ergo prospiciunt scripta nostra conpendiis : **2.** et perlatorem, Benenatum hominem propter fugaces suos uenientem, commendo et desideriorum bona non differo. Ergo uale, mi domine, et pro uoto tuo circa me geri prospera cognoscens paribus me adcelerare sermonibus, quatenus et perlator de beneficio gaudeat et ego subleuer de responso.

17. – Stephano episcopo Ennodius

1. Postquam meritis uestris dignitas restituta est et honor quem exegit uita conlatus, nulla beatitudinis uestrae pro peccatis meis scripta suscepi. Aliena est a proposito uel a moribus uestris circa supplices quae in me seruatur obliuio. Temeritatem meam pontificalis non accuset auctoritas ! Vix est ut diligentia quid iuris possit habere respiciat. Numquam se metitur quem stimulat caritatis imperium. **2.** Additur quod perlatori praesentium obuias manus adhibere non potui, nisi ut Benenatum hominem Gallias pro certis negotiis expetentem ad coronae uestrae notitiam mei perducerem sermonis officio. Quem tota humilitate commendans rogo, ut per eum uicariis releuari procurer alloquiis. **3.** Domine mi, salutationis seruitutem tota deuotione persoluens spero principe loco, ut precum uestrarum serenitas meae quoque mentionem non omittat facere, cum diuinitati subplicat sine intermissione, personae.

XVI. **1.** uestrae : nostrae *A* || nostra conpendiis : nos propter B^1 -tra conpendiis – hominem *add.* B^2 || **2.** benenatum *B*, *edd.* : bene natum *VLATC*, *Vog.* || commendo : contendo *A* || prospera cognoscens : cognoscens prospera *A* || adcelerare *B* : accelerare *VL* accelera releuare T^2,*Hartel* attolle *C*, *Sirm.* fac releuari *coni. Vog.* || quatenus : -tinus *V* || beneficio : benefitio *V* beficio *L*.

XVII. stefano episcopo ennodius : ennodius stephano episcopo *Sirm.* || **1.** dignitas : uestra *add. Sirm.* || exegit *B* : exi- *cett.* || supplices : supli- *B* || temeritatem : meritatem V^{ac} te- *add.* V^{pc} || accuset : -sat *B* || **2.** additur : adde- *B* || benenatum : beninatum B^{ac} || procurer *add.* B^{2mg} || **3.** mi : mihi *VL* || seruitutem : -tatem B^{ac} || subplicat : suppli- *V* || omittit : -tat T^1.

18. – Ennode à l'évêque Eulalius [1]

1. À quel sommet m'a conduit le cadeau que représente votre entretien spirituel [2] ! L'étroitesse [de mes talents] en témoignerait si elle pouvait en donner la mesure par l'éloquence : pour le décrire en détail, ni la faiblesse de mon esprit ni la pauvreté de ma parole ne peuvent y suffire. En effet, vous vous êtes souvenu de moi : comment l'interpréterai-je sinon que mes péchés sont vaincus ? Votre souvenir a déjà dissipé tout ce que l'indécence de mes actes [3] a pu tramer et il m'a accordé de voir de manière éclatante [4] le présent céleste. **2.** Mon cher Seigneur, en vous présentant, comme il convient, les devoirs de ma salutation, je demande à Dieu que cette âme, dans laquelle abonde tout ce que Dieu commande, s'applique à conserver, sans la diminuer, la bienveillance promise envers ma petite personne. Et ce bienfait, montrez, par le témoignage de lettres fréquentes, que je le reçois conformément à votre désir [5].

19. – Ennode à Faustus

1. Je rends grâces à Dieu qui, conformément à mes désirs, pour ne pas qu'un jour je ne cesse d'écrire, suscite [1] des entretiens d'affaires [2]. En effet, ce qu'exige la force de l'amour peut être aussi utile aux intérêts. Ainsi donc, cher Seigneur, en vous donnant des nouvelles de ma bonne santé, je soupçonne d'avoir retrouvé votre jeune esclave en fuite [3], nommé Germanus [4], qui a disparu il y a trois ans ; je vous ai adressé une notice [5] à son sujet : si c'est vraiment le vôtre, je souhaite savoir à temps quelles suites donner à l'affaire.

18. – Ennodius Episcopo Eulalio

1. Ad quantum me fastigium perduxerit donum spiritalis alloquii, angustia testaretur, si sermone ualeret ambiri, ad quod enarrandum idonea non est mentis exilitas nec sufficit oris egestas. Vos enim mei memores extitisse quid aliud computabo quam peccata superari ? Memoria uestri omne quod actuum obscenitas potuit ministrare iam depulit et per sudum respicere supernum munus indulsit. **2.** Domine mi, salutationis obsequia decenter inpertiens Deum rogo, ut circa paruitatem meam illa anima, in qua omne quod deus mandat exuberat, dignationem pollicitam sine aliqua procuret inminutione seruare. Quam rem ex arbitrio mihi contingere frequentium declarate testimonio litterarum.

19. – Ennodius Fausto

Deo gratias, qui iuxta desideria mea, ne aliquando ab scriptione temperem, negotiosa facit esse conloquia. Potest enim et utilitati prodesse quod exigit uis amoris. Proinde, domine, indicia meae ualitudinis faciens fugacem puerum uestrum, Germanum uocabulo, qui ante triennium lapsus est, me suspicor inuenisse ; de quo indiculum destinaui. Qui si uere uester est, mature sequenda cognoscam.

XVIII. ennodius episcopo eulalio : ennodius eulalio episcopo *Sirm.* ‖ **1.** spiritalis : specialiter *A* ‖ angustia : angustiam *B* angustia mea *coni. Vog.* angusta *A* ‖ extitisse : exte- *B* ‖ **2.** mi : mihi *BVL* ‖ salutationis : -tiones *VL*[1] *T*[1] ‖ meam *B*[sl] ‖ inminutione : immutatione *V*[ac] imitatione *B* ‖ declarate : -raret *A*.

XIX. iuxta : iusta *T* ‖ mea *om. Sirm.* ‖ ne *om. B* ‖ ab scriptione : adscriptione *B* ad scriptionem *A* ‖ conloquia : collo- *V* ‖ exigit : exe- *B* ‖ uis : ius *AP,b* ‖ uestrum *om. A* ‖ qui : quia *A* ‖ lapsus : elapsus *coni. Vog.* ‖ indiculum : -colum *B* ‖ qui : quo *coni. Vog.* ‖ sequenda : -quanda *B*.

20. – Ennode à Faustus

1. L'affaire de Julianus [1], mon parent, qui vous vénère, souffre des multiples embûches de Marcellinus [2] qui, prêt seulement à la querelle, n'a pas confiance dans l'intégrité du jugement [3] : il évite les examens de procédure qu'il réclame. Car après avoir adressé – à ce qu'on rapporte – je ne sais quel ordre à Gevica [4], l'homme qui vous supplie [5], [Julianus], celui que j'ai nommé, s'est rendu immédiatement à l'audience du tribunal de Milan et, pendant trente ou quarante jours, signala sa présence au juge public [6] comme il le fallait. **2.** Il entama les débats [7] avec Gevica lui-même, parce qu'il était désigné avocat de la partie civile ; il l'incita à pousser son client au procès ; il le fit savoir aussi au Seigneur Trasemond [8], comme vous pourrez l'apprendre dans sa lettre. Mais il ne put rien tirer d'un homme qui ne trouve pas d'autre remède, dans une affaire misérable, que de se cacher. Pour cet homme, je [vous] demande – quoique les prières soient inutiles auprès de vous chaque fois que la vérité s'est fait connaître – puisqu'il a transmis toutes les pièces du dossier, qu'il soit libéré, par votre intervention, de ce genre d'ennuis. **3.** Seigneur, en vous présentant les devoirs de ma salutation, j'espère que vous ferez en sorte, avec le soin qui vous caractérise, d'éloigner l'inquiétude de celui que j'ai nommé, et que vous soulagerez par une lettre mes préoccupations concernant votre état de santé.

21. – Ennode à Faustus

1. Peu de mots sont nécessaires pour recommander un homme de très vieille connaissance et de bonne réputation. Il n'a pas besoin de longs entretiens celui qui est aidé, auprès de votre Grandeur, par ses propres qualités. L'exorde qui précède [1] concerne le sublime Vitalis [2] auquel votre parole a

20. – Ennodius Fausto

1. Multiplicibus ueneratoris uestri adfinis mei Iuliani negotium Marcellini laborat insidiis, qui ad querellam tantummodo paratus de iudicii integritate diffidit : uitat quae optat examina. Nam postquam nescio quod praeceptum ad Geuicam exhibuisse perhibetur, praedictus supplex uester ad Mediolanensis fori audientiam mox cucurrit et per triginta aut quadraginta dies praesentiam suam publico, sicut oportebat, ingessit iudici. **2.** Contestatus est ipsum Geuicam, qui ordinatus adserebatur inpulsor : ut susceptum suum ad iudicia destinaret, admonuit. Domnum quoque Trasemundum, sicut ex litteris ipsius poteritis agnoscere, fecit scire. Sed nihil apud eum profuit, cui solae latebrae in causa misera possunt esse remedio. Pro quo rogo, quamquam apud uos precibus opus non est, ubicumque ueritas innotescit, quia omnia huius rei instrumenta transmisit, ut ordinatione uestra ab huiusmodi molestiis efficiatur alienus. **3.** Domine, salutationis obsequia deferens spero, ut et a praedicto inquietudinem remoueri qua soletis cura faciatis et meam sollicitudinem de prosperitatis uestrae statu litteris subleuetis.

21. – Ennodius Fausto

1. Paucis adserendus est, quem et notitia senior et opinionis bonae lingua commendat. Non indiget prolixitate sermonum, qui suis apud magnitudinem uestram dotibus adiuuatur. Sublimem uirum Vitalem loquitur praefata concinnatio,

XX. ennodius fausto : fausto ennodius *Sirm.* || **1.** ueneratoris : uenatoris *A* || querellam : -relam *V* || quae : quem *D* || cucurrit : concu- *ACP,b* occu- *D* || XXX. aut XL. dies *B* || publico : suplico *T* || iudici *scripsi* (*coni. Vog.*) : iudicis *cett.* || ingessit – ordinatus *om. A* || **2.** adserebatur : adscribatur *B* || adserebatus impulsor : adserebatur. impulsor *DA* || domnum : dominum *B* || sicut ex : sicutix V^{ac} sicuti ex *L* || scire : tygre V^{ac} *del et* scire *superscr.* V^{pc} || innotescit : -tiscit *B* || **3.** obsequia deferens spero : obsequia deferens spero obsequia *D* || et B^{sl} *om. b* || inquietudinem : -dine *A* || soletis : solens B^{ac}.

XXI. **1.** sermonum : -monis *T*.

donné la joie d'entrer dans l'assemblée du collège sacré [3]. Sera-t-il donc appuyé par la lettre d'une personne extérieure celui qui, grâce au bienfait de votre parole, n'entre pas à la curie comme un étranger ? Et celui à qui vous avez ouvert le sanctuaire de la liberté [4], trouvera-t-il fermées les portes secrètes de votre cœur ? **2.** Quant à moi, je me réjouis de ces multiples écrits parce que, même si ce que je donne au porteur est insuffisant, mon désir personnel ne subit aucun dommage. Seigneur, en vous rendant la salutation que je vous dois, je prie que la bienveillance de votre Excellence se manifeste tout particulièrement envers celui que j'ai nommé et qu'elle me témoigne son attention par retour du courrier.

22. – Ennode à Faustus

1. Je suis trompé par l'espoir de recevoir des lettres fréquentes. Et confiant en lui, je repais mon esprit d'entretiens sans effet. Il y a longtemps que, vous adressant des écrits sans relâche, je croyais que [votre] silence avait été vaincu, mais il est tenace. Que dois-je faire, quand [mon] cœur a des difficultés pour raisonner, tout obsédé qu'il est par un pieux amour ? Il pense que même les remèdes qu'il a trouvés ne l'ont aidé en rien. **2.** En vous exprimant donc le devoir de ma salutation avec le respect habituel, je [vous] recommande le porteur de la présente, Constantinus [1] en personne ; son honnêteté et sa modestie plaident pour lui et, bien que je lui sois fort redevable par affection, je suis pourtant contraint de lui devoir davantage par la réflexion [2].

23. – Ennode à Marcellianus

1. Chez ceux qui aiment [1] et qui se font un honneur [2] de leurs bienfaits [3], le sentiment d'affection est évident et celui qui a coutume de rendre service ne laisse aucune prière se

quem os uestrum fecit sacri consortio gaudere collegii. Ergo extraneis munietur epistulis, qui orationis uestrae beneficio curiam non ut peregrinus ingreditur ? Et cui reserastis libertatis penetralia, illi pectoris arcana claudentur ? **2.** Ego autem gaudeo scriptione multiplici, quia etsi parum tribuam perlatori, nulla proprii desiderii damna sustineo. Domine, salutationem restituens quam debeo precor, ut et circa praefatum gratia se culminis uestri propius manifestet et mihi prospiciat restitutione conloquii.

22. – Ennodius Fausto

1. Inludit mihi spes quae exegit frequentiam litterarum. Hac enim fretus inefficacibus animum pasco conloquiis. Diu est quod sine intermissione scripta prorogans silentium expugnatum esse credidi, sed confirmatur. Quid faciam, quando uix ad consilium reducitur pio amore pectus obsessum ? Putat remedia et quae conperit nihil iuuisse. **2.** Salutati ergo obsequium reuerentia exhibens consueta commendo praesentium perlatorem ipsum Constantinum, cui suffragium honestas et pudor est, cui quamuis plura per affectum debeam, maiora tamen coactus soluo per iudicium.

23. – Ennodius Marcelliano

1. Apud amantes et honore pollentes beneficiorum affectus in promptu est nec ulla preces, cui praestandi mos est,

XXI. **1.** || quem : qui *A* || fecit : fa- *T* || ut *om.* *CP,b* || peregrinus : -grinis *T* || ingreditur : ingredbtur B^2 || orationis – cui *om.* *A* || claudentur : -duntur *D* || **2.** scriptione : scrib- *B* || quia *B* : qui *cett.* || quam : quem *A* || debeo : debebo *BVLD* || conloquii : allo- *Sirm.*

XXII. **1.** inludit : includit *D* || exegit : exi- *VLDATC* || conloquiis : collo- *V* || scripta : scribta *B* || quod : quidem *coni. Vog.* || sed confirmatur *B* : confirmatur. sed *cett.* || quando BT^2 : quomodo $VLDT^1$ *om.* *C* || reducitur : dedu- *A* || nihil *B* : nil *cett.* || iuuisse : iubisse *B* || **2.** reuerentia : -tiam *B*.

XXIII. **1.** affectus : effectus B^{ac},*b* affectu *D* || promptu : prumptu *B* promtu *VLT* || ulla : ullas *coni. Sc.* illa *Sirm.*

déprécier en tardant à y répondre. Le sublime Virgile [4], remarquable par le sang comme par l'honnêteté, déplore beaucoup de se voir imposer par l'illustre comte des Largesses sacrées [5] l'obligation de se rendre en toute hâte à Ravenne. Même si ce déplacement répondait à ses désirs, l'âge y ferait obstacle. **2.** Il me demande d'intercéder auprès de vous afin d'être dispensé d'un poids de ce genre parce qu'il prétend que de fréquents rapports sur ses actes ont tenu informée l'autorité du magistrat que j'ai nommé. Seigneur, en vous exprimant l'honneur de ma salutation, je prie pour que ces demandes soient satisfaites en considération de ma personne en témoignage de notre amitié.

24. – Ennode à Mascator

1. L'amitié sans fard de votre cœur [1] m'a paré d'une inspiration nouvelle [2] : j'invoque le témoignage du stylet que l'on m'a obligé à manier, moi qui déplais aux savants plus par mon bavardage que par mon ignorance. Un texte obtenu sous la contrainte, qui n'a pas de valeur par son éloquence, en retire une subrepticement de l'obligation qu'on lui impose [3]. Jamais outrage commis sur ordre n'a mérité de reproche ; on ne saurait légitimement condamner celui qui obéit. Il doit s'imputer à lui-même les dommages qui découlent d'un langage qui se veut rustique [4], celui qui provoque un incapable. **2.** C'est de l'orgueil de ne pas obéir aux plus puissants que soi ; c'est un plus grand orgueil encore de mépriser ce que l'on sait provenir de celui qui obéit. Ce serait la preuve d'un désir malhonnête de ne pas aimer ce que tu exiges. C'est être en accord avec son propre jugement que de suspendre toute critique contre qui obtempère. C'est une sévérité indûment opiniâtre que de scruter le mérite chez un proche obéissant [5]. Il ne chasse pas la pudeur de la place qui est la sienne, celui qui doit ce qu'il dit à un commandement. **3.** Ainsi donc, dans nos propos, ce qui n'a pas de valeur rhétorique est justifié par l'obéissance. À vous de juger la qualité de ce que vous avez ordonné que je vous offre : quant à moi, j'estime que vous

tarditate depretiat. Virgilius sublimis uir, tam sanguine quam honestate praecipuus, inponi sibi ab inlustri uiro sacrarum comite Rauennam excurrendi necessitatem plurimum deflet ; cuius si hoc haberent desideria, obuias manus aetas adferret. **2.** Qui apud uos me precatore utitur, ut ab eo huiusmodi sarcina fiat aliena, quia relationibus frequenter quid egerit instructam praedicti suggerit potestatem. Domine, honorem salutati exhibens precor, ut consideratione mei in testimonium diligentiae postulatis detur effectus.

24. – Ennodius Mascatori

1. Nouo me genio infucata pectoris uestri ornauit diligentia. Eliciti utor stili testimonio, qui doctis supra inscitiam garrulitate displiceo. Coactus sermo pretium, quod non habet ex eloquentia, ab inpacta necessitate subripuit. Nunquam fuit digna ultione contumelia, quam iussus exhibuit ; nemo oboedientem iuste condemnat. Sibi debet inlatas iniurias de eloquio rusticante, qui prouocat imperitum. **2.** Supercilium est celsioribus non parere : maius, si quae noueris descendisse ab obsequente despicias. Inprobi desiderii putetur adsertio non amare quod exigis. Adstipulatur iudicio suo, qui censuram de obtemperante suspendit. Male pertinax districtio est, quae meritum in parente considerat. Pudorem ab statione non expulit, qui quod loquitur debet imperio. **3.** Itaque in nobis quod sordet eloquentia commendatur obsequiis. Vos uideritis, quale sit quod iussistis offerri : ego

XXIII. **1.** uir : ubi *A* || deflet ; cuius *scripsi* : deflet. cuius *D* deflet, cuius *cett.* || **2.** precatore : praecatore *B* peccatore *VLDA* || instructam *CP,b* : structam *BVLDT* strictam *A* || domine, honorem : domini. honorem *VLDATP*[1] || salutati : -ti *A* -tandi *bSirm.*

XXIV. mascatori : marcatori *L* mercatori *Sirm.* || **1.** nouo : quo *b* || eliciti : -ceti *B* || nunquam : num- *V* || quam : quae *D* || iussus : iusus *B* || condemnat : condempnat *V* || rusticante : iustificante *A* || imperitum : -perium *T*[1] || **2.** celsioribus : superioribus *A* || descendisse : disc- *B* || despicias : dis- *B* despicicias *T* || putetur *B* : puta- *cett.* || exigis : -git *CP,b* || censuram : suam *add.* *T* || districtio : destrictio *VLD* || ab : ob *B* || statione : -ni *VLAT*[1] || obsequiis : eloquiis *T.*

avez obtenu, sans porter atteinte à ma personne, ce que vous avez désiré recevoir. Je tais, parmi toutes les raisons qui auraient dû être évoquées en premier lieu, le fait que l'humilité ecclésiastique [m']a fait rejeter ce qui pourrait plaire, que celui qui aime l'oraison ne cherche pas la pompe oratoire, que, lorsque je considère ma vocation, je fuis ce qui conduit à la gloire, que je refuse comme un vice tout ce qui élève, que je considère comme une faute ce qui rend puissant ou sublime, que je perds le mérite d'une louange juste lorsque je recherche la faveur. **4.** Je n'avancerai pas une excuse colorée au pinceau de la vérité quand je réplique que j'ai déjà abandonné [6] ce que [m]'avait donné l'application aux études libérales [7], que dans le cours d'un fleuve [8] autrefois abondant s'écoule le filet d'une éloquence presque asséchée [9]. Je tais le fait que ma langue, que la pratique avait rendue agile, s'est engourdie à cause d'une tout autre pratique [10] : la faconde est remplacée par le silence ; l'abaissement a remplacé dans notre cœur le cothurne [11]. **5.** Je viens au fait qu'il ne m'a pas été permis de me cacher dans un secret pudique ni de couvrir la faiblesse de mon talent sous le voile de la discrétion : je considèrerai que ce que j'ai exposé suffit à me défendre complètement Mais transporté par l'amour, j'ai dépassé les limites d'une épître par une loquacité inconsidérée. Adieu, mon cher Seigneur, en exprimant l'honneur de ma salutation, j'éprouverai ce que vous pensez de mon épître par la discrétion ou la fréquence de votre correspondance [12].

25. – Ennode à Eugenes

1. Il peut penser que votre bienveillance n'est pas à son poste, celui dont la fidélité chancelle [1]. Toutefois, en témoignage de notre amitié, je veux que dure la fréquence de nos échanges épistolaires afin que l'âme, soucieuse de la santé de l'ami, ne soit pas troublée par l'inquiétude alors qu'il est en pleine forme. Mon cher Seigneur, tu as de quoi scruter la sérénité de mon cœur du fait de l'aveu de mon désir.

uos sine frontis meae dispendio meruisse aestimo, quod desiderastis accipere. Taceo inter ista, quae principe fuerant loco narranda, ecclesiasticam humilitatem quod placere poterat abiurasse, orationum pompam qui orationem diligit non secutum, propositi consideratione et illud me fugere quod ducit ad gloriam, quasi uitium declinare quicquid attollit, culpam putare quod erigit aut sublimat, perdere iustae laudationis meritum fauoris affectu. **4.** Excusationem ueritatis coloratam peniculo non praetendam, dum replico, quod illud, quicquid studiorum dederat cura liberalium, iam reliqui, quod alueo quondam copiosi fluminis uix arentis gutta fundatur eloquii. Taceo, quod linguam, quam usus mobilem fecerat, alter usus hebetauit : esse pro facundia silentium, abiectionem a nobis diligi pro coturno. **5.** Ad illud redeo, quia mihi non licuit intra uerecundum penetrale delitiscere nec debilitatem ingenii tegere taciturnitatis indumento : hoc ad defensionem integram quod praetuli conputabo. Sed amore prouocatus epistulares terminos inconsiderata loquacitate transcendi. Vale, mi domine, cui honorem exhibens salutantis probabo, quid de epistula mea sentias, aut taciturnitate aut scriptione multiplici.

25. – Eugeneti Ennodius

1. In statione non esse apud uos gratiam potest, qui fide claudus est, aestimare. Volo tamen ad diligentiae testimonium prorogari frequentiam litterarum, ne animus de amantis prosperitate sollicitus, dum salus in ualitudine est, suspicionibus uentiletur. Ecce habes, mi domine, unde serenitatem pectoris mei ex desiderii proditione cognoscas.

XXIV. **3.** narranda : -dam *V*[1] || diligit non secutum : diligit. non secutum *A* || quasi : quia si *D* quas *A* || **4.** peniculo non praetendam : peniculo. non praetendam *A* || non praetendam : interpraetandam *D* || copiosi : cup- *B*[ac] || fundatur : -ditur *prop. Hartel* || quam : qua *D* || hebetauit : hebi- *B* || **5.** epistulares : epistularis *BVLAT*[1] || terminos : -nus *B* || salutantis : salutati *uel* salutationis *coni. Hartel.*

XXV. **1.** non esse apud uos : apud uos non esse *Sirm.* || claudus : clausus *A*.

2. Remplis ton rôle [2] et, de même que le privilège d'un devoir imposé est un honneur pour moi, de même la bienveillance d'une conversation épistolaire vous élèverait. Ainsi, en te rendant le salut que je te dois, je te prie de révéler ce qui anime ton désir pour moi [3] quel que soit le voile dont tu couvres ton expression. Adieu.

26. – Ennode à Avienus

1. Ta Grandeur [1] est à la hauteur de ton rôle [2] et elle révèle l'éclat de ton sang par le témoignage de ta pureté. Les cœurs pieux ne savent pas négliger l'affection ; l'esprit noble protège les liens sacrés de l'amitié. J'ai donc reçu tes écrits [3] resplendissants d'une double lumière puisque ce que la sainteté de tes sentiments a trouvé, ta main droite, sereine, l'a exprimé. **2.** Je prie Dieu pour que, s'il aime Rome [4], il préserve pour l'éternité les pieuses dispositions qui sont en vous et qu'il multiplie envers moi les attentions de ce genre avec le soin par lequel vous vous êtes engagé. Adieu.

27. – Ennode à Avienus

1. Je ne sais pas si les conversations fréquentes sont agréables à votre Grandeur [1] ; quant à moi, je montre toujours clairement ce que j'attends de ceux que j'aime. J'accepte que chacun ait un mode de vie particulier : mais je dois vivre selon mon habitude qui consiste à ouvrir la porte d'un amour parfait avec la clef de la conversation ; moi, dans un lien d'affection, je ne supporte pas de voir un silence corrupteur s'insinuer lorsque la pratique [épistolaire] se perd. **2.** Maintenant, si ton Excellence a la même préoccupation, qu'elle le démontre par un entretien assidu, qu'elle le fasse savoir par des lettres fréquentes ; et si, bien qu'occupé jusqu'à présent par d'autres tâches, tu te ranges enfin à mon avis sous la pression de l'amitié [2], tu obtiendras du respect que je te dois autant que tu auras suscité de ton plein droit [3]. Adieu donc,

2. Adesto partibus tuis et sicut me imperati muneris praerogatiua sublimat, ita uos exhibiti gratia sermonis attollat. Ergo salutem debendam restituens precor, ut quid promoueat in me desiderium tuum sub cuiuscumque significationis nube dilucides. Vale.

26. – ENNODIUS AVIENO

1. Adest magnitudo tua partibus suis et adserit splendorem sanguinis testimonio puritatis. Caritatem nesciunt pia corda deserere, religiosam diligentiam mens generosa custodit. Gemina ergo luce fulgentia scripta suscepi, dum quod pectus sanctum repperit, dextera serena signauit. **2.** Deum precor, ut piam in uobis indolem, si Romam diligit, sub perennitate conseruet et huiusmodi circa me studia sub ea qua promisistis cura multiplicet. Vale.

27. – AVIENO ENNODIUS

1. Nescio utrum magnitudini uestrae grata sint crebra conloquia, ego tamen semper quod expecto ab amantibus exhibebo. Patior aliis aliud esse propositum : mihi meo uiuendum est more, ut amoris plenitudo reseretur claue sermonis ; ego in affectione cariosam subripere taciturnitatem usu fugiente non perfero. **2.** Nunc si culmini tuo par cura est, monstretur assiduitate conloquii, patescat frequentia litterarum ; sin aliis hactenus praeoccupatus studiis, in meam modo concesseris diligentia imperante sententiam, quantum de tuo iure submiseris, tantum de meis obsequiis

XXV. **2.** imperati : impetrati *Sirm.* || debendam : debitam T^{ac} || uale *om. BA.*

XXVI. *hanc epist. om. LA* || **1.** ennodius auieno : auieno ennodius *V,Hartel* || religiosam diligentiam : relegiosam diligentium *B* || luce : -cem T^{1} || suscepi : -cipi *B* || **2.** ut *om. D* || qua : quae *B,b* || uale *om. DTC,b.*

XXVII. *hanc epist. om. LA* || **1.** exhibebo : exhibeo *CP,b* || meo : in eo *T* || reseretur *corr. B* || subripere : -repere *b* || **2.** sin : si in T^{2}*CP,b* sed in *D* || aliis : alias B^{ac}.

Seigneur, et recevez ce petit présent, en l'évaluant non pas à sa modeste valeur [4] mais au prix de celui qui l'envoie. Adieu.

28. – Ennode à Euprepia

1. Quoique je n'ai reçu de votre amour [1] qu'une lettre fidèle aux règles d'usage et nullement conforme aux sentiments et aux liens de parenté, la situation m'a poussé toutefois à répondre dans le même style, dénué d'affection, avec une lettre qui parlera pour moi, pour éviter que le silence de ma conversation révèle que je n'ai pas pris conscience de votre fourberie, mais de notre incapacité à parler [2]. **2.** Euprepia, ma sœur, je refuse que tu invoques comme excuses un des malheurs de nos provinces ou, comme tu l'as dit, l'incurie des hommes [3]. Où que tu t'en ailles – comme le prouve la situation – tu gardes un esprit peu fiable. Nous ne fuyons pas nos défauts en changeant de régions. Envers tes proches, tu t'es comportée de telle manière que tu n'appréciais pas leurs bienfaits dans un esprit de justice et ne corrigeais pas les erreurs avec la sévérité qui s'imposait. Mais qu'est-il besoin de prolonger une lettre douloureuse ? **3.** Aucune effusion de paroles ne pourra modifier votre attitude naturelle. Pour le reste, adieu, ma chère dame et ordonne au mieux ta vie et ton âme. Tu sauras toutefois que je consacrerai à Lupicinus non pas ce que je te dois mais ce que me dicte mon âme, parce que la seule affection qui mérite une plus grande récompense de Dieu, c'est celle que l'on donne sans avoir reçu de présent de la part des hommes.

possidebis. Ergo uale, domine, et munusculum suscipe non uilitate sui sed taxatum pretio destinantis. Vale.

28. – Ennodius Euprepiae

1. Quamuis caritatis uestrae paginam sollemnibus tantum accepissem muniis obsecutam nec affectui nec necessitudini congruentem, res tamen postulauit me uicariis per stili similitudinem peregrinante diligentia respondere conloquiis, ne subtracti sermonis officium non uestram innotuisse mihi astutiam, sed nostram reuelaret infantiam. **2.** Nolo, soror Euprepia, quidquam de prouinciarum malis uel, sicut dixisti, hominum inmissione causeris. Quocumque abscesseris, quantum res docet, mentem male credulam non omittis. Vitia nostra regionum mutatione non fugimus. Circa propinquos tibi fuit tale propositum, ut nec benefacta ipsorum iusta interpretatione pensares nec excessus debita tantum reprehensione corriperes. Sed quid opus est doloris epistulam fieri longiorem ? **3.** Ingenium uestrum nulla eloquii poterit mutare affluentia. Quod restat, uale, mi domina, et prout expedit ordinem uitae tuae animaeque conpone. Me tamen Lupicino noueris non quod tibi debeo, sed quid animae meae conueniat inpensurum, quia sola est, quae maiorem a Deo retributionem meretur, affectio, cum nullis hominum dotibus prouocata conceditur.

XXVII. **1.** domine : mi domine *C,b* || taxatum : taxandum *coni. Hartel* || uale *om. C,bSirm.*

XXVIII. **1.** caritatis : -tas *A* || accepissem muniis : accipissem muniis *B* muniis accepissem muniis *VL* muniis accepissem *DATCP,b* || innotuisse mihi : mihi innotuisse *Sirm.* || reuelaret : -latio B^{ac} || **2.** quidquam : quicquam *V* || mutatione *corr.* B^{sl} || corriperes : -peris *B* || **3.** affluentia : afluentia *B* || tuae *om. VLDTCP* || animaeque *B,b* : animique *cett.* || sed quid *BVLDT*[1] : sed quod *rel.* || maiorem : -ior *A* || conceditur : concreditur *bSirm.*

29. – ENNODE À EUGENES

1. Chaque fois que les mots [1] livrent humblement des gages d'affection [2], l'écriture peint dans les lettres, comme dans un miroir, le portrait de son ami avec lequel elle converse de manière vivante [3] et se congratule du doux simulacre qui se plie aux désirs [4]. Certes, aucun flot de parole n'exprime ce qu'a conçu un cœur allié, même s'il est plus facile de parler que de bien faire et s'il n'est rien que la pompe rhétorique ne puisse faire grandir. **2.** Quant à moi, quand il s'agit d'exprimer mon amitié envers vous, je reconnais la sécheresse et l'incapacité de mon éloquence. Toutefois, je blâme votre silence unilatéral car, bien que tu aies été gratifié d'une double correspondance [5], tu n'as nullement songé à y répondre en retour. Voici donc que j'envoie à nouveau une lettre parce que je sais donner ce que j'attends moi-même. Adieu, mon cher Seigneur, et adresse-toi à celui qui t'aime avec l'éclat qui te rend célèbre ; encourage-le avec l'honnêteté par laquelle tu excelles.

30. – ENNODE À AVIENUS

1. Je m'étonne [1] que des mots désagréables puissent se mêler aux rayons de miel [2] de ta Grandeur [3] et que la sérénité de ta conscience soit entachée de paroles sévères quand tu écris que j'exige des lettres au lieu de les obtenir par la force de l'amitié. Penses-tu qu'il y ait un genre de domination plus sublime que celui qui nous soumet par amour [4] ? Aucune hauteur, Seigneur Aviénus, n'échappe au joug de la charité ; **2.** Rien de ce qu'il y a de libre sur la terre ne peut se soustraire à une telle servitude. Regarde-moi, humble par le rang, ignoré des honneurs, je commanderai ainsi à vos faisceaux [5], tout heureux d'être soumis par un ordre égal. Maintenant adieu et, en fidèle défenseur, manifeste-moi autant d'affection que tu estimeras en avoir reçu.

29. – Ennodius Eugeneti

1. Quotiens sensuum pignoribus uerba famulantur, quasi in quodam speculo ita in paginis sermo sibi amicam pingit effigiem, cum qua uiua uice conloquitur, et dulci simulacro desideriis obsequente gratulatur. Nulla quidem conceptum foederati pectoris eloquitur oris affluentia, et cum sint faciliora uerba beneficiis nec existat quod crescere nequeat ambitione dicendi. **2.** Ego in explicanda circa uos diligentia arentem testor infantiam. Vnianimitatem tamen uestram taciturnitatis incesso, quod gemina scriptione donatus nihil de uicaria relatione cogitasti. Ecce iterum paginas mitto sciens tribuere quod expecto. Vale, mi domine, et amantem tui adloquere nitore quo clarus es, foue integritate qua praeuales.

30. – Ennodius Avieno

1. Miror fauis magnitudinis tuae iniucunda copulari et serenitatem conscientiae uerborum austeritate maculatam, dum scribis imperare me potius paginas quam diligentia exactrice promereri. Putas ullum genus dominandi esse sublimius quam illud quod amore nos subicit ? Nulla sunt, domne Auiene, culmina a iugo caritatis inmunia ; **2.** quidquid in orbe libertatis est, tali non subtrahitur seruituti. Ecce ego loco humilis, ignotus honoribus uestris fascibus sic iubebo, parili contentus ordine subiacere. Nunc uale, et quantum tribui tibi senseris, tantum mihi sicut fidelis restitutor affectionis inpende.

XXIX. eugeneti : eugeniti *B* || **1.** quodam : quadam *B*^{ac} || uice : uoce *DATCP,b* || eloquitur *om. A* || **2.** inexemplicanda *corr. B*^{1} || unianimitatem : una- *VLDATCP* || uestram : tuam *b* || incesso : incessu *B* || adloquere : alloquere *V* || nitore : -rem *P,b.*

XXX. **1.** iniucunda : iniocunda *BDTCP* || promereri : -iri *corr. et rursus del. B* || putas *Hartel* : putans *libri* putasne *uel* an putas *coni. Vog.* || ullum : nullum *P,b* illud *A* || amore : -ri *bSirm.* || nulla : nullae *B* || domne *B* : domine *cett.* || **2.** quidquid : quicquid *V* || ignotus : immotus *T* || iubebo : uidebo *D* || contentus : contemptus *A.*

31. – Ennode à Avienus

1. Certes [1], la qualité des épîtres est proportionnelle aux talents et contribue souvent à la solennité ; elles apportent quelquefois des témoignages d'affection dictés parfois par la sincérité, le plus souvent par une composition mensongère qui feint la candeur sous l'apparence d'une amicale urbanité mais se trouve dévoilée une fois dépouillée des masques qu'elle a construits : **2.** toutefois, moi, je pense qu'il y a le miroir de la conscience dans les pages où l'absence ose à peine reconnaître l'amitié ; ainsi [2], on voit clairement ce qu'apporte en elles une conversation simple, ce qu'apporte une conversation artificieuse. Il déchire le nuage de l'éloquence, l'esprit qui interprète l'écrit ; il parvient rapidement à comprendre lorsqu'il a dégagé le sentier des mots avec ses faux [3]. C'est pourquoi j'apprécie beaucoup ces devoirs [4] où éclate la sincérité et où l'occasion de tromper en toute sécurité ne s'immisce pas [5]. **3.** Et [6] je me réjouis lorsque se présentent des raisons d'écrire ou des porteurs : leur fréquence me permet de satisfaire mon désir et d'accabler votre sens de l'honneur [7] si vous ne rendez pas ce que vous avez reçu. Salut, mon cher Seigneur, et que l'affection vous pousse à vous ranger à mon avis. Adieu.

32. – Ennode à Passivus

1. Si une conversation épistolaire suffisait à exprimer l'amour, si mon langage maladroit parvenait à exposer la totalité de mon sentiment, à qui plus qu'à vous [1] offrirais-je des lettres fréquentes ? Et si elle ne bridait pas la bonne disposition de mon cœur, personne ne serait plus digne que toi de recevoir l'hommage d'une conversation [2]. D'autres témoignent par la parole des sentiments que leur esprit ignore et dépeignent des moments importants [3] dans des

31. – Ennodius Avieno

1. Quamuis epistularum qualitas pro ingeniis conponatur et saepe sollemnitati militet, nonnumquam affectionis testetur indicia, quas aliquando dictat sinceritas, plerumque fuci similis concinnatio, quae candorem imaginata diligentiae urbanitate qua tegitur innotescit, dum fabricatis nudata tegminibus intra uelamen aperitur : **2.** ego tamen in paginis speculum puto esse conscientiae, per quas amicitiam discernere absentia uix praesumit ; clarum est tamen, quid in illis simplex, quid artifex sermo deferat. Scindit nubes eloquii mens dictationis interpres, cito ad intellectum peruenit falcibus suis uerborum calle reserato. Ergo his ualde delector officiis, quibus panditur sinceritas nec occasio se interserit secura fallendi. **3.** Gaudeo tamen mihi uel causas scribendi uel perlatores accidere, ut sub hac frequentia meo uoto satisfaciam et pudorem uestrum onerem, nisi a uobis suscepta redduntur. Salue, mi domine, et in sententiam meam affectu imperante concede. Vale.

32. – Ennodius Passivo

1. Si ad eloquendam sufficeret sermo caritatem, si totum infantia explanaret affectum, cui magis quam uobis paginarum frequentiam praestaremus ? Et nisi artaret meritum pectoris, nulli dignius sermonis militaret officium. Alii affectum, quem mente nesciunt, ore testantur et pingunt inlece-

XXXI. **1.** sollemnitati : sollempnitati *V* || fabricatis : -tas B^{ac} || indicia : iudicia *D* || fuci : fuit *A* || **2.** uix : iudex *coni. Hartel* || praesumit : presumet *B* || || quid in : quid *om. D* || dictationis : -tionis *A* || ergo : ego *b* || se D^{sl} || fallendi *B,b* : felli *VLTC* felli *D* falli *P* || **3.** causas : -sa *B* || uoto satisfaciam BT^2,*b* : uotis faciam $VLDAT^1CP$ || uestrum : -tram V^{ac} || onerem T^2CP : honerem $VLDT^1$ honorem *B* omnem *A* || redduntur : -dantur *CP,b* || mi *om. VLATCP,b* || uale *om. BA*.

XXXII. **1.** ad : autem *A* || eloquendam : eoquendam *VLD* exequendam *CP* quondam *A* exequendum *b* || quam uobis : uobis quam *D* quam uerbis *A* || sermonis militaret : militaret sermonis *Sirm.*

échanges épistolaires séduisants alors que, le cœur vide, la totalité de leur amour repose sur leur langue et qu'on ne voit de l'intériorité que ce qu'en rapporte l'écrit. **2.** Mais mon cœur, pris en tenaille entre la maigreur de mon éloquence et l'abondance de mon amitié, est resté silencieux envers vous. En effet, je crains que mon pauvre bavardage ne mette un terme à l'estime [et] que l'on considère que le niveau [4] du discours est le même que celui du lien affectif. Il vaut mieux renoncer à la considération [5] par le silence que de causer des dommages par des lettres. Voilà les raisons de mes rares entretiens ! Je crois en confiance que vous ferez passer le devoir de sincérité avant la rhétorique. **3.** Pour le reste, salut, mon cher Seigneur, et, usant des faveurs divines, tant que votre vie se prolonge, accomplissez les commandements du Ciel. En effet, la bonté, qui a pourtant commencé à son comble, trouve en vous des moyens de s'accroître. Adieu.

33. – Ennode à Faustus

1. Les pages qui servent de recommandation aux affligés sont fidèles à ma vocation [1]. Car en elles éclate la pureté de la religion lorsque, au lieu de flatter les puissants par des mensonges colorés, elles expriment les larmes des humbles [2]. Mais de cela, [nous parlerons] une autre fois [3] : quand vous verrez le porteur, vous comprendrez le désir de celui qui dicte [4] [cette lettre]. Puisse-t-il accomplir sa mission en remettant à votre Grandeur cette supplication avec le même succès qu'il a exigé de moi une lettre [5] ! Ce propos préliminaire introduit le cas d'une femme pieuse, pauvre, qui est sûre d'être dans son bon droit. **2.** Considérez si la fragilité, si la justice auraient dû être privées de mes paroles, s'il est convenable que je manque à mon devoir et à la morale. Voilà

brosis epistularum momenta commerciis, quando feriatis penetralibus amor totus in lingua est nec aliud ad interiora perducitur, nisi quantum in scriptione confertur. **2.** At meus erga uos animus eloquii pressus macie et amicitiae ubertate conticuit. Metuo enim, ne gratiae terminum ponat mendica confabulatio, ne idem modus putetur esse sermonis et foederis. Melius est plus aestimationi per silentium dimittere quam monstrare diligentiae damna per litteras. Ecce rarioris conloquii causas adserui, credens apud uos a sinceritate debita facundiam posthaberi. **3.** Quod superest, saluete, mi domini, et diuinis usi beneficiis procedente uita in longum caelestia mandata conplete. Inuenit enim apud uos, cum a cumulo coeperit, benignitas incrementum. Vale.

33. – ENNODIUS FAUSTO

1. Proposito obsecuntur paginae, quibus commendatio praestatur afflictis. In his enim clara est religionis integritas, quae nullo potentioribus fuco blanditae adserunt lacrimas submissorum. Sed hinc alias : cum perlatorem uideritis, uotum dictantis agnoscetis. Vtinam illo apud magnitudinem uestram supplicationis euentu alleganda conciliet, quo a me litteras impetrauit. Mulierem religiosam pauperem de bono negotio praesumentem sermo praefatus insinuat. **2.** Aestimate si fragilitati, si iustitiae oportuit uerba subduci, si conuenit me uel officio deesse uel moribus. Ecce ego reue-

XXXII. **1.** momenta commerciis : commercia commentis *coni. Vog.* commenta commerciis *coni. Hartel* || penetralibus : penetrabilibus *B* || **2.** at : ad B^{ac} || et *om. b* || mendica : commendacia *A* || damna : dampna *V* || rarioris : -iori *D* || posthaberi : non haberi *D* || **3.** saluete : saluite B^1 salue *P,b* || domini *B* : domine *cett.* || conplete : conpletae B^1 || uale *om. A.*

XXXIII. *XXXIII post XXXIV A* || **1.** commendatio praestatur : commendati operis *(spatium)* afflictis *B* || religionis : relegionis *B* || submissorum : summissorum *V* || uideritis uotum : uiderit sis (ses B^{pc}) uotum *B* || agnoscetis : -citis *B* || alleganda : alliganda VLT^1 uallicanda *B* || quo : ergo *A* || ita : sed [...] ita *D* religiosam : relegiosam *B* || bono : beato *D* || **2.** fragilitati si *BCP,b* : fragilitatis *VLDT* || iustitiae – ego *om. A.*

donc qu'en exprimant le respect de ma salutation, j'ai joué le rôle qui m'incombe ; à vous de vous préoccuper du reste parce que, si la requête concerne ma personne conformément au souhait de la dame en question, son aboutissement vous concernera vous. Adieu.

34. – Ennode à Senarius

1. À vrai dire [1], il n'y a rien qu'un discours ambitieux [2] ne parvienne pas à élever grâce à la vérité. Mais moi, pour exprimer mon amitié envers vous, je souffre de ma maladresse d'expression. Jamais la parole ne fut égale à l'amour. Toujours, l'office du langage s'est incliné devant les bonnes dispositions de la conscience. C'est pourquoi je me donne la sécurité de celui qui avertit préalablement. **2.** Je n'aurais pas cru que ta Grandeur ne se souviendrait pas de moi pendant une si longue période au point même de s'abstenir des entretiens d'usage [3], au point que ces échanges, qui servent d'ordinaire à simuler l'affection en faisant bonne figure, soient refusées entre personnes liées par les chaînes d'un tel lien [4]. Si je pouvais raconter cela comme il faut, je pourrais le supporter [5]. Voilà une nouvelle lettre : ce que j'affirme en paroles, je le prouve par des exemples. À vous de voir ensuite quelle raison il y aurait de négliger des désirs honnêtes ; quant à moi, instruit par l'expérience, j'applique la patience à ma douleur. Adieu.

rentiam salutationis inpendens quid partibus meis deberem contestatus sum, uobis quid remansit adtendite, quia sicut personam meam pro supra dictae uoluntate petitio, ita uestram effectus aspiciet. Vale.

34. – Ennodius Senario

1. Nihil est equidem quod non a ueritate in altum ambitioso tollatur eloquio. Sed ego ad diligentiam circa uos meam patior sermonis infantiam. Numquam par fuit lingua caritati, semper subiacuit oris officium bono conscientiae. Ob hoc utor securitate monitoris. **2.** Non credidi tanto tempore amplitudinem tuam mei inmemorem sic futuram, ut etiam sollemnibus conloquiis abstineres, ut illa, quae solent affectionem imaginata fronte simulare, negarentur inter personas catenis foederis obligatas. Haec si sufficienter ualerem narrare, poteram sustinere. Ecce iterum scribo et, quae uerbis adsero sequenda, testor exemplis. Vos uideritis quale sit posthac desideria honesta neglegere, ego dolori patientiam usu institutus adhibeo. Vale.

XXXIII. **2.** salutationis *B* : salutis V^{ac} salutis *rel.* || contestatus *corr. B* || uobis quid : nobis quid *D* uobis quid uobis *T* || remansit : remanserit *b* || adtendite : attendite *V* || ita : sed [...] ita *D* || effectus : affectus *B,b* || uale *om. ACP,b.*

XXXIV. **1.** nihil : ninil *B* nichil *DAT* || altum : aliud *A* || ambitioso : -tiosa *L* || meam patior : patior meam *VLDATCP* || lingua : -guam *LA* || caritati : -tatis *B* || bono : -nae *Sirm.* || **2.** abstineres : -nens *DA* || haec : nec *A* || sufficienter *om. VLDATCP* || posthac *B,b* : post haec *VLDATCP* || usu : usui *B* || adhibeo : exhibeo *P* || uale *om. AC,b.*

LIVRE IV

Résumé des lettres

1 – Première lettre au pape Symmaque. Ennode demande qu'on reconnaisse les témoignages de son « dévouement » durant le schisme laurentien. Si le concile de 502 a reconnu les droits de Symmaque, certains de ses adversaires refusent toujours sa communion. Ennode informe qu'un évêque (sans doute celui de Milan) a envoyé une légation auprès de l'un des principaux opposants de Symmaque, l'évêque d'Aquilée Marcellianus.

2 – Unique lettre à Alicon. Le prêtre Amantius vient d'apporter à Ennode une lettre d'Alicon qui fait l'éloge du diacre de Milan et qui souhaite entamer une relation épistolaire avec lui. C'est justement ce que désirait Ennode qui fait l'éloge du porteur et « ouvre la porte de l'amitié ». Ennode évoque dans sa lettre les affaires de l'Église : à présent, c'est lui qui attend une réponse d'Alicon.

3 – Deuxième lettre à Eulalius, évêque de Syracuse. La Trinité nous lave de nos péchés ! Ennode demande à l'évêque Eulalius d'intercéder auprès de Dieu pour ses nombreux péchés. Éloge de la sainteté d'Eulalius ou façon détournée de présenter ses excuses ou demander de l'aide ?

4 – Ennode compose une lettre pour le compte d'une femme qui lègue son esclave à son frère (en vue de son affranchissement ?). D'après l'auteur, il ne faut pas négliger la critique et la sévérité envers ses propres enfants. Les liens qui unissent une mère à son fils ne doivent pas l'emporter sur ceux qui l'unissent à son frère.

5 – Nouvelle lettre d'Ennode à Faustus : le diacre de Milan a été saisi pour qu'il recommande au questeur l'affaire du noble Dalmatius dont le domaine de Sicile a été occupé. Il s'agit de faire respecter ce qu'il reste de l'état de droit et de la *ciuilitas*.

6 – Deuxième lettre à Agapitus, ami d'Ennode et peut-être parent de Faustus. Dans une première lettre (*epist.* 1, 13), Ennode avait félicité Agapitus qui venait d'accéder à une haute charge et, semble-t-il, à la

« dignité » sénatoriale. Mais il lui avait aussi reproché de ne pas l'avoir prévenu personnellement. La présente lettre regrette qu'Agapitus n'ait toujours pas écrit le moindre billet depuis son entrée au palais de Ravenne. Ennode présente ses excuses pour son insistance même si un ami véritable n'oublie pas ses devoirs. Qu'Agapitus écoute, au moins, la demande que lui remet le porteur et qu'il lui donne une suite favorable !

7 – Première lettre à Julianus, comte du patrimoine à Ravenne. Ennode le félicite pour sa nomination à Ravenne dans une charge si prestigieuse. Il le remercie aussi pour sa lettre qui témoigne de son talent oratoire et de ses qualités morales. La réussite sociale peut avoir des conséquences néfastes pour l'équilibre spirituel. Il faut se garder, une fois parvenu aux honneurs, de céder à l'arrogance et d'oublier ses proches. Le pouvoir en société ne doit pas être source d'inconstance et de faiblesse pour l'âme. Lettre programmatique influencée par la pensée stoïcienne.

8 – Deuxième lettre au pape Symmaque : Ennode s'adresse à l'évêque de Rome non par audace mais par obéissance. Il l'informe que les héritiers de Marius se plaignent d'être privés des revenus *(fructus)* qui leur étaient dus à la suite d'une affaire entre Marius et la « sainte Église ». Ennode ne doute pas que le pape remédie à cette injustice grâce à sa générosité.

9 – Nouvelle lettre à Faustus, le questeur du palais à Ravenne. Ennode lui adresse une lettre de recommandation pour le jeune Venantius qui fait son entrée à la cour : après une introduction générale sur la sincérité de l'éloge, le discours devient plus métaphorique, il se pare de « la pourpre de la langue » (*linguae murex*), semblable à celle des habits royaux qui revêtent les princes.

10 – Unique lettre à Trasimond, *uir illustris* et parent du roi de Ravenne Théodoric (*regiae stirpis germen*) : Ennode célèbre le sang royal de son correspondant qui brille davantage encore par son amour que par sa naissance. Le diacre de Milan lui adresse un porteur chargé d'une supplique (cf. *epist.* 3, 20 à Faustus).

11 – Deuxième lettre à Luminosus, *uir sublimissimus* et ami d'Ennode. Après une première épître, dans laquelle il demandait à Luminosus d'œuvrer, auprès du pape, pour le remboursement des sommes prêtées à Symmaque par l'évêque de Milan, Ennode a appris par le sublime Laurent que le pape aurait refusé de rembourser cette somme malgré la promesse qu'il avait faite au garant de cette transaction. Le diacre de Milan demande à Luminosus de régler rapidement cette affaire.

12 – Quatrième lettre à Jean, ami proche d'Ennode, qui exerce une charge à Ravenne depuis 503. Ennode se réjouit d'avoir enfin reçu un courrier après une si longue attente. Mais comment Jean peut-il à présent reprocher à Ennode son silence épistolaire ? Et comment a-t-il pu, pendant tout ce temps, entretenir des correspondances avec des gens totalement ignorants des arts libéraux ? Quel gâchis, quelle perte de temps et quelle faute ! Que Jean, désormais, suive l'exemple d'Ennode et qu'il entretienne la concorde promise !

13 – Quatrième lettre à Constantius, *uir illustris* à la cour Ravenne, qu'Ennode avait recommandé auprès du questeur du palais (*epist.* 3, 3). Ennode est très honoré de recevoir des lettres de lui, tout en regrettant son éloignement. En le remerciant d'avoir convaincu Jean de répondre enfin aux lettres d'Ennode, il le prie de revenir au plus vite à Milan.

14 – Nouvelle lettre à Faustus, questeur du palais à Ravenne. Ennode adresse au questeur une lettre de recommandation en faveur du porteur, son ami le « sublime et magnifique Panfronius », qui obtient une charge importante à Ravenne. Ennode le prie d'apporter son soutien à Panfronius pour l'aider à se défendre contre les critiques de ceux qui l'entourent.

15 – Nouvelle lettre à Faustus, questeur du palais à Ravenne. Ennode a remis au porteur une lettre de recommandation dans laquelle il explique à son influent ami les déboires du porteur, expulsé de ses terres par un ennemi. Que Faustus, dont la charge à Ravenne est de défendre la cause des affligés, tranche l'affaire en sa faveur pour faire respecter la justice !

16 – Troisième lettre à Agapitus, ami d'Ennode et peut-être parent de Faustus. Dans les deux premières lettres, Ennode se plaignait du silence d'Agapitus depuis que celui-ci occupait des fonctions prestigieuses à la cour de Ravenne. Visiblement, ces lettres ont déplu à Agapitus mais son silence obstiné n'a fait qu'inciter Ennode à écrire davantage. Cette lettre est apportée par Panfronius que le diacre de Milan recommande à son correspondant pour qu'il obtienne la charge du vicariat (la vice-préfecture du prétoire ?).

17 – Première lettre d'Ennode à Decoratus qui occupe une charge à Ravenne. Ennode célèbre, comme les anciens *(ueterum sapientia)*, le rôle des correspondances dans l'amitié. Cette coutume est devenue une loi qu'Ennode respecte scrupuleusement. Éloge de l'écrit qui fait durer les sentiments. Ennode attend désormais une réponse.

18 – Nouvelle lettre à Faustus, questeur du palais à Ravenne. Ennode lui demande une lettre de recommandation pour les proches d'Opilion, qui résident en Afrique. Ce document serait adressé au magnifique

Agnellus. La bonté de Faustus serait connue au-delà des bornes de l'Italie.

19 – Troisième lettre à Apollinaire, parent d'Ennode, qui se trouve en Gaule : Ennode rappelle la signification et l'importance des lettres pour entretenir l'amitié et se consoler de l'absence. Le silence épistolaire d'Apollinaire est d'autant plus difficile à supporter qu'il avait envoyé des lettres régulières. Qu'il reçoive donc ce témoigne d'amitié et remette une réponse aux voyageurs !

20 – Deuxième lettre à Julianus, ami d'Ennode et comte du patrimoine à Ravenne. Eloge du commerce épistolaire qui révèle les secrets de l'âme, entretient l'amitié et favorise la réussite !

21 – Unique lettre à Constantius, évêque de Verceil en Italie. Profitant de l'amitié entre Ennode et Constantius, le sous-diacre Vigilius a demandé à Ennode une lettre de recommandation qui lui permettrait de devenir diacre.

22 – Troisième lettre au pape Symmaque. Le sublime Laurent a demandé à Ennode une lettre de recommandation pour ses enfants qui se rendent à Rome peut-être pour y faire leurs études.

23 – Unique lettre à Dominator, ami d'Ennode. Le diacre de Milan aurait aimé apprendre les volontés de Dominator par une lettre de lui et non par Agnellus. Il est préjudiciable de ne pas écrire à celui qui attend une lettre ou de ne pas répondre à un courrier. Ennode envoie donc cette épître à Dominator qui en a manifesté le désir auprès d'Agnellus. À présent, il convient d'être indulgent, de contenir sa critique et... de répondre à son tour !

24 – Nouvelle lettre au questeur du palais de Ravenne, Faustus Niger : Ennode est accablé de chagrin. L'anxiété l'empêche d'écrire longuement. Il demande des nouvelles sur la santé de son correspondant et reconnaît qu'il a été ébranlé par la vigueur des ennemis et les rumeurs fracassantes qui circulent. Que Faustus le rassure par une lettre !

25 – Lettre à Bassus, clarissime, ami des parents d'Ennode, qui réside en Gaule. Bassus a oublié Ennode, semble-t-il, puisqu'il ne lui l'écrit jamais. Mais il fera revivre cette vieille amitié « s'il garde à l'esprit Camille (le père d'Ennode ?) ». Qu'il reçoive le clerc porteur de la présente et qu'il lui confie, à son retour, de bonnes nouvelles.

26 – Cinquième lettre à Eugenes, ami d'Ennode. Ennode adresse ses meilleurs vœux à Eugenes qui a remplacé Faustus dans les fonctions de questeur du palais à Ravenne. Le diacre de Milan veut s'assurer qu'Euge-

nes lui sera aussi favorable que son prédécesseur, puissant soutien d'Ennode à la cour.

27 – Quatrième lettre à Senarius, parent d'Ennode, qui occupe une charge à la cour de Ravenne. Pressé par le porteur, Ennode adresse un court billet à Senarius pour lui demander au plus vite des nouvelles de Faustus qui tarde à rentrer de Ravenne et sur lequel courent les rumeurs les plus variées.

28 – Quatrième lettre à Agapitus, ami d'Ennode et membre éminent de la cour de Ravenne. Cette lettre est dictée par l'urgence de la situation, non par les plaisirs de l'amitié : un homme sublime et magnifique (Panfronius ?) est victime de malveillances et de calomnies. Qu'Agapitus intervienne vigoureusement en sa faveur !

29 – Quatrième lettre au pape Symmaque. Dieu accorde plus que ce que les hommes méritent. Il l'a prouvé à propos d'un personnage fameux d'Aquilée. Que le saint Père n'oublie pas Ennode ! Qu'il aime celui qui lui est dévoué !

30 – Sixième lettre à Eugenes, ami d'Ennode, qui vient d'accéder à la questure du palais à Ravenne. Encouragé par la réponse d'Eugenes, Ennode écrit encore. La joie compense le manque de talent pour l'écriture. Que le nouveau questeur renouvelle la noble promesse de son amitié envers le diacre de Milan !

31 – Première lettre à Avit qui vient d'annoncer à Ennode la mort de l'évêque d'Aquilée Marcellianus, adversaire résolu du pape Symmaque. Malgré la joie de recevoir une lettre d'Avit, Ennode est ému par la disparition d'un « si grand pontife ». Il espère surtout que le successeur de Marcellianus sera enfin favorable à Symmaque.

32 – Septième lettre à Eugenes, ami d'Ennode, qui vient d'accéder à la questure du palais à Ravenne. Certes, un homme en charge de hautes fonctions n'a pas le temps d'écrire à ses amis. Mais ce n'est pas le cas d'Ennode qui a quitté les préoccupations du siècle. Qu'Eugenes le récompense par une réponse ! Il n'est pas normal que Montanarius, porteur d'une lettre d'Ennode, soit revenu les mains vides.

33 – Quatrième lettre à Senarius, parent d'Ennode, qui occupe une charge à la cour de Ravenne. Ennode n'imite pas le silence obstiné de son correspondant, même s'il comprend que ses lettres ne sont plus les bienvenues. Senarius a pris les habitudes de la cour, en oubliant que rien ne reste longtemps caché à l'esprit d'un ami. Ennode recommande le porteur de la lettre pour qu'il bénéficie, à la cour, du soutien de Senarius contre ses ennemis.

34 – Première lettre d'Ennode au diacre Hormisdas, le futur successeur du pape Symmaque. Ennode regrette qu'Hormisdas se soit rendu tout près de la Ligurie sans lui avoir adressé la moindre lettre. Ce n'était pas le cas lorsqu'ils étaient éloignés l'un de l'autre. Éloge des relations sincères et de la concorde pure qui s'opposent aux attitudes convenues des relations sociales et de l'*urbanitas*.

35 – Unique lettre d'Ennode à Apronianus, *uir illustris*, qui, d'après Cassiodore, exerçait la charge de comte des Largesses privées à Ravenne (3, *uar.* 53). Éloge de la religion épistolaire. Apronianus a reçu la meilleure louange possible, celle de Faustus Niger, le plus honnête des hommes. Le bonheur d'Ennode se nourrit de la félicité de ses amis.

LIVRE IV

LIVRE QUATRIÈME

1. – Ennode au pape Symmaque

1. C'est le propre d'un bon général [1] d'attiser le courage du soldat éprouvé au combat [2] afin que sa bravoure, conviée aux nourritures de l'éloge, désapprenne dans d'heureuses batailles le goût de la lumière du jour. Qui ne voit pas croître sa force lorsqu'il est loué par son chef ? À quels conflits se refuseraient les membres d'une jeune recrue, même les moins robustes, quand le témoignage de son supérieur lui fait voir que ce qu'il a accompli n'est pas perdu pour lui. Le seul moyen qui fasse grandir l'envie de combattre, c'est, chaque fois, ne pas laisser l'oubli détruire ce qui a été bien fait. **2.** Puisse la divinité, touchée par vos prières, mettre un terme à cette lutte diabolique [3] ! Puisse-t-elle reconnaître mon dévouement dans la paix afin que la concorde fasse valoir la soumission de celui dont le zèle s'est révélé dans l'adversité. L'évêque Marcellianus [4] a reçu une légation qui avait reçu ses instructions de votre frère [5] ; mais il a écrit lui-même en réponse pour quelle position il a opté [6]. **3.** Pour le reste, après vous avoir exprimé les devoirs de la salutation, je prie pour que le remède de votre prière soigne tout ce qui est malade et que, dans les profondeurs des maladies cachées, votre fer spirituel tranche l'erreur qui mène à la mort de tous. Adieu.

LIBER QUARTUS

1. – Symmacho papae Ennodius

1. Boni imperatoris est probatam in acie militis animare uirtutem, ut fortitudo laudis pabulis inuitata in secundis congressibus dediscat lucis affectum. Cuius robur ducis praeconio non nutritur ? Quibus se denegent etiam minus ualida tironis membra conflictibus, quando rectoris testimonio uidet sibi non perire quod gesserit ? Sola uia est, qua ad proeliandum crescat intentio, quotiens bene gesta non delet obliuio. **2.** Vtinam diuinitas uestris mota precibus diabolicum certamen interimat ! Vtinam deuotionem meam in pace manifestet, ut cuius studium resignauit aduersitas, illius concordia commendet obsequium ! Ad Marcellianum episcopum directa est a fratre uestro instructa legatio ; sed quid promouerit ipse rescripsit. **3.** Quod restat, porrectis salutationis precor officiis, ut quidquid aegrum est medica oratione curetis et inter latentium secreta morborum, qui in generalem necem seruatur, ferro spiritali resecetis errorem. Vale.

I. symmacho papae ennodius : ennodius symmacho papae *b* simmacho *B* simacho *T* || **1.** boni : mens *A* || robur : -bor *BVL* || qua : qui *LA* || delet : debet *L* || **2.** marcellianum : marcellinum *CP,b* || **3.** curetis : curr- *A* || uale *om. B.*

2. – Ennode à Alicon

1. Le vénérable prêtre Amantius [1], en me poussant à vous [2] écrire [3], a transformé l'objet de ma dévotion en ordre venant de lui [4]. Heureuse nécessité qui se plie à nos vœux ! Libre commandement d'un supérieur qui se met au service de l'affection ! Celui qui m'oblige me doit ce que j'ai offert à ma volonté. Heureuse est l'écriture quand elle apporte un double témoignage à l'amour, à la fois en attirant une nouvelle personne sous les lois de l'amitié et en obligeant le cœur d'un ami plus ancien : celui-ci, en se faisant le héraut fidèle de ta Grandeur, a permis, par son engagement, de vous choisir avant de vous connaître. Il est rare que l'affection précède la connaissance. **2.** À qui est-il arrivé de plaire avant que d'être vu ? Regardez l'importance que j'accorde au porteur : sa volonté infléchit nos jugements ; nous voyons celui qu'il désigne ; celui qu'il loue, nous lui ouvrons les bras. Souvent notre propre esprit pétri de certitude cède au jugement d'un ami [5]. Il est donc juste que nous respections ceux qu'exalte un être estimé. **3.** Maintenant, si mon maigre talent [6] pouvait exprimer l'abondance de ma reconnaissance [7], si l'incapacité de mon expression aride ne se lassait pas pour dire la source de notre alliance, si le mode [8] épistolaire, qui impose des freins même à ceux qui possèdent une riche éloquence, me permettait de m'étendre plus longuement, j'exposerais combien me doit ta noblesse, parce que, le premier, j'ai entamé un commerce épistolaire, parce que j'ai ouvert la porte de l'amitié avec la clef de la conversation. **4.** Quant au messager, cependant, je prie qu'il soit payé en retour pour ce qu'il a apporté. Je signale [9] les affaires de l'Église [10] car ce qui répond à mes espérances fait grandir en vous le mérite. Mon cher Seigneur, en payant le tribut de mes plus vives salutations, je supplie que, si vous avez à cœur de recevoir mon présent comme une offrande de charité [11], vous ouvriez le lien sacré d'une relation amicale par la conversation [12]. Adieu.

2. – Ennodius Aliconi

1. Venerabilis Amantius presbyter dum ad uos paginas exigit, rem deuotionis meae sui esse fecit imperii. Felix necessitas, quae uotis praestat obsequium ; libera praeminentis iussio, quae seruit affectui. Debet mihi coactor quod meae praestiti uoluntati. Prospera est scriptio, quae testimonium tribuit bis amori, dum et nouum in ius diligentiae adtrahit et amici senioris pectus obligat, qui dum magnitudinis tuae fidelis praeco est, prius uos per adstipulationem suam fecit eligi quam cognosci. Raro notitiam praecessit affectio. **2.** Cui contigit ante placere quam inspici ? Quantum apud me pondus est perlatoris aduertite, ad cuius nutum iudicia nostra flectuntur : uidemus quem dicit, quem laudat amplectimur. Saepe in solido constituta mens propria amico cedit examini. Merito ergo suspicimus quos probatus extollit. **3.** Nunc si ubertatem gratiae ingenii macies explicaret, si ad fontem foederis aridi sermonis non lassaretur infantia, si epistularis qualitas, quae etiam copiosis eloquentia frenos inponit, progredi me ad longiora permitteret, adsererem quantum nobilitas tua mihi debeat, quod ad epistulare commercium primus adcessi, quod ianuam diligentiae reseraui claue sermonis. **4.** Baiolus tamen deprecor ut pro his quae tribuit redametur. Ecclesiae causas insinuo, quia quod spei meae inpenditur uobis crescit ad meritum. Domine mi, effusissimae munus salutationis inpendens quaeso, ut, si uobis cordi est oblationem meam de libamine caritatis accipere, religionem amicae conscientiae reseretis alloquio. Vale.

II. **1.** exigit : -geret *D* || meae : mae *B* me *L* || praestat : praestitit *C,b* || praeminentis : praeeminentis *bSirm.* || in ius : ipsius *D* || adtrahit : att- *V* || amici *corr.* B^{sl} || tuae B^{2sl} || fidelis : -les V^{ac} || cognosci : agnosci *CP,b* || **2.** aduertite : -uerte *b* || uidemus quem dicit *Vog.* : uidimus quem didicit *libri* || **3.** probatus : -bitas *b* || copiosis B^{ac} : cupiosis B^{pc} || frenos : -nus *B* || quantum : quanta *VLDATCP* || mihi debeat *om. VLTACP* || adcessi : accessi *V* || quod : et *b* || **4.** baiolus *B* : baiulus *cett.* || deprecor *B* : precor *cett.* || mi : mihi *BVL* || munus salutationis : munus munus B^{ac} salutationis munus *b* || inpendens : inpertiens et inpendens D^{ac} || religionem : rele- *B* || uale *om. ACP,b.*

3. – Ennode à l'évêque Eulalius

1. Rendons grâces [1] à la Trinité, notre Dieu [2], qui soulage le poids des péchés qui m'écrasent par l'ardeur d'un homme efficace auprès d'elle. En artisan subtil [3], elle plante le souvenir de moi dans ce temple de ton saint cœur qui fait la joie du Christ, pour dissiper, par la sérénité [4] éclatante de votre conscience, ce que la brume de mon comportement a obscurci [5]. Maintenant, je sais que les lamentations des pécheurs ne sont pas répandues inutilement. **2.** Voici, en premier lieu, le fruit de mon oraison, voici le fruit de mes larmes : que tes prières puissantes se dressent pour me défendre, que mes épaules chancelantes soient secourues par ta main fortifiée par le secours céleste. Il est vrai que pour Dieu, seul le désespoir provoque la perte de celui qui s'égare. Voici déjà que, chez nous, l'ivraie, les épines et les ronces sont la promesse d'orge, de froment, de vignes [6]. **3.** Fais donc, élu de Dieu, ce que tu as commencé pour moi, humble personne, et remplis tes attributions [7], toi qui laves en moi, par l'assiduité des prières, ce que moi j'ai amassé par l'abondance de mes fautes. Nourris aussi de fréquents entretiens celui dont tu as pris la défense [8] afin que mon cœur sans intelligence [9], incapable de s'appuyer sur aucune vertu stable, soit fortifié par le sel de ton admonition. Je reviens aux devoirs de la salutation et, ayant dépassé la limite de l'épître comme un être bavard mais importun [10] par nécessité [11], j'ajoute une seule chose [12] : aide moi sans cesse par tes prières autant que tu m'encourages par tes paroles [13]. Adieu.

4. – Copie d'une lettre qu'il dicta lui-même. Une sœur à son frère

1. Bien que quelques [parents] doivent la plus haute bienveillance à leurs enfants [1], même si les sentiments de ceux-ci sont ingrats, et que ce que l'on donne à sa descendance ne soit pas considéré comme un bienfait mais comme un dû,

3. – Eulalio episcopo Ennodius

1. Trinitati gratias Deo nostro, qui fascem quo deprimor peccatorum fortis apud se uiri alacritate sustentat, qui memoriam mei in illo sancti pectoris tui templo, quo gaudet Christus, subtilis fabricator interserit ut, quod propriae conuersationis nube fuscaui, splendida conscientiae uestrae serenitate detergeat. Iam noui quia non inefficaciter funduntur lamenta peccantium. **2.** Hoc mihi principe loco oratio mea, hoc lacrimae contulerunt, ut robustus pro me precator exsurgeres, ut labantibus umeris caelesti munitam auxilio dexteram subrogares. Verum est quia sola apud Deum desperatio perdit errantem. Ecce iam lolium nostrum spinae uel tribuli hordea triticum uineas pollicentur. **3.** Age, electe Dei, pro me humili quod coepisti, et partibus tuis adesto, dum precum in me adsiduitate diluis quod ego collegi ubertate culparum. Frequentibus etiam susceptum pasce conloquiis ut insulsum pectus nec ulla uirtutum stabilitate subnixum admonitionis sale confortes. Ad obsequia salutationis reuertor et epistularem transgressus terminum unum uelut garrulus sed pro necessitatibus inportunus adiungo ut me sine cessatione tantum iuues precibus, quantum confirmas alloquiis. Vale.

4. – Exemplar epistulae quam ipse dictavit. Fratri Soror

1. Quamuis summatem gratiam aliqui debeant etiam malis in affectione pignoribus nec illud, quod posteritati tribuitur, beneficium putetur esse sed debitum, cum malignus inter-

III. ennodius eul. ep. *b* || **1.** deprimor : -premor *B* || mei : nostri *D* || sancti : -to *bSirm.* || detergeat : detergat *TCP,b* || **2.** precator : peccator *D* || exsurges : -geris *B* || labantibus : liban- *B¹* || subrogares : -garis *BVLDCP,b* || desperatio : dis- *BVL* || **3.** age : perge *coni. Hartel* || coepisti : cep- *BD* || precum *om. B* || adsiduitate : assi- *VD* || conloquiis : collo- *V* || obsequia : -sequium *D* || uelut : uelud *B* || adiungo : ab- *L* || uale *om. BAT* || explicit prima pars epistularum ennodii *T.*

IV. **1.** soror *om. b, del. B* || summatem *Vog.* : -tim *libri* || aliqui : -quid *B* || esse sed *B,b* : esse *VLDAC* sed *T.*

lorsqu'un interprète malveillant soumet le jugement du cœur aux obligations de la nature et, négligeant la saveur de l'affection, considère qu'il faut vivre selon l'unique critère de la maternité, quand on croit que le mot de fils vaut plus que le respect et qu'on se demande non pas ce qu'on fait prévaloir dans la balance de l'amour mais selon quel a priori on oppose un simple nom à celui qui estime [2], alors [3], pour les sages, il est vain de parler de progéniture, si [cette progéniture] ne montre rien du nom qu'elle porte [4]. **2.** Car celui qui néglige la critique pour son rejeton signifie que la conception compte plus pour lui que le mérite. Cessons, à propos des enfants, de considérer seulement ce qui nous a plu [5]. Et de fait, le fruit de nos entrailles, s'il ne nous répond pas par l'honnêteté, semble être venu au monde davantage pour témoigner de laisser-aller que de reconnaissance. Il est permis en effet qu'un lien fidèle de fraternité soit toujours préféré, y compris aux enfants. On admet ainsi que soit considérée l'origine familiale de telle sorte que la prise en compte du sang ne soit pas négligée et que soit valorisé le jugement fondé sur le mérite. **3.** Et c'est pourquoi, pour ne pas faire traîner en longueur mes paroles en propos compliqués et pour que ce qui est bref par nature ne soit pas gonflé par du bavardage, [je déclare] : je donne, je confère à ta fraternité, et je te cède, avec jouissance perpétuelle, comme tu en as le droit, cet esclave [6] et tous les autres biens que je possède légalement [7]. Adieu.

5. – Ennode à Faustus

1. Le sublime Dalmatius [1], qui est la partie non distraite mais solide de mon âme, chez qui le privilège du sang est renforcé par l'éclat des mœurs [2], a cru qu'il serait convenable, pour son affaire présente, que mes paroles le recommandent auprès de votre Excellence. Moi qui le connais, je n'ai pas pensé qu'il fallait m'en dispenser, pour accorder [3] à une personne, au nom de l'urbanité [4], ce que vous devez – je le sais – à la justice. **2.** On rapporte en effet que le domaine que cet homme possédait légalement en Sicile a été occupé par ses

pres iudicium cordis naturae subdit inperiis, et tollens saporem diligentiae sola uiuendum putet obiectione pariendi, quando plus creditur filii uocabulum ualere quam obsequium, et non quaeritur quid in amoris lance promoueas sed quale ad praeiudicium aestimanti nomen opponas, tunc apud prudentes frustra subolem dicimus, nisi exhibet quod uocatur. **2.** Nam qui in prole censuram neglegit, conceptum magis designat sibi placere quam meritum. Facessat in posteris hoc solum nos cogitare quod libuit. Etenim fructus uteri, nisi honestate respondeat, plus in testimonio lasciuiae uidetur euenisse quam gratiae. Fas enim est germanitatis semper fidele consortium etiam partubus anteferri. Datur participem originis sic haberi, ut nec consideratio sanguinis neglegatur et descendens a merito laudetur examen. **3.** Et ideo ne sinuosis in longum procedant uerba praeloquiis et quod re angustum est crescat affatu : dono, in fraternitatem tuam confero et iuri tuo perpetua libertate transfundo mancipium iuris mei illud et cetera. Vale.

5. – Fausto Ennodius

1. Sublimis uir Dalmatius, animae meae portio non defrudata sed solida, cui ad praerogatiuam sanguinis morum splendor accessit, hoc negotio suo credidit conuenire, si meis apud culmen uestrum iuuaretur alloquiis. Quod supersedendum eius conscius non putaui, faciens urbanitate quadam personae tribui quod uos noui debere iustitiae. **2.** In Sicilia enim praedicti praedium bono hactenus iure possessum a

IV. **1.** diligentiae *corr.* B^{2sl} || uiuendum V^{ac}*ATCP* : iuuendum *B*V^{pc}*L* iuuandum *D* iubendum *Hartel* || putet : putat *coni. Hartel* || filii *CP,b* : -li *cett.* || tunc *scripsi* (*uid. epist.* 3, 10, 1) : cum *codd.* tum *fort.* || subolem : sob- *VLT* || **2.** honestate : -tati *coni. Vog.* honesta *LA* || descendens : disc- *B* || **3.** affatu : -fectu *B* || libertate : liberalitate *VLATCP* || et cetera *om. DTCP,b* || uale *om. BA.*

V. fausto ennodius : ennodius fausto *b* || **1.** defrudata : defraudata *B* || sed : de *D* || putaui : -tauit *D* || personae : -sona *D* || **2.** sicilia : -liae *L.*

voisins [5]. À présent, tout ce que moi j'aurai obtenu par ma supplique contribue donc à défendre le respect du droit [6]. Mon cher Seigneur, en vous exprimant en toute humilité les devoirs de la salutation, je prie, dans l'intérêt de la noble personne que je viens d'évoquer, que vous protégiez l'honnêteté, les lois et les autres parures de l'État qui subsistent grâce à votre conscience. Adieu.

6. – Ennode à Agapitus

1. J'ai cru, depuis que votre Grandeur [1] se dépense pour le bien commun et que votre tranquillité a été remplacée par la gloire, depuis que, retenu par vos fonctions à Ravenne, négligeant votre repos, vous consolidez le nôtre en toute chose et consacrez votre génie propre aux honneurs du royaume [2], puisqu'une nouvelle lumière arrachée au foyer domestique est venue s'ajouter à l'éclat du palais et que le Souverain a considéré à juste titre que la pompe de son royaume avait été trop faible quand il ne vous avait pas eu près de lui, j'ai cru, donc, que, étant donné la proximité des régions, vous me soulageriez [3] par des lettres fréquentes. **2.** Mais les attentes stériles de mon espoir ont été trompées par mes péchés. Votre esprit serein [4] ne transmet aucune page en témoignage d'amitié. Il serait pénible pour moi de ne pas avoir mérité votre amour mais il serait plus pénible encore, après l'avoir réclamé, de l'avoir malmené involontairement. Je sais pourtant que cette affaire doit être réglée [5] par des nuées d'excuses conformes à la vérité : les présents épistolaires existent entre personnes privées ; il n'est pas juste de les demander aux personnes absorbées par des responsabilités publiques. **3.** Mais je sais qu'une conscience dont l'affection est solide, quelles que soient les charges et les difficultés qui l'accaparent, ne refuse pas de rendre ses devoirs à l'amitié. À présent, je ne veux plus prodiguer de plaintes. En vous exprimant mes salutations respectueuses, je vous prie de donner l'effet souhaité à la supplique [6] que vous a remise le porteur des présentes. Adieu.

consortibus perhibetur inuasum. Nunc ad iuuamen ciuilitatis inpenditur quidquid ego promouero supplicando. Domine mi, salutationis obsequia plena humilitate persoluens deprecor, ut circa memorati nobilis uiri conpendia pudorem leges ac reliqua quae per conscientiam uestram subsistunt reipublicae ornamenta muniatis. Vale.

6. – Agapito Ennodius

1. Credidi, postquam magnitudo uestra bonis est inpensa generalibus et otium migrauit in gloriam, postquam Rauennatibus excubiis occupati, dum quietem uestram neglegitis, nostram omni soliditate firmatis et priuatus genius ad regni decora transiuit, quando nouam lucem de domesticis abstractam sinibus palatinus sibi fulgor adiecit et angustiorem fuisse regni sui pompam rerum dominus, cum uos non habuit, recte metitus est, pro uicinitate regionum crebris me releuandum esse conloquiis. **2.** Sed inefficacibus spei meae inluserunt peccata consiliis. Nullas paginas ad diligentiae testimonium mens serena transmittit. Graue est si amorem non merui, grauius si quem exegeram forte turbaui. Scio tamen haec congruentibus ueritati excusationum nubibus esse claudenda : in priuatis inueniri munera litterarum, non recte ab occupatis ista disquiri. **3.** Sed noui firmam in affectione conscientiam inter quaeuis pondera et aduersa distractam debita sua gratiae non negare. Nunc nolo esse prodigus in querellis. Salutationis reuerentiam soluens deprecor, ut suggestionem, quam apud uos deposuerit praesentium portitor, ad uotiuum perducatis effectum. Vale.

V. **2.** ciuilitatis : ciuitatis *D* || quidquid : quicquid *V* || mi : mihi *B* || leges : -gis B^{pc} || muniatis : minuatis B^{ac} || uale *om. BA*.

VI. ennodius agapito *b* acapito *L* || **1.** migrauit : -grauerit D^{ac} || neglegitis : -gites *B* || firmatis : -tes *B* || metitus : ment- V^1L || conloquiis : collo- *V* || **2.** inluserunt *B* : eluserunt *D* luciferunt *A* luserunt *cett.* || exegeram : exi- *B* exegerim D^{ac} || forte turbaui : turbaui forte V^1L || **3.** distractam : distracta *D* districtam *LCP (uid. epist. 1, 14, 4)* districta *A* || querellis : quaerillis B^1 querelis *V* || uale *om.* ACP^{pc}.

7. – Ennode à Julianus, illustre, comte du patrimoine

1. J'ai reçu votre lettre [1] rayonnant d'un double éclat, à laquelle la pourpre de l'auteur [2], inséparable de votre dignité, donne encore plus de prix ; je rends grâce à Dieu tout puissant qui dépasse la maigreur de mes vœux par la richesse de sa générosité : quand, conscients de nos faibles mérites, nous empruntons en nos désirs une route étroite, il ne limite pas l'abondance de sa riche indulgence. **2.** J'ai cru qu'il serait suffisant d'être ennobli [3] par votre écriture magnifique [4] ; mais vous, au lieu de vous contenter d'offrir uniquement ce qu'attend une humble requête, vous m'avez adressé des pages parfaites par leur langue et riches de louange, à la manière d'un grand fleuve, qui, chaque fois qu'on le détourne de son cours pour tempérer l'aridité des terres voisines, pénètre [5] tout entier dans le domaine qui attend un mince ruisseau, et inonde les surfaces flétries aux profondeurs incultes en les enivrant d'une onde salutaire [6]. **3.** Que ta Grandeur conserve donc l'attitude des personnes valeureuses et qu'elle n'abandonne pas les bonnes relations qu'elle a commencé à nouer avec ma petitesse afin que notre échange épistolaire soit maintenu en témoignage de notre amitié et que les charmes de la conversation apportent la confirmation d'un amour sans tache. Qu'elle ne connaisse pas le déclin, cette affection que vous m'aviez promise avant d'atteindre les cimes ! Que la bienveillance envers moi grandisse autant que les plus hautes dignités vous ont été conférées afin qu'on ne croie pas que le pouvoir [vous] a fait renier l'amitié qu'une condition moyenne a favorisée [7]. **4.** Car celui qui bride son orgueil [8] une fois parvenu au sommet prouve qu'il a mérité ce qu'il a obtenu [9]. Démontrez par l'honnêteté de votre conscience que la réussite peut se soumettre aux impératifs de l'amour [10] ! Mettez sous le joug de l'amitié ces nuques fières des grands personnages en montrant l'exemple [11]. Qu'il soit permis, grâce à vous, de s'habituer à ce qu'un homme très puissant en société se souvienne de celui qu'il acquiert dans une condition plus modeste [12]. **5.** Le hasard se joue de ceux

7. – ENNODIUS IULIANO V. I. C. P.

1. Suscepi litteras gemino splendore radiantes, quibus purpura dictatoris uestrae iuncta dignationi creuit in pretium, gratias omnipotenti Deo restituens, qui uotorum maciem beneficii ubertate transgreditur, ut quando in desideriis meritorum conscii sectamur angustiam, diuitis indulgentiae copias non refrenat. **2.** Credidi satis esse, si me feceritis amplissima scriptione sublimem ; sed uos non hoc tantum contenti praestare, quod habet mendica postulatio, linguae idoneas et laude locupletes paginas destinastis magni more fluminis, qui quotiens ab alueis, ut ariditatem finitimam temperet, ad obliqua inuitatur, optanti tenuem riuulum totus inlabitur et marcida profundo squalore terga per ebrietatem undae salutaris infundit. **3.** Fortium tamen seruans consuetudinem personarum magnitudo tua circa exiguitatem meam bene coepta non deserat, ut in testimonio diligentiae cura paginalis habeatur et puri amoris adstipulationem deferant blandimenta conloquii. Occasum nesciat caritas, quam ante culmina promisistis. Tantum circa me crescat gratia, quantum uobis iuncta sunt fastigia dignitatum, ne amicitiam, quam fouit mediocritas, credatur abiurasse potentia. **4.** Nam qui fastum in sublimitate castigat, docet se meruisse quod adeptus est. Resignate per probitatem conscientiae felicitatem submitti posse amoris inperiis. Illa libera procerum colla, dum formam tribuitis, subiugate diligentiae. Fas sit de uobis adsuesci, ut amplissimus in societate retineat quem minor adquirit. **5.** Ludit de illis

VII. u.i. c.p. *B* || **1.** suscepi : -cipi *B* -cepit *A* || purpura : -pore *B* || dictatoris : dictationis *C om. A* || ut : et *Hartel* || copias : cupias *B* || refrenat (re- V^{1sl}) : refrenet T^2,*Sirm.* || **2.** feceritis : facerites B^{ac} faceritis B^{pc} || scriptione : scribt- *B* || idoneas et *BCP* : indonei sed *VLDAT* idonei et *Hartel* || destinastis : destinastes B^1 destinatis *TCP,b* || qui *codd.* : quod *malim* || riuulum : -uolum *B* || totus *codd.* : totum *malim* || infundit : -det B^{ac} || undae : uestri *D* || **3.** conloquii : collo- *V* || quantum : quam B^1 || iuncta : inuicta *Sirm.* || credatur *B* : uideatur *cett.* || **4.** fastum : faustum D^{ac} || libera procerum colla : libera procerum libera colla *D* libera procerum colandum *A* || tribuitis : -tes B^{ac} || adquirit *Hartel* : adquiret *libri.*

chez qui l'ascension sociale se traduit par l'oubli de leur proches. Pour qui connaît les choses, passer en revue les bonnes conduites n'est pas l'obligation d'une admonition mais l'occasion d'un éloge. Je sais la tranquillité de votre esprit, façonnée pour la recherche du bien [13] : je la rappelle dans le but précis de montrer que, lorsque l'affection est solide, les honneurs n'ont aucun pouvoir. **6.** Mais j'ai dépassé la limite d'une lettre en insistant beaucoup sur ma recommandation. Je reviens aux devoirs de la conversation épistolaire et, en vous annonçant que je vais bien, je m'enquiers sur le champ de votre bonne santé [14].

8. – Ennode au pape Symmaque

1. Vous m'avez poussé jusqu'à la témérité par votre estime apostolique [1]. La confiance accordée s'est révélée mère de l'audace. Mais celui qui croit que j'ignore l'humilité aura la preuve que je suis obéissant s'il considère vos ordres. C'est présomption, pour des serviteurs, de ne pas être à la hauteur des bienfaits de leurs maîtres. Je pense qu'il faut considérer comme une marque de respect ce que je dépense pour obéir. Voilà que j'ai exposé la raison de ma lettre parce que j'ai craint, après avoir reçu l'ordre de prendre soin d'écrire, de paraître négliger vos ordres par mon silence. **2.** À cela s'est ajouté que dans l'affaire de Marius de vénérable mémoire [2], alors que j'étais dans la Ville, vous m'avez donné en personne l'espoir de voir réaliser mes prières : son affaire avec la sainte Église a été tranchée grâce à l'accord que vous avez consenti en toute légitimité. Mais ses héritiers déplorent d'avoir été privés des revenus qui leur étaient dus pour un grand nombre d'années [3]. Et c'est pour eux que je m'adresse à vous en intercesseur, moi qui suis en relation avec vous, car je sais que celui qui ne cesse de faire des œuvres pieuses ne méprisera pas ce qui est juste et que celui qui distribue son propre bien ne soustraira pas les biens d'autrui. **3.** Il se trompe, celui qui croit qu'une conscience très proche de Dieu est attirée par les ennuis [d'autrui] [4] ; c'est une perte, pour une volonté sainte,

casus, quibus obliuionem suorum indicet quod ad celsa perducit. Apud scientem rerum relegere bona non est admonitionis necessitas, sed laudis occasio. Noui fabricatam ad bona studia ingenii uestri tranquillitatem, quam ideo speciatim conmemoro, ut ostendam, ubi affectio solida est, honoribus nil licere. **6.** Sed epistolarem transcendi terminum, dum commendationi meae multus inhaereo. Redeo ad officia paginalis alloquii et ualere me nuntians prosperitatis uestrae actutum secunda disquiro.

8. – Ennodius Symmacho papae

1. Vsque ad temeritatem me apostolica dignatione promouistis. Fiducia concessa extitit mater audaciae. Sed qui me humilitatis putat ignarum, oboedientem probabit, si iussa consideret. Praesumptio est, si dominorum beneficia famuli non sequantur. Obsequium aestimandum puto quod pariturus inpendo. Ecce causam scriptionis adserui, quia ueritus sum, ne post inperatam stili curam tacens praecepta respuerem. **2.** Huc adcessit quod in causa uenerabilis memoriae Mari, dum apud Vrbem essem, spem meis precibus uos dedistis, cuius negotium cum sancta ecclesia uestra legitima pactione decisum est. Sed heredes eius per annos plurimos debitos sibi fructus deflent fuisse subtractos. Pro quibus uestri conscius precator adcedo, quia cui mos est pia iugiter facere, iusta non despiciet et, qui largitur proprium, aliena non subtrahet. **3.** Errat qui Deo proximam conscientiam credit incommodis inuitari. Detrimentum est sanctae uolun-

VII. **5.** quod *Vog.* : quos *libri* || admonitionis : admu- *B* || speciatim : speciatom B^{ac} specialem *b* || **6.** transcendi : -dit *D* || multus : multos *B* || ualere : -erem *D* || finit *add. B.*

VIII. symmacho : symacho *BT* || **1.** usque ad : absque *A* || temeritatem : temperitatem *B* temeritate me *A* || scriptionis : scribt- *B* || **2.** adcessit : acce- *V* || mari : -rii *V om. A* || fructus : -tos *B* || conscius : -ciis *VL* || adcedo : acce- *V* || despiciet : dispicet *B* despicit *et* subtrahit *coni. Vog.* || largitur : -gitor *L* || proprium : priprium *B* propria *AT* || **3.** qui deo : qui ideo VL^2 T^1 || incommodis *scripsi* : in commodis *CP,b* comodum *DA* commodis *cett.*

de ne pas faire le bien. Les seuls gains que vous considérez, ce sont ceux qui naissent pour vous de votre libéralité : pour vous, distribuer des richesses, c'est les recevoir. Elle est avare la générosité des saints qui, ne se conservant rien, ramène tout à leur propre mérite [5] ; il n'y a pas de profits préférables à ceux qui vous viennent de votre largesse. **4.** Donc en toute assurance [6], j'ai promis aux héritiers évoqués plus haut que leur peine serait terminée en vous voyant [7]. À vous de réaliser ma promesse par une bienveillante générosité : réconfortez-les en y donnant suite et réconfortez-moi par votre conversation.

9. – Ennode à Faustus

1. D'habitude, la composition d'une lettre, quand elle est arrachée par la faveur, n'aime pas les jugements [1] et apporte un plus grand bienfait en honorant les êtres sans mérites. En effet, il doit davantage à celui qui s'exprime, celui qui obtient, grâce à la bienveillance de l'auteur, ce que son comportement ne mérite pas, parce que, n'étant nullement aidé par les dons de sa conscience, il est juste qu'il attribue à celui qui s'exprime [2] ce qu'il obtient. **2.** Une chose est de planter en paroles, comme une noble semence, des qualités étrangères en celui qu'on recommande ; autre chose est de divulguer celles qui lui sont innées : de même que si l'on affirmait qu'un troupeau rustique se revêt naturellement de la pourpre [3] de Tyr et si l'on disait que les campagnes répandent le noble liquide sans que la toison ne l'ait absorbé par saturation artisanale [4]. Que d'autres teignent [5] de la pourpre du langage [6] ce qu'aucun fard n'a montré pour le service des rois [7]. Et la laine qui ignore les coquillages de la mer lointaine boit la seule lumière de l'éloquence : tout ce que, dans une modeste lettre, les paroles des écrivains ont coloré est rendu digne de revêtir les princes. **3.** Mais ce type d'urbanité, mes

tati non exhibere benificium. Sola putatis lucra, quae uobis de liberalitate nascuntur, qui diuitias dum tribuitis accipitis. Auara est dispensatio sanctorum, quae nil reseruando uniuersa proprium reducit ad meritum. Nulla sunt potiora quam quae uobis eueniunt de largitate conpendia. **4.** Ergo securus conprehensis superius heredibus laboris promisi uestra contemplatione iacturam. Vos pollicitationem meam benigna dispensatione conplete et illos effectu, me releuate conloquio.

9. – Ennodius Fausto

1. Solet epistolaris concinnatio, quando fauore rapitur, iudicia non amare et copiosius facere beneficium dum attollit inmeritos. Ille enim debet amplius adserenti, qui quod moribus non exigit, gratia scriptoris suffragante consequitur : quia nullis adiutus conscientiae dotibus, iure ad allegantem reportat, si quid adipiscitur. **2.** Aliud est in eo qui conmendatur, tanquam nobile germen, ita peregrinantia bona uerbis inserere. Aliud innata uulgare : quemadmodum si rusticum pecus Tyria confirmes purpura sponte uestiri et uirus generosum, quod uellus aeno inebriante non sorbuit, dicas rura diffundere. Tinguant alii linguae murice, quae nullus ad regalem usum fucus exhibuit. Et discreti maris ignota cocleis lana solam lucem bibit eloquii : redditur dignum principalibus indumentis, quidquid in uili munere relatorum uerba colorauerint. **3.** Sed ab huiusmodi urbanitate uires me pari-

VIII. **3.** benificium : bene- *V* || quae B^{sl} || nascuntur : nosc- *B* || diuitias : -ti B^{sl} || accipitis : -istis *B* || sanctorum : scanctorum *B* || reseruando : -uandu B^{ac} || **4.** comprehensis *coni. Vog.* : -si *cett.* || meam *om. T* || dispensatione *B* : disposi- *cett.* || effectu me : effectum *B* affecta *A* || finit *add. B.*

IX. **1.** epistolaris : -res *B* || concinnatio : coniugatio *A* || copiosius : cup- *B* || scriptoris : scribt- *B* || quid : quis *BD* || **2.** germen : germin B^{ac} germanica *A* || aliud est – inserere *om. A* || confirmes : -is *B* || sorbuit : -boit B^{ac} || tinguant : -gant *ATCP,b* -gunt *Sirm.* || solam : -lum T^{1} || quidquid : quicquid *V* || **3.** urbanitate uires me : me urbanitate uires *VLDATCP.*

forces ainsi que mes vœux me l'interdisent. Aucun métier à tisser ne resplendira à cause de moi d'un suc trop brillant, personne ne trouvera sur quelqu'un une parole qu'il ne reconnaisse dans ses actes. Ainsi, je tends la main à mon honnêteté et à ma profession parce que j'emploie l'office de la parole en devançant celui qui vient à votre connaissance par ses bonnes actions [8]. **4.** C'est pourquoi je dis que le clarissime Venantius [9] a obtenu de moi une lettre de recommandation pour attirer sur lui les yeux de votre Grandeur, afin qu'il ne lui arrive pas de passer inaperçu parmi vos lourdes charges. Par ses atouts, il mérite de compter parmi vos protégés. Il a montré pour vous l'humilité, la piété, l'honnêteté et, avec ces compagnes, il peut entrer dans le cercle intime d'un esprit serein. Elles abondent en lui, croyez-moi, les qualités remarquables que vous encouragez. Vous reconnaîtrez immédiatement en lui que je n'ai pas été un panégyriste mais un témoin. **5.** Vous, mon Seigneur, accordez de prime abord un accueil digne au porteur pour que cet homme de bien ne soit pas troublé par la nouveauté. Il sera évidemment à la hauteur de son rôle et, par les richesses de sa vie, il compensera les mots qui lui manquent [10].

10. – Ennode à Trasimond, illustre

1. Ce n'est pas la témérité qui m'a conduit au devoir épistolaire, puisque le rejeton d'une souche royale [1] invite son sujet à une entière communion. Il y a en effet un tel éclat, chez les seigneurs, lié à leur naissance, qu'ils élèvent leurs propres sommets par l'estime qu'ils témoignent. Vous voulez traiter les serviteurs comme vos égaux afin que, considérant leur propre condition [2], ils vous doivent davantage par amour. **2.** Ainsi donc, très pieux seigneur, en vous exprimant le respect que je vous dois comme l'ensemble des hommes, je signale que j'ai envoyé le porteur des présentes pour vous transmettre quelques suppliques [3]. Quant à vous, réalisez le vœu du suppliant, parce que c'est soutenu par l'espoir que je suis venu vous adresser ma prière.

ter et uota subducunt. Nulla clarioris suci stamina per me splendore rutilabunt, nemo dictum de aliquo inueniet, quod in eius actibus non agnoscat. Hinc pudori meo uel proposito manum porrigo, quod illi praeuium inpendo oris officium, qui ad notitiam uestram rebus bene gestis occurrit. **4.** Venantium v. c. loquor idcirco a me paginale inpetrasse obsequium, ut in se oculos uestrae magnitudinis inuitaret, ne eum inter curarum moles contingeret ignorari. Sunt illi suffragia sua, per quae inter susceptos uestros mereatur adscribi. Exhibuit uobis modestiam religionem innocentiam, quibus penetralia serenae mentis comitibus introiret. Exuberant, mihi credite, apud eum insignia quae fouetis. Non laudatorem me continuo in eo probabitis fuisse, sed testem. **5.** Vos, mi domine, perlatori dignationem principe loco tribuite, ne uir bonus nouitate turbetur. Liquido aderit partibus suis, et uitae opibus pensabit damna uerborum.

10. – Trasimundo v. i. Ennodius

1. Non temeritas me ad paginale duxit officium, quando ad omnem communionem subditum suum regiae stirpis germen inuitat. Est enim haec claritas dominorum inserta natalibus, ut culmina sua dignatione subliment. Vultis quasi aequales tractare famulos, ut ab ipsa uobis per amorem condicione plus debeant. **2.** Vnde, piissime domine, obsequium exhibens cum generalitate soluendum significo me ad aliqua suggerenda perlatorem praesentium destinasse. Vos effectu donate supplicem, quia spe fultus precator accessi.

IX. **3.** uota : uotata *B*[1] || nulla clarioris : nulla clari *corr. B* || notitiam : -titia *B* || **4.** u.c. *BVL* : uero *DT* nunc *CP,b om. A* || adscribi : ascribi *V* || penetralia : peni- *B* || mihi : tamen *D* || apud eum : apud uos *D*[ac] || fouetis : -tes *B*[1] || **5.** pensabit : -uit *B* || finit *add. B.*

X. trasimundo u.i. ennodius : u.i. *om. T* ennodius tras. *b* || **1.** non : unde *A* || me : mea *A* || duxit : ducit *A* || suum *om. A* || regiae : regia *A* || claritas : caritas *D* || subliment : -limet *D* || per : pro *L* || amorem : -re *L*[1] || **2.** suggerenda : -endo *B* || destinasse : dist- *B* -netis *A* || effectu : -tum *B* || donate : donante *D* || supplicem : supli- *V* || precator : precator sepe ad uos *A* || finit *add. B.*

11. – Ennode à Luminosus

1. Celui qui manifeste une conscience amicale par des signes clairs ôte le repos à ceux auxquels il a témoigné la dignité de sa bienveillance [1]. En effet, elles restent difficilement closes les lèvres de celui qui a eu l'habitude d'être entendu, parce que c'est un grand dommage pour la modestie que de retenir le bienfait des mots au point de faire souffrir, en économisant son langage, une personne prodigue de son honnêteté. C'est vous qui m'avez rendu bavard, vous qui avez eu pour habitude de recevoir mes prières. Mais pour ne pas entourer de circonlocutions ce qu'il faut procurer et ne pas retarder par la longueur de l'épître ce qu'il me faut obtenir, je reviens à l'affaire. **2.** Le sublime Laurent [2] affirme que les remboursements qui lui sont dus [3], que l'Église romaine a promis [d'acquitter] par une convention établie avec son garant [4], lui sont refusés par le Seigneur pape en vertu de je ne sais quelle opposition. Dans cette affaire, il implore, par mon intermédiaire, la faveur de votre défense de sorte que, ce que vous devez aux lois, vous paraissiez le montrer à l'amitié, et que grandisse pour l'affection ce qu'il n'est pas permis de refuser à la justice [5]. En ce qui vous concerne, réglez cette affaire selon mes attentes de sorte que je reconnaisse avoir reçu autant de récompenses que l'homme nommé aura reçu d'avantages. **3.** En vous exprimant donc mon salut, j'espère que, concernant les devoirs de la lettre, ni l'amour sincère ne restera sans réponse ni l'éloquence célébrée dans le monde entier ne restera silencieuse.

12. – Ennode à Jean

1. La nature a ainsi fait les choses que le souci se transforme en joie [1] et que le reproche [2] se métamorphose en louanges chaque fois que nos désirs sont exaucés [3] ; je me suis demandé, l'âme incertaine [4], ce que signifiait une si longue interruption de la part de ta Sublimité ; mais quand

11. – Ennodius Luminoso

1. Qui amicam conscientiam manifestis pandit indiciis, tollit otium, quibus gratiae praestiterit dignitatem. Vix enim feriata sunt ora eius, qui consueuit audiri ; quia magnum dispendium pudoris est, uerborum retinere beneficium, ut dum linguae parcimus, honestatis prodiga frons laboret. Vos me garrulum fecistis, qui preces meas consuestis admittere. Sed ne praestanda circumloquar et epistolae prolixitate impetranda suspendam, ad rem redeo. **2.** Sublimis uir Laurentius reditus sibi debitos, quos ecclesia Romana facta cum auctore eius est pactione pollicita, a domno papa adserit sub nescio qua oppositione denegari. In quo negotio fauorem per me uestrae defensionis inplorat, ut rem quam debetis legibus, uideamini exhibere diligentiae et illud crescat affectui, quod denegari non licet aequitati. Vos hanc rem iuxta desideria mea tribuite, ut quantum nominato uiro commoditatis adcesserit, tantum me muneris accepisse confitear. **3.** Salutem ergo dicens, spero ut circa munia litterarum nec sincerus amor uacationem accipiat nec facundia totius orbis celebrata testimonio conticescat.

12. – Ennodius Iohanni

1. Natura partum est ut cura migret in gaudium et mutetur querella praeconiis, quotiens cupita tribuuntur ; incertus animi fui, quid sibi uellet sublimitatis tuae tam longa cessa-

XI. **1.** uix : uox *L* uos *A* || sunt : sint *Sirm.* || eius qui *BCP,b* : qui eius *VLT* quae eius *A* eius *om. coni. Hartel* || audiri *corr. B* || benificium : bene- *V* || prodiga : -gia *L* || consuestis : -suistis *B* || circumloquar *corr. B* || **2.** reditus : reditos *B* redditus *T* reddit *A* || ecclesia romana : romana ecclesia *b* || adserit : asserit *F* || legibus : legitibus *B* || denegari : de- B^{2sl} || desideria mea : mea desideria *D* || adcesserit : acc- *V* || accepisse : acci- *B* || sincerus : sincer *B* || **3.** celebrata testimonio : celebrat atestimonio B^{1} || conticiscat : conticescat *V* conticiscat. finit *B* cognoscat *A*.

XII. **1.** mutetur *om. A* || quotiens *om. A* || querella : quaerilla *B* querela *V* || uellet : uellit *B*.

m'est donné l'objet de mes souhaits, je cherche moi-même à ta place [5] un juste motif de t'excuser. Vois ce que les paroles sereines font à l'amitié : comme si tout s'était déroulé selon mes désirs, apaisé par le simple présent de ta lettre, j'ai pardonné les erreurs [6]. **2.** Tu as de quoi trouver là un modèle d'amour pieux et tirer des exemples de fidélité en ce qui concerne l'amitié. Si tu m'imites, pas même les nombreux péchés [d'un camarade] ne t'éloignent de votre union et le moindre des bienfaits de ton compagnon absout ses fautes. C'est moi que tu accuses d'être silencieux [7], mon cher frère, moi d'être oublieux ? Où était cet état d'esprit quand les lettres que j'envoyais n'obtenaient pas de réponse et quand tu n'étais pas le premier à te préoccuper des devoirs épistolaires ? Où était-il lorsque tu t'abstenais fermement d'écrire mais, il est vrai, pas pour tout le monde en Ligurie ? **3.** En adressant à de nombreuses personnes qui n'avaient que faire de ton absence des pages qui auraient soulagé ma douleur [8], tu as fait durer le silence envers moi et tu leur as offert ta conversation qui ne répondait à aucune volonté : car c'est un principe de la nature humaine que les mêmes goûts sont toujours proportionnels à une étroite parenté [9]. Ayant oublié cet ordre [des choses], tu as voulu rapprocher l'ignorance et la culture, croyant que des éléments sur des chemins totalement séparés [10] pouvaient se rejoindre dans l'affection. Qu'a donc obtenu ton écriture persuasive, agencée avec des paroles forgées durant des nuits, quand elle s'adressait à ceux qui ignorent les arts libéraux [11], après avoir relégué au second plan [12] celui qui t'aime [13] ? Mais parlons d'autres choses ; **4.** je ne veux pas passer en revue la multitude de tes fautes [14], moi qui ai été adouci par une brève satisfaction. Car j'aurais été économe en paroles si je croyais que vous saviez que, des offenses, subsiste ce qui est caché, tandis que ce qui éclate en parole est oublié. Mon cher Seigneur, je te prie de ne pas chercher, désormais, à adopter les attitudes dont tu as appris les méfaits, comme un homme méprisant qui refuserait de s'amender : mais envoie moi souvent des pages empreintes de douceur [15] afin que le talent d'un homme éloquent grandisse en conservant les serments de la concorde [16].

tio ; sed cum potiri datur optato, ipse pro partibus tuis honestum excusationis genus inquiro. Vide quid faciant serena diligentiae. Quasi totum mihi ex sententia fluxerit, ita simplici munere placatus errata concessi. **2.** Habes unde pii amoris formam possis adsumere et circa amicitiam constantiae exempla mutuari. Me si sequeris, nec plura te a coniunctione peccata retrahunt et unum benefactum sodalis tui culpas absoluit. Me silentii, frater, me obliuionis incessis ? Vbi erat iste animus, quando nec promulgata conloquia meruere responsum nec ad stili imperandam sollicitudinem praeuius existebas ? Vbi fuit in abstinentia tabellarum non circa omnes in Liguria custodita ? **3.** Multis a desiderio tuo peregrinantibus in solacio doloris mei paginas exhibendo et mihi taciturnitatem continuasti et illis praebuisti contra uota conloquium : quia est ista humanarum rerum ratio, ut pro magna cognatione par studium semper existat. Cuius ordinis immemor uoluisti sociare quaedam imperita cum litteris, putans coire posse in affectum toto calle distantia. Quid promouit suada oratio tua elucubratis concinnata sermonibus, quando bonarum artium nescios appellabat amante posthabito ? Sed hinc alias ; **4.** Nolo excessuum multitudinem relegere, qui breui satisfactione delenitus sum. Nam parcitate in eloquendis illis usus fueram, nisi nosse uos crederem de offensis illud remanere quod tegitur, et quod in uocem erumpit amoueri. Domine mi, precor, ut posthac ad ea quae male habere didicisti non tamquam emendationis contemptor adspires : sed crebro mihi dulces paginas dirige, ut crescat dos facundo, dum seruat sacramenta concordiae.

XII. **1.** cum potiri : compotiri *D* || pro *om. B* || **2.** habes : abes B^1 || adsumere : ass- *V* || absoluit *Hartel* : absoluet *libri* || liguria : -rias *B* || custodita : costoditor B^{ac} || **3.** desiderio : desi desiderio *B* || peregrinantibus : -grinatibus B^1 || promouit *Sirm.* : -mouet *libri* || nescios : -cius *B* || relegere *Sirm.* : reli- *codd.* || **4.** breui *corr. B* || delenitus *B* : delinitus *cett.* || et quod *A*, *Hartel* : et *om. cett.* || mi : mihi *BVL* || habere *B* : haberi *cett.* || contemptor : contemtor *B* || crebro : credo T^1 || finit *add. B.*

13. – Ennode à Constantius, illustre

1. Ta Grandeur [1] observe envers tes amis et ceux qui t'honorent en particulier une attitude qui ajoute encore pour elle à la gloire. En effet, quand vous nous jugez dignes de votre mémoire, vous démontrez votre probité. Car moi qui reçois depuis longtemps vos écrits pour me consoler, je soupire devant les dommages que cause votre absence. O ingénieuse science instituée par les biens célestes ! Pour qu'il ne soit pas permis à une longue séparation de retrancher une once à l'affection, vous adressez [2] des lettres qui rendent présente votre vénérable image [3]. Dieu, qui scrute nos pensées [4], sait que le souvenir de votre Excellence me fait souffrir et que je ne trouve aucun moyen de remédier à l'éloignement [5] d'un homme excellent. **2.** Je vous rends cependant l'hommage de ma salutation par le soin d'une lettre et, vous remerciant pour votre estime, je reconnais que mon frère Jean, lui aussi, m'a été restitué par votre intermédiaire [6]. Lui dont le silence jusqu'ici, oublieux de moi, ne taisait pas ce qu'il faisait [par ailleurs] [7], voici que maintenant, revenu à moi grâce à votre affection, il s'applique à nouveau au soin de l'écriture qu'il avait délaissé. Je vous demande cependant de hâter votre retour ou, si un heureux [8] retard vous retient, de manifester votre amitié par votre conversation.

14. – Ennode à Faustus

1. Les mots ne coûtent souvent presque rien [1] chaque fois qu'on les adresse à des proches ; tout ce qui a cédé à la faveur doit être au service d'une affection sereine. Il ne déguise pas l'amour sous des paroles mensongères celui qui confie à un porteur aimé des écrits destinés aux seigneurs. Pour recommander mon sublime et magnifique Panfronius [2], mon esprit dicte la lettre sans mettre ma bouche à contribution. **2.** En effet, je ne sais pas jusqu'à quel sommet je dois élever les

13. – Ennodius Constantio v. i.

1. Seruat magnitudo tua circa amicos et cultores proprios illud quod sibi iungit ad gloriam. Dum enim nos memoria dignos ducitis, uos probatis. Nam diu in consolationem scripta suscipiens absentiae uestrae damna suspiro. O artificem scientiam bonis caelestibus institutam ! Ne liceat aliquid prolixae sequestrationi de affectu decerpere, praesentantes sacram imaginem litteras promulgatis. Nouit Deus discussor sensuum me culminis uestri recordatione macerari et nullum inuenire de optimi uiri peregrinatione subsidium. **2.** Reddo tamen epistolari cura salutationis obsequium et, dignationi uestrae gratias referens, fratrem quoque meum Iohannem per uos mihi restitutum esse confiteor. Cuius hactenus in obliuione mei silentium quid gereret non tacebat, is nunc uestro mihi reformatus affectu ad abiuratam stili curam reuertit. Rogo tamen uos ut maturetis reditum aut, si felix mora detinet, dilectionem manifestetis adloquio.

14. – Ennodius Fausto

1. Quae saepe mediocriter gratis inpensa sunt quotiens exhibentur uerba coniunctis ; quidquid fauori obsecutum est, sereno mancipetur affectui. Non depictis amorem mentitur alloquiis, qui perlatori caro reddenda dominis scripta conmittit. In sublimis et magnifici uiri Panfroni mei conmendatione ore feriato mens dictat epistolam. **2.** Nescio enim in

XIII. u.i. *om T* || **1.** seruat : ueniat *A* ||tua tua B^{ac} || cultores *B,b* : saeculares *cett.* || nos *om. B* || ducetis *VLAT*^{1}*CP,b* : docetis *B* || probatis : -tes B^{1} || consolationem : -sulationem *B* || scripta : scribt- *B* || absentiae : abstinentiae B^{ac} || prolixae : -lixe *LT* || promulgatis : -uulgatis B^{1} || sensuum : senseum B^{ac} || **2.** epistolari : -re *B* || salutationis T^{2sl} || uestrae gratias *B* : uestrae gratiam *BVLAP,b* nostre gloriam *T* || quoque *om. T* || obliuione *Hartel* : -uionem *libri* || maturetis : -rites *B* || finit *add. B.*

XIV. **1.** quotiens *corr. B* || uerba D^{sl} || quidquid : quodquid B^{ac} quicquid *V* || quidquid fauori : fauore quidquid *C,b* || est T^{sl} || affectui : eff- *A* || reddenda : redenda *D* || **2.** nescio : nescia T^{sl}.

mérites, auprès de moi, de celui dont j'ai parlé : à son sujet, ma maigre éloquence ne peut exprimer ce que lui doit mon cœur. Mais je devrais renoncer aux artifices de la rhétorique, même si elle était à ma disposition, parce que la pauvreté du style révèle plus justement la richesse de l'amitié et si nous exaltons dans de longues pages ceux que le secret de notre cœur ne connaît pas [3], il est juste que la tablette destinée aux amis soit resserrée. **3.** Ayant donc justifié la brièveté de ma lettre, j'attire l'attention en peu de mots, certes, mais avec beaucoup de respect, sur un frère qui m'est lié, pour qu'on le voie enfin, grâce au soutien de votre Grandeur [4], vaincre dans son affaire les inventions de ceux qui l'entourent. Pour le reste, en vous exprimant mes salutations dévouées, je vous déclare que je vais bien si toutefois le générosité céleste m'accorde des nouvelles sûres de votre bonheur.

15. – Ennode à Faustus

1. Le moyen le plus facile d'obtenir quelque chose, toutes les fois qu'on sollicite une faveur d'un homme religieux, c'est de laisser s'exprimer l'abattement de celui qui implore. En effet, il est contraint d'offrir son affection celui qui est invité par les malheurs du suppliant [1]. Il ne peut pas s'y opposer celui qui a reçu la charge d'écouter les affligés [2]. Le porteur de la présente déplore d'avoir été expulsé du domaine de ses aïeux [3] : et il place son dernier espoir dans votre jugement pour que la puissance de son adversaire ne se félicite pas du gain en toute sécurité. **2.** C'est à vous que reviennent les sacrements des lois, à vous la défense des humbles [4]. Quant à moi, j'ai rempli mon rôle par cette recommandation. Faites donc grandir votre nom vénérable par des bienfaits parce que, lorsque vous rendez des décisions justes, vous ne négligez pas non plus ce qui a trait à la miséricorde [5]. Mon cher Seigneur, en recevant l'hommage de ma salutation, donne

quale culmen merita apud me uiri, quem sum praefatus, extollam, in quo linguae macies debitum pectoris nequit exprimere. Sed abdicandum esset mihi, etiam si subpeteret, facundiae lenocinium, quia pauper sermo uberem diligentiam rectius confitetur, et si eleuamus per effusas paginas illos quos arcana nesciunt, iure tribuenda amantibus in artum tabella concluditur. **3.** Causam ergo modici sermonis elocutus foederatum fratrem quamquam paucis uerbis insinuo, tamen multis obsequiis, ut iutus magnitudine uestra, in negotio suo circumstrepentium aliquando uideatur superasse conmenta. Quod restat, famulantem salutationem exhibens me ualere significo, si tamen prospera uestra certis indiciis mihi dispensatio superna concedat.

15. – Ennodius Fausto

1. Procliuior ad impetrandum uia est, quotiens a religioso aliquid exigit abiectio deprecantis. Coactus enim praestat affectum qui miseriis supplicis inuitatur. Non potest adferre obuias manus, cui inperat propositum adflictos audire. Perlator praesentium auito se cespite deflet abiectum ; qui spei suae residuum in uestro ponit examine, ne aduersarii eius potentia de lucro et securitate gratuletur. **2.** Vos legum sacramenta, uos defensio respicit submissorum : ego partes meas conmendatione muniui. Venerabile ergo nomen augete beneficiis, quia dum iusta tribuitis, nec illa quae ad misericordiam pertinent posthabetis. Domine mi, reuerentiam salutati acci-

XIV. **2.** apud me : apud uos D^{ac} || nequit : nequid *B* || esset mihi : esse uidetur mihi *CP,b* || subpeteret : -rit *B* || lenocinium B^{2sl} || uberem : -eram *L* || arcana : archana *V* || **3.** foederatum : -tam B^{ac} || quamquam : quan- *V* || uestra D^{sl} || circumstrepentium : -stripentium *B* || finit *add. B.*

XV. **1.** religioso : rele- *B* || praestat : pres- *B* || miseriis : mese- B^{1} || supplicis : -ciis *AT* || adferre : afferre *V* || deflet abiectum : abiectum deflet *T* || residuum : remedium *P* || adflictos : aff- *V* || et securitate *corr. B* || **2.** uos : nos *D* || submissorum : sublimissorum *B* || muniui *om. T* || tribuitis : -buistis L^{1}*AP,b* || posthabetis : -tes *B* || mi : mihi *BVL* || nec illa – accipiens *om. A* || reuerentiam salutati : salutati reuerentiam *D* || salutati : saluti T^{1} || finit *add. B.*

suite à mes prières de sorte que mon propre désir, quand l'honnêteté le demande, puisse être réalisé.

16. – Ennode à Agapitus

1. Il serait juste de réclamer une réponse à mes multiples correspondances, si le silence de ta Grandeur ne témoignait pas que mes lettres ne t'ont pas fait plaisir [1]. En effet, votre discrétion proclame le désagrément que suscitent mes bavardages et la volonté de trouver, à ce qu'il me semble, un nouveau genre de vengeance quand elle constate que le silence a été inutile. En vous abstenant d'écrire, vous faites en sorte que les ignorants ne vous envoient pas de courrier. **2.** Mais l'objectif est manqué. Consacrez-vous à ce qui sera utile à votre sagesse [2] : j'ai écrit plus souvent parce que j'étais méprisé. Mais il convient que celui qui a beaucoup souffert s'exprime brièvement [3]. La sollicitude épistolaire [4] accompagne mon frère Panfronius [5], qui vous vénère, auprès de votre Excellence. Toute l'amitié qui lui aura été accordée m'obligera moi aussi par les liens de ce que vous aurez dépensé. Je lui ai également confié des suppliques [6] au sujet de la vice-préfecture du prétoire [7]. 3. Quant à vous, donnez une suite favorable à ma requête [8] parce que je suis dans mon rôle [9] chaque fois que je suis dans l'obligation d'apporter mon témoignage auprès des hommes les plus remarquables, en le présentant à des personnes de confiance [10].

17. – Ennode à Decoratus

1. Il est juste de croire que la langue est l'expression des pensées cachées, elle qui met en lumière les secrets enfouis de l'âme [1]. On ignorerait l'amour des cœurs si les indiscrétions de la conversation ne le révélaient. C'est à bon droit que la sagesse des anciens s'est servie des correspondances comme de clés pour divulguer, par leur intermédiaire, l'affection qu'on y a déposée. L'esprit qui a témoigné de son amitié a été

piens, ita precibus meis effectum tribue, ut proprium desiderium, dum honestas adseritur, possit impleri.

16. – Ennodius Agapito

1. Iure responsum multiplicibus posceretur alloquiis, si non ingratas extitisse paginas meas magnitudinis tuae silentium testaretur. Clamat enim taciturnitas uestra garrulum displicere et nouum uindictae genus, ut opinor, inquirit quando se non uidet promouisse, quod siluit. Agitis epistolari abstinentia, ne ab inperitis ad uos scripta mittantur. **2.** Ademptus tamen est effectus. Prouidentiae uestrae profutura tractate : crebrior factus sum in scriptione contemptus. Sed breuem sermonem decet exhibere eum qui magna doluerit. Cultorem uestrum fratrem meum Panfronium epistolaris apud culmen uestrum cura comitatur, cui quidquid gratiae concessum fuerit, me quoque inpensorum uinculis obligabit, cui etiam aliqua de uicariae dignitate suggerenda conmisi. **3.** Vos petitionem meam ad effectum perducite, quia adsum partibus meis, quotiens apud emendatissimos hominum cogor subire testimonium, dum certis exhibeo.

17. – Ennodius Decorato

1. Recte creditur enuntiatrix esse lingua penetralium, quae latentis secreta animae ad lucem uocat eloquio. Nesciretur amor pectorum, nisi illum sermo proditor indicaret. Iure ueterum sapientia epistolis usa quasi clauibus repositum per eas uulgauit affectum. Tracta est in testimonium

XVI. agapito : aca- *L* || **1.** posceretur : -centur T^1 -cetur L^1 || inquirit : -ret *B* -ri *malim* || agitis : -ites *B* || scripta : scribta *B* || **2.** ademptus : ademtus *B* adeptus *D* || effectus : aff- *DAP,b* || tractate : -tare *P,b* || scriptione contemptus : scribtione contemtus *B* || uestrum : uero *T* || quoque : quoquo *B* || **3.** quia : qui *A* || emendatissimos : -tiossimos D^{ac} || finit *add. B.*

XVII. **1.** esse lingua : lingua esse *CP,b* || nesciretur : nescietur *A* || pectorum : peccorum T^1.

entraîné à en témoigner par écrit [2]. Il n'aurait pas été permis de changer son amour à celui qui, conformément à ses désirs, l'aurait promis [3] par la confirmation d'une lettre [4]. **2.** C'est à cette coutume ou plutôt à cette loi que, moi, je me suis soumis, en affirmant par la foi d'une missive comment se sont développés mes sentiments envers ta Grandeur [5]. Quant à vous, si vous vous liez à moi avec un soin égal, si votre amitié, fidèle interprète, tout en s'estimant, ne perd pas de vue la volonté de l'autre, qu'une tablette le prouve en apportant une réponse. Quant à moi, en vous adressant les devoirs de la salutation que je vous dois, je n'ai pas dissimulé ma pensée comme un homme avare de paroles.

18. – Ennode à Faustus

1. Dans l'exposé des requêtes auxquelles la parfaite justice ne refuse pas son suffrage, je n'ai pas recours à de nombreuses paroles de peur qu'une trop longue lettre ne paraisse avoir obtenu un bienfait comme d'une personne qui voulait le refuser. En effet, vous avez l'habitude de préférer aux prières les demandes nécessaires. Le sublime et magnifique Opilion [1] a reçu de ses parents, installés en Afrique, certaine personne inspirée par l'amitié ; et alors que celle-ci revient sur le sol de sa patrie, celui que j'ai nommé m'a confié comme mission qu'il obtienne de vous une lettre de recommandation pour ses proches adressée au magnifique Agnellus [2]. **2.** Ce service, vous qui êtes le plus droit des hommes, vous ne le refuserez pas car vous ne vous contentez pas que les habitants de l'Italie soient les seuls à connaître votre bonté. En vous rendant maintenant mes hommages épistolaires, j'ai indiqué en quelques mots la cause de mon écrit. De votre côté, à celui qui parle peu, offrez les meilleures offrandes [3].

scriptionis mens testata diligentiam ; mutari caritatem non licuit, quam desiderans pagina interueniente promisisset. **2.** Huic me ego consuetudini uel legi potius mancipaui, adserens litterarum fide quid de magnitudine tua sensibus inoleuit. Vos si mecum pari cura in deuinctionem conuenitis, si fida interpres amicitia se aestimans uotum uidet alterius, responsum deferens tabella significet. Ego munera salutationis inpertiens deliberationem meam non tamquam uerborum auarus occului.

18. – ENNODIUS FAUSTO

1. In adserendis quibus suum non denegat honestas plena suffragium, multiplicibus non utor adloquiis, ne prolixus sermo tamquam a negaturo uideatur inpetrasse beneficium. Soletis enim, quae poscenda sunt, precibus anteferre. Ad sublimem et magnificum uirum Opilionem parentes eius in Africa consistentes direxerunt certam diligentia inspirante personam ; qua ad patrium solum remeante hoc mihi muneris praefatus iniunxit, ut ad magnificum uirum Agnellum pro commendatione suorum a uobis scripta mereatur. **2.** Quam rem, emendatissime hominum, non negabitis, non contenti benignitatem uestram solos in Italia positos agnouisse. Nunc obsequia mea litteris reddens causam scriptionis uerborum conpendiis indicaui. Vos dicenti pauca praestate praecipua.

XVII. **1.** scriptionis : scrib- *B* || caritatem : -tate *D* || **2.** promisisset : promisit. sed *CP*[1] promisit. et *coni. Hartel* || quid : qui *D* quod *CP,b* || deuinctionem : diu- *codd.* || conuenitis *Hartel, Vog.* : conuenientes *libri* || si : se *T*[1] || impertiens : impar- *b* || finit *add. B.*

XVIII. **1.** adserendis : asse- *VA* || adloquiis : allo- *VA* || soletis : solites *B*[ac] || eius : eus *L*[ac] *om. T* || africa : affrica *AT* || direxerunt : diri- *B* || iniunxit : iniuncxit *B* || scripta : scrib- *B* || **2.** emendatissime (*uid. epist.* 4, 19, 3) : -issimi *libri* || contenti : contempti *D* || solos : -lus *BVLDA* || scriptionis : scribt- *B* || finit *add. B.*

19. – Ennode à Apollinaire

1. En prolongeant vos silences [1] à l'égard de celui qui vous aime, vous vous êtes absenté par l'esprit autant que par le corps ; en retenant vos lettres, votre éloignement, qui jusqu'à présent n'avait aucun pouvoir, a pris des proportions démesurées. Parce que vous vous êtes abstenu d'écrire, la situation en est arrivée à un tel point que la sagesse d'un âge avancé [2] n'apporte rien à l'amour. Elle dépérit, l'affection qu'un homme avare de paroles néglige d'attiser. Elle reste en friche, l'amitié qui n'est pas pratiquée par des correspondances. La fréquence de l'écriture nourrit d'un aliment vital l'amitié enracinée dans les cœurs. **2.** Il aurait été plus facile [3], mon frère, de n'avoir jamais satisfait mes désirs que de m'enlever ce qui m'avait été souvent donné, parce que le cœur que tu as stimulé, en habile pasteur, avec des mets sucrés [4], ignore le repos. Assez longtemps, en effet, tu avais continué à m'écrire, en me faisant oublier notre séparation et en mêlant ta vénérable image à ta paisible conversation. Mais maintenant, je regarde les mains vides des voyageurs [5], en simple demandeur. Pourtant, moi, je ne veux pas critiquer les fautes d'autrui en commettant une erreur qui me ferait accuser d'avoir accompli les actes qui me font souffrir. **3.** Reçois donc, ô toi le plus droit des hommes, les consolations que la grâce céleste a dispensées aux absents pour combler leurs désirs [6] et, si vous vous souvenez de moi, soulagez les porteurs afin qu'ils ignorent les inconvénients du voyage quand la recommandation d'un ami aura apporté une patrie [7] à ceux que j'ai nommés. Et profitez de leur retour pour me soulager en m'annonçant votre bonne santé.

20. – Ennode à Julianus, illustre

1. Le bien de l'amitié s'entretient par une correspondance fréquente [1]. En effet, c'est par l'expression du langage que les secrets des âmes se révèlent [2]. Il dépense ses soins à des

19. – Ennodius Apollinari

1. Producendo circa amantem uestri silentia ad absentiam corporalem animum transmisistis ; retinendo paginas in inmensum creuit quae hactenus diuisio nil ualebat. Res eo rediit per abstinentiam tabellarum, ut ueteris aeui prouidentia conferat nil amori. Ranciscit caritas, quam uerborum auarus despicit uentilare ; sine cultura est diligentia in usum non reducta per paginas. Stili frequentia uiuaci pabulo insitam pectoribus nutrit amicitiam. **2.** Facilius, frater, fuerat desideriis meis te nullo tempore cupita tribuisse quam saepe indulta subtrahere, quia otium corda nesciunt, quae cibis dulcibus pastor artifex inritasti. Aliquanto enim tempore continuando scriptionem inmemorem me sequestrationis effeceras, dum effigiem uenerabilem placido inserebas adloquio. At nunc commeantium uacuas manus nudus inquisitor inspicio. Ego tamen nolo errore meo alienas culpas adserere, ut quod factum doleo, admisisse conuincar. **3.** Accipe ergo, emendatissime hominum, desideriorum solacia per caelestem gratiam absentibus adtributa et perlatores, si mei estis memores, subleuate, ut nesciant peregrinationis incommoda, dum nominatis patriam commendatio amica contulerit. Quibus remeantibus nuntio me uestræ ualetudinis subleuate.

20. – Ennodius Iuliano v. i.

1. Exercetur bonum diligentiae scriptione multiplici. Linguae enim indicio animorum secreta panduntur. Adsiduis

XIX. **1.** uestri silentia : uestris laetitia *B* ‖ retinendo : retendo *L*[1] ‖ ualebat : -bit *L*[1] ‖ aeui : cui *A* ‖ ranciscit : -ciscet *B* -cescit *VL*[2]*C* -cessit *L*[1]*T*, *Sirm.* ‖ despicit : dis- *B* ‖ pectoribus – meis te *om. A* ‖ **2.** scriptionem : scribt- *B* ‖ frater : fater *L* ‖ uenerabilem : unerabilem *B* ‖ adloquio : allo- *V* ‖ at : ad *B* ‖ nunc : non *D* ‖ inspicio : aspicio *V*[ac] ‖ doleo conuincar : doleo hominum desideriorum conuincar *D*[ac] ‖ **3.** accipe ergo : accipergo *B* ‖ adtributa : attributa *B*[ac]*V* ‖ parlatores : -toris *T*[1] ‖ si mei estis *B*[pc]*CP*,*b* : si mei estes *B*[ac] mei si estis *V*[1]*L*[1] si estis mei *DAT* ‖ finit *add. B.*

XX. **1.** exercetur : -citur *B* ‖ diligentiae scriptione : diligentiae bonum *CP*,*b* ‖ scriptione : scrib- *B* ‖ adsiduis : ass- *V*.

conversations assidues celui qui renonce au repos pour l'amour. Voilà les devoirs qui font connaître une affection silencieuse. Si un porteur de ma maisonnée n'avait pas reçu de lettres à remettre à votre Excellence, il témoignerait que j'ai oublié le respect que je vous dois. En effet, je ne sais pas négliger la charité ni faire fuir la bienveillance péniblement acquise par l'effort en me faisant l'esclave du repos. Je devrais de nombreuses paroles à notre pacte amical mais l'épître me contraint à la brièveté. **2.** Adieu, mon cher Seigneur, reçois l'honneur de ma salutation et conserve envers moi une estime parvenue à maturité ; ainsi, toi qui as été appelé aux yeux de tous pour le bien de l'État [3], puisses-tu profiter durablement de ton heureuse fortune !

21. – Ennode à l'évêque Constantius [1]

1. Votre sous-diacre Vigilius [2] a voulu éprouver l'intensité de l'amour que vous me portez et, en s'efforçant de faire de notre union une circonstance favorable pour son avancement, il veut mesurer le degré d'amitié entre nous en progressant dans les honneurs, afin que lui revienne le fruit que la moisson de notre affection a mis en réserve. Élevez-le, si je le mérite, aux sacrements du diaconat afin que la dignité de celui que j'ai nommé me soit profitable pour espérer réclamer davantage. **2.** Mais [3], qu'un résultat négatif ne vienne pas frustrer ma requête pour peu que vous conserviez de longues années la place accordée à vos mérites.

22. – Ennode au pape Symmaque

1. Certes [1], le sublime Laurent [2] est aidé, pour recommander ses enfants, par son honnêteté et sa sagesse paternelle suit

curam inpendit adloquiis, qui otium amore commutat. Haec sunt officia, per quae tacitus innotescit affectus. Familiaris perlator, nisi reddendas culmini uestro paginas accepisset, me oblitum reuerentiae debitae testaretur. Nescio enim esse caritatis neglegens nec partam labore gratiam quieti seruiens effugare. Multa debeo uerba foederi, sed ad breuitatem cogit epistola. **2.** Vale, mi domine, honorem salutati accipiens et circa me adultam serua dignationem ; sic bono in medium adscitus reipublicae de felicitatis tuae diuturnitate gratuleris.

21. – Constantio episcopo Ennodius

1. Vigilius subdiaconus uester experiri uoluit quanta mihi a uobis caritas redderetur, et ad occasionem profectus sui coniunctionem nostram conatus adducere, statum inter nos amicitiæ, dum augetur honoribus, uult metiri, quatenus ad ipsum fructus redeat, quem ex diligentiæ messe condidimus. Hunc, si mereor, ad diaconii sacramenta perducite, ut dignitas præfati ad spem mihi proficiat maiora poscendi. **2.** Sed ne petitionem meam negatus frustretur effectus, si concessum meritis uestris locum per longa temporum interualla teneatis.

22. – Symmacho papae Ennodius

1. Quamuis sublimi uiro Laurentio adsistat pro pignorum commendatione probitas sua et patris prudentia causas

XX. **1.** adloquiis : allo- *VLT* elo- *CP,b* || culmini : -mine *B* || accepisset : acci- *B* || debitae : uestrae *Sirm.* || testaretur : -rentur *B* -tatur *A* || esse caritatis : caritatis esse *VLDATCP* || neglegens : negliens *B* || labore *corr. B* || foederi : -deris *B* || **2.** salutati : saluti *B* || dignationem : -ne *D* || finit *add. B.*

XXI. ennodius C. ep. *b* || **1.** uigilius : uirgilius *A* || subdiaconus : -nis *B* || **2.** occasionem : occan- *L* || conatus adducere : adducere conatus *D* || quatenus : quati- *T* || diaconii : -ni *L,b* || perducite : -citis P^2 -catis *b* || meam *om. Sirm.* || frustretur : -tetur *AT* || si *BD* : sit *A* sic *cett.* || meritis uestris : uestris meritis *D* || finit *add. B.*

XXII. symmacho papae ennodius : ennodius s. papae *b* symacho *BT* || **1.** sublimi : -mis *B.*

de près les affaires de sa descendance ; toutefois, son inquiétude pour sa famille le pousse à chercher davantage et il a du mal à croire que ses mérites soient suffisants pour défendre ses fils [3]. Il demande une lettre de soutien en recommandation de sa progéniture [4] et, le cœur tremblant, il s'efforce de partager son ardeur parternelle avec tout le monde. **2.** Considérez si un homme excellent pourrait se voir opposer un refus quand il formule des demandes pieuses et justes. Que la divinité exauce ses prières et qu'elle daigne accorder, pour ceux que j'ai nommés, l'affection de votre Béatitude de sorte que la compassion de votre couronne, qu'il a implorée, donne confiance à ses petits enfants afin que les vœux d'un père qui s'inquiète pour eux [5] soient comblés. **3.** Mon cher Seigneur, j'espère que la bonté depuis longtemps promise apporte témoignage sur ce point, si celui qui vous prie par mon intermédiaire se rend compte qu'une double faveur se manifeste envers ceux qui j'ai évoqués plus haut.

23. – Ennode à Dominator

1. Certes, il aurait fallu que vos désirs [1], révélés par les propos de notre frère Agnellus [2], fussent exposés dans une lettre et qu'une correspondance prît les devants pour donner forme à la demande d'entretiens [3] : car il aurait été possible de te restituer ce que tu devais et, si tu t'exprimais, je ne pourrais me justifier sous aucun prétexte de m'abstenir d'écrire. Il était dans ton droit de changer en exercice l'inactivité de notre langue et de faire disparaître la rouille [4] d'une éloquence rustique [5] par d'habiles études : car si le fait de ne pas adresser de correspondance à qui le désire est un premier préjudice, ni le souvenir de l'amitié ni celui de la pudeur n'autorise à répondre par le silence à l'envoi d'un écrit. **2.** Maintenant, toutefois [6], à mon naturel [7] s'est ajouté le fait que tu m'as ordonné d'écrire ces pages, même si mon témoignage [d'affection] est diminué par le fait que je ne m'interroge jamais sur mes forces quand il s'agit d'amour. Que les esprits cultivés se gardent de penser que le fardeau imposé

subolis exsequatur, attamen sollicitudine genitali ad ampliora procedit et uix credit pro filiis sufficere quod meretur. Adiutricem in adstipulatione germinis paginam quaerit et trepidante diligentia patrium ardorem nititur cum uniuersitate partiri. **2.** Cogitate si uiro optimo negari effectus potuit et pia et iusta poscenti. Tribuat diuinitas effectum precibus eius et hunc beatitudinis uestrae nominatis conciliare dignetur affectum, ut erigat paruulos inplorata coronae uestrae miseratio, quatenus anxii circa ipsos genitoris uota superentur. **3.** Domine mi, spero ut promissa dudum benignitas in ea parte testimonium ferat, si conprehensis superius geminatam inpendi gratiam qui per me precatur intellegat.

23. – Ennodius Dominatori

1. Oportuerat quidem desideria uestra, quae fratris Agnelli patefecit allegatio, ut tabella reseraret et ad elicienda conloquia formam sermo praeuius exhiberet, quia potuit tibi restitui quod debebas, nec ullo me colore defenderem te loquente a paginis abstinendo. In tuo iure fuit linguae nostrae ferias exercitio commutare et rubiginem rusticantis eloquii fabrilibus studiis amouere, quia sicut damnum caritatis est primum cupienti non dedicare sermonem, ita promulgatae scriptioni silentium reddere nec amicitiae suadet memoria nec pudoris. **2.** Nunc tamen adcessit ad genium meum, quod paginas inperasti, etsi subtrahitur testimonio, quod numquam in amore uires interrogo. Facessat ab ingeniis liberalibus, ut credas fascem esse intolerabilem, quem ami-

XXII. **1.** subolis : sob- *VLT* || exsequatur *VLT* : exequatur *cett.* || ampliora : -iore *L* || procedit : -dat B^1 || pro filiis *om. D* || adstipulatione : -tionem *T* || patrium : patrum *ACP,Sirm.* || **2.** paruolos : -lus *B* || quatenus : quati- *VLAT* || **3.** mi : mihi *BVL* || praecatur : -turi intelligat. finit *B*.

XXIII. **1.** agnelli : agelli *A* || patefecit allegatio : patescunt allegatione *b* || reseraret : -seret *D* || et ad – formam *corr. B* || debebas *CP* : debebis *cett.* dederis *coni. Vog.* || restitui : resistere restitui D^{ac} || loquente : loquenta a *B* || tuo : suo *T* || rusticantis : rusticitatis *D* || damnum : dampnum *V* || scriptioni : scrib- *B* || suadet memoria : suae et memoriae *B* || **2.** adcessit : acce- *V*.

par un ami est insupportable ! Quant à toi, accueille seulement de bon cœur ce que tu as exigé et contiens ta critique en dédaignant le mépris répugnant des censeurs. Loin de toi de ne pas encourager celui qui t'a obéi. Il est stimulé par l'espoir d'un plus haut mérite, même s'il vient d'un moule grossier [8], celui qui a obéi à tes ordres en te cédant l'hommage de sa parole. **3.** Adieu donc, mon cher Seigneur, car je ne veux pas prolonger des entretiens qui n'ont pas été façonnés suivant les règles [9]. Quant à toi, rends-moi, tel un sol fertile, la moisson de ta bienveillance conformément à ma confiance, parce qu'il dépendra désormais de ton jugement, si tu veux recevoir de fréquentes lettres de moi, de m'y inviter par de tels devoirs.

24. – Ennode à Faustus

1. Un esprit souffrant [1] ne supporte pas le silence mais se refuse à une longue narration. Se taire ou parler longuement ne convient pas à l'expression du chagrin. Elle est brève, la lettre qui, entrecoupée par les gémissements, trouve à grand peine ses mots. Mais pourquoi raconter les carences de ma langue en parlant davantage et promettre par mon bavardage une lettre nécessairement limitée ! **2.** Je prie Dieu qu'il soulage mon anxiété en m'apportant des nouvelles incontestables de votre santé. Qu'il reçoive mes larmes, Lui auquel s'adressent les bouches fermées, Lui qui se contente de recevoir, comme message parfait, une pluie de larmes venant du repentir ! Quant à moi, je reconnais que mon repos mais aussi ma vie ont été ébranlés par la vigueur des ennemis et le déferlement des rumeurs fracassantes. **3.** La divinité est capable de dissiper les incertitudes d'une énorme tempête grâce au bienfait d'un temps serein. Quant à vous, si Dieu m'en juge digne, recevez mon salut et portez conseil, en envoyant un courrier, à celui qui aime en vous la droiture morale, non les honneurs de Ravenne.

cus inponit. Tu tantum exacta conplectere et censuram castigans rancida iudicantum depone fastidia. Absit a te eum non fouere qui paruit. In spem altioris meriti trahitur, etiamsi ueniat a moneta triuiali, qui tibi inpositum oris mancipauit obsequium. **3.** Ergo uale, mi domine, quia nolo fieri prolixa quae non sunt ad perpendiculum fabricata conloquia. Tu messem gratiae iuxta fiduciam meam tamquam uber solum restitue, quia in tuo posthac erit arbitrio, si crebro epistolas meas accipere uolueris, his me muniis inuitare.

24. – Ennodius Fausto

1. Aeger animus sicut silentia non patitur, ita processum narrationis abiurat. Contestationi maeroris nec taciturnitas nec conloquia prolixa conueniunt. Artatur pagina, cui uix inter gemitus uerba tribuuntur. Sed quid adsero linguae ferias plus loquendo et coactam necessariis epistulam terminis garrulitate polliceor ! **2.** Deum quaeso, ut anxietati meae de manifesto prosperitatis uestrae succurrat indicio. Ille admittat lacrimas meas, cui clausa ora fabulantur, cui ad plenam legationem sufficit ex conpunctione defluens imber oculorum. Ego labefactatam non solum quietem meam sed et salutem inimicorum ualitudine et rumorum procellis agnosco. **3.** Potens est diuinitas inmensae tempestatis incerta bono serenitatis amouere. Vos, si de Deo mereor, saluete et amanti in uobis conscientiam, non Rauennates excubias, tabellarum promulgatione consulite.

XXIII. **2.** iudicantum : -tium *b* || a te : a *om.* *B* || a moneta : ad m. *D* || triuiali : tribiali B^{ac} || oris : moris *D* || mancipauit : -cipia *D* || **3.** fieri : feri B^{ac} || tuo : to $V^{1}L$ || finit *add. B.*

XXIV. **1.** aeger : eger *BA* || maeroris : meroris *VLDAT* || conloquia : coll- *V* || artatur : arcta- *VT* || adsero : ass- *VD* || polliceor : prolixo *coni. Hartel* || **2.** legationem : alle- *coni. Hartel* || imber : inber *B* || inimicorum : in amicorum *P,b* || **3.** si *om.* *T* || saluete : saluate *B* salute *L* saluet *A* || finit *add. B.*

25. – Ennode à Bassus

1. Si la vieille amitié [1], qui gardait les fruits abondants de la moisson de bienveillance qui liait mes parents [2] à ta Grandeur, était maintenue envers ma personne au nom d'une mémoire fidèle, elle se manifesterait par des lettres fréquentes et la conversation, témoin du cœur, révèlerait que l'affection n'est pas morte. Mais à présent, je sens que tu m'as oublié et que tu ne gardes pas en mémoire quelque concorde d'un siècle meilleur, puisqu'aucun écrit, qui signalerait ta sollicitude, ne m'est adressé. **2.** Mais moi, j'ai converti en paroles l'impatience de mon désir, moi qui sais qu'une amitié nouvelle gagne alors en douceur si elle est conservée pendant des années et que ce que nos anciens ont vu naître est d'une affection plus pure, sachant que si tu gardes à l'esprit Camille, tu n'oublieras pas Ennode [3]. C'est pourquoi, en t'exprimant les devoirs de la salutation par le soin d'une épître, je te prie de daigner accueillir mon ami, le clerc porteur [4] des présentes, qui s'est rendu dans les Gaules pour ses intérêts et sur mon ordre. **3.** Et à son retour, transmettez-moi par écrit de bonnes nouvelles de vous afin que la sollicitude épistolaire restaure tout le tort que l'oubli a fait à l'amour.

26. – Ennode à Eugènes, illustre

1. Qu'un [1] heureux [2] présage venu du Ciel vienne fortifier vos auspices et que le [pouvoir] divin fortifie de ses conseils vos débuts dans cette vénérable charge [3] ! Que par votre intermédiaire la faveur d'en haut dirige le maître de la liberté [4] de sorte que s'écoule de la source de votre cœur jusqu'aux oreilles du prince ce que la pluie céleste a répandu en vous ! **2.** Voici que j'ai présenté les vœux que je devais

25. – ENNODIUS BASSO

1. Si uetus diligentia, quae a parentibus meis erga amplitudinem tuam fructus uberes de gratiae messe condebat, circa personam meam pro fidei memoria seruaretur, monstraret frequentia litterarum et insepultam caritatem testis pectoris sermo recluderet. At nunc oblitum mei te sentio nec aliquam melioris saeculi retinere concordiam, quando nulla quae sollicitudinem tuam resignent scripta diriguntur. **2.** Sed ego desiderii inpatientiam ad uerba conuerti, qui scio tunc nouellam amicitiam habere dulcedinem, si annosa seruetur, et illud esse in affectione purius, quod nostri examinauere maiores, sciens quia si Camillum mente retines, Ennodium non omittes. Qua de re salutationis munera epistolari cura persoluens precor, ut baiolum praesentium clericum meum, quem ad Gallias et suae utilitatis et meae iussionis causa perduxit, susceptum habere digneris. **3.** Quo remeante prospera uestra scriptione signate, ut si quid in amore damni fecit obliuio, epistolaris sollicitudo restituat.

26. – ENNODIUS EUGENETI V. I.

1. Faustum caelo omen adueniens auspicia uestra conroboret et tirocinia canae dignitatis suis muniant diuina consiliis. Per uos supernus fauor regat dominum libertatis, ut ex pectoris uestri fonte ad aures principis defluat, quod in uobis aetherius imber infuderit. **2.** Ecce quae debui uota rudimen-

XXV. **1.** erga : gratia *A* || at : ad *B* || te sentio : resentio *D* || saeculi : suaeculi B^1 saeculis V^1 || sollicitudine : -dinem *A* || scripta : scrib- *B* || **2.** habere : abere B^1 || dulcedinem *VLAT,Vog.* : dulcetudinem *B,Hartel* || quod : qui *T om. A* || sciens – retines *om.* L^1 || camillum *Hartel* : camellum *cett.* || baiolum *B* : baiulum *cett.* || suae : sua *P* || utilitatis BT^2 : -tas *cett.* || **3.** scriptione : script- *B* || damni : dampni *V* || finit *add. B.*

XXVI. eugeneti : eugeniti *B* || **1.** auspicio : auspitio *A* || conroboret : corro- *V* || tirocinia : tyro- *BVLP* || fauor : amor *T* || libertatis : liberatis B^{ac} || ut *B,b* : et *cett* || ex pectoris : expectatoris *A* || fonte : fron- *D* || principis : -piis *VL* || aetherius : aeternus *Sirm.* || imber : inber *B.*

pour votre entrée en charge, bien que ce soit avec des paroles obligatoirement concises. Quant à vous, souvenez-vous de l'amour et du pacte promis de sorte que le changement ne me cause pas de dommage [5] et que la questure s'acquitte de ce qu'elle me doit. Gardez envers moi l'état d'esprit de votre prédécesseur : que la promesse de votre dignité ne soit pas brisée par le changement des personnes. **3.** Mon cher Seigneur, portez-vous bien conformément au désir de celui qui vous supplie et, dans le grand déferlement des bienfaits [6], recevez de modestes entretiens. En effet, l'habitude des hommes à qui tout vient heureusement et la nature des meilleurs sont telles qu'elles dépassent les richesses de la langue, par leurs actions et leurs marques de bienveillance.

27. – Ennode à Senarius

La hâte du porteur a contraint à raccourcir la lettre [1] et obligé celui qui ressent de grandes souffrances à dicter [2] peu de mots. Cependant, ces conditions ne posent pas problème à qui sait interpréter les pensées [3] dans les limites étroites de la lettre. En effet, je suis torturé par le retard du seigneur Faustus et la diversité des rumeurs. Quant à vous, venez après Dieu au secours de mon inquiétude par une réponse rapide parce qu'il est plus pénible d'être tourmenté par un espoir incertain que d'apprendre l'évidence du désespoir par la déclaration d'un ami. Adieu, mon cher Seigneur, et considérant mes désirs, adressez-moi les entretiens que je demande et qui [me] sont nécessaires.

28. – Ennode à Agapitus

1. Si les jours s'écoulaient selon mon désir [1], je ne consacrerais pas mon activité à des lettres d'affaires plutôt qu'aux témoignages de déférence et je ne ferais pas passer le présent de l'amitié à des obligations qui lui sont étrangères [2]. Mais j'ai été contraint de troquer l'affection contre la nécessité. En

tis licet coactis in artum sermonibus enarraui. Vos mementote promissi amoris et foederis, ut sine mutationis dispendio debitum mihi quaestura dissoluat. Tenete circa me animum decessoris : dignitatis uestrae pollicitatio non frangatur uariata personis. **3.** Domini mei, saluete pro desiderio supplicis et in magna beneficiorum promulgatione suscipite parca conloquia. Talis enim est usus felicium et natura meliorum, ut linguae copias rebus et praestitis antecellant.

27. – Ennodius Senario

Festinatio perlatoris in artum cœgit epistolam et dolentem magna fecit pauca dictare. Apud eum tamen ista non grauant, qui inter sermonum angustias interpres est sensuum. Super tarditate enim domni Fausti et opinionum uarietate discrucior. Vos post Deum anxietati meæ celeri rescriptione succurrite, quia deterius est incerta macerari spe quam manifestam desperationem indicio amantis agnoscere. Valete, mi domini, et aduertentes quid cupiam uotiua uel necessaria promulgate conloquia.

28. – Agapito Ennodius

1. Si mihi ex sententia dies fluerent, non negotiosis operam paginis potius quam obsequentibus exhiberem nec munus caritatis ad officia peregrina transducerem. Sed coactus rem

XXVI. **2.** dispendio *om. D* || circa me *om. D* || animum : -mam *T*[1] || uestrae pollicitatio *om. D* || personis : -na *coni. Hartel* || **3.** conloquia : collo- *V* || copias : cu- *B* || et praestitis *om. A* || finit *add. B.*

XXVII. et *om. Sirm.* || magna : -gnam *L* || fecit pauca *om. A* || tarditate : -tatem *A* || domni : domini *B* || opinionum uarietate : opinione *A* || uos post Deum – deterius est *om. A* || celeri : sceleri *D* || desperationem : dispe- *B* || agnoscere : cogno- *T* || conloquia : collo- *V* conloquia. finit *add. B.*

XXVIII. **1.** si mihi ex sententia dies fluerent : si haec scripta defluerint *A* || peregrina transducerem : peregrinaturus ducerem *T.*

effet, un homme sublime et magnifique [3], qui souffre des calomnies malveillantes de ses ennemis, implore la protection de votre équité par mon intermédiaire, afin d'empêcher qu'une fable mensongère ne mette en cause sa réputation et de recevoir une forte compensation pour la rumeur fabriquée [4]. **2.** Mon cher Seigneur, en vous exprimant mes salutations les plus amples, je vous prie de manifester la vigueur que l'on vous connaît et de faire en sorte que le service qui est réclamé de votre charge par ma lettre respectueuse obtienne le résultat qui convient.

29. – Ennode au Pape

1. La sollicitude céleste se préoccupe de l'intérêt des fidèles [1]. Ils sont inattendus [2], les dons accordés à ceux qui méritent bien de Dieu [3]. La générosité divine dispense même ce que l'humanité n'ose pas demander. Les ennemis de votre Siège [4] ont reconnu par quel combattant ils sont vaincus : notre Rédempteur l'a manifesté très récemment à propos d'un personnage d'Aquilée [5]. **2.** Et c'est pourquoi, parmi les plus précieux des présents divins, je demande que votre Couronne ne refuse pas de se souvenir de moi [6]. Car il encourage de très nombreuses personnes à lui être soumis, celui qui aime son serviteur, même s'il est loin de lui. Adieu.

30. – Ennode à Eugènes, illustre

1. Après que mes premiers entretiens eurent permis la réalisation de mon espérance, j'ai libéré ma parole, longtemps restée silencieuse, pour la conversation épistolaire [1]. En effet, il est aussi animé par les succès, celui qui a bien conscience qu'il ne dispose pas de la science du Latium [2].

diligentiae necessariis commutaui. Sublimis enim et magnificus uir pro dolosis inimicorum laborat insidiis, qui per me aequitatis uestrae inplorat patrocinium, ne praua concinnatio opinionem eius permittatur incessere et fabricati rumoris ferat forte conpendium. **2.** Domine mi, salutationem largissimam dicens deprecor ut ille qui in uobis notus est uigor adsurgat et, quod a partibus uestris poscitur mei sermonis obsequio, ad inpetrationem congruam perducatur.

29. – Papae Ennodius

1. Cœlestis utilitatem sequacium cura disponit. Inauspicata bene de Deo merentibus dona tribuuntur. Ingerit superna dispensatio etiam quod supplicare humanitas non præsumit. Agnouerunt aduersarii sedis uestrae, quo propugnante uincantur : quod proxime de Aquileiensi Redemptor noster persona reserauit. **2.** Et ideo inter excellentia munerum diuinorum peto, ut mei corona uestra meminisse non abnuat. Inuitat enim ad famulandum plurimos qui quamuis longe positum diligit obsequentem. Vale.

30. – Ennodius Eugeneti v. i.

1. Postquam prima spei meae effectum dedere conloquia, ad usum sermonis ora diu feriata laxaui. Animatur enim successibus etiam cui per conscientiam non subpetit Latiaris

XXVIII. **1.** concinnatio : continnatio *L* commutatio *A* || forte *om. D* || **2.** domine : *om.* B^1 domini B^{2sl},*b* || mi : mihi *BVLP* nostri *corr.* B^{sl},*b* || adsurgat : assu- *V* || impetrationem : imperandum *L* imperatorem *A* || congruam : -gruat B^1 || finit *B*

XXIX. papae ennodius : ennodius papae *b* || **1.** utilitatem : humilitatis *A* || cura disponit : curam disponite *A* || inauspicata : -pica *T* || de deo : debeo B^{ac} || dona tribuuntur : tribuuntur dona *D* bona tribuuntur *T* dona de deo merentibus tribuuntur *A* || ingerit superna dispensatio *om. DT* || non : non non D^{ac} || praesumit : -met *B* || quod – reserauit *om. A* || aquileiensi : aquiligensi *B* || redemptor : -emtor *B* || **2.** munerum : numerum *L* || diligit : -get *B* || uale *om. A*

XXX. *hanc epist. om. A* || eugeneti : -niti *B* || **1.** conloquia : coll- *V* || conscientiam : scientiam *coni. Vog.* || latiaris : -res *B.*

Quand les études [3] s'arrêtent, ce sont souvent les joies [4] qui rendent [5] éloquent. Si la gaieté chasse les nuages de la tristesse, bientôt les paroles resplendissantes de pureté [6] arrivent de toutes parts [7]. C'est ainsi : ou bien la joie nous montre parfaits orateurs ou bien le malheur nous prive du langage. **2.** Cela, mon cher Seigneur, est même confirmé par votre engagement. Donc, en profitant de ce moment de joie, je vous exprime les salutations affectueuses que je vous dois, avec l'espoir que la noble promesse que vous m'avez faite et qui a tiré son origine de votre parfaite bienveillance, soit redoublée comme si elle avait besoin d'augmenter. Adieu.

31. – Ennode à Avit

1. Bien que les éléments contenus dans la lettre de ta Grandeur [1] aient engendré pour nous [2] mainte occasion de joie, puisque ta conversation, qui m'annonçait un décès, m'apportait du bonheur, toutefois, les larmes [3] ont pris le dessus sur la satisfaction et les paroles sereines de ton entretien n'ont pas chassé totalement le trouble de ma tristesse. Mon esprit reste affligé par le décès d'un si grand pontife, même après des entretiens désirés parce qu'il [4] est dans la nature des choses que la joie, quelle qu'elle soit, soit dépassée par le rapprochement avec une tristesse même infime. **2.** Mais que faisons-nous en rappelant à nouveau ce qui a dompté mon âme par une agitation restée jusqu'ici secrète ? Avec l'aide de Dieu, je promets d'accompagner vos vœux, pourvu que la santé de notre Seigneur pape soit préservée [5] et que je reconnaisse que vous avez choisi un personnage tel que celui qui prend soin de son âme [6] n'ait pas honte de le louer. Car il est sacrilège d'amener sur de mauvais chemins celui qui fait confiance et de plonger dans l'incertitude [7] celui que vous avez lié par l'affection. Adieu.

eruditio. Cessantibus studiis saepe facundos gaudia reddiderunt. Maeroris nubila si hilaritas depellit, mox rutilantia per sudum uerba discurrunt. Itaque aut perfectos nos laetitia monstrat aut infantes facit aduersitas. **2.** Haec, mi domine, uobis etiam adstipulantibus confirmantur. Ergo tempus prosperitatis amplexus reddo debendae salutationis affectum, sperans ut circa me nobilis promissio, quae a plenitudine gratiae sumpsit exordium, quasi incrementis egena geminetur. Vale.

31. – Ennodius Avito

1. Licet multam nobis per litteras magnitudinis tuæ occasionem gaudii elementa pepererunt, cum ad hilaritatis obsequium index funeris sermo militasset, non tamen par lacrymis iucunditas contigit, nec maeroris turbidum ex toto colloquii serena depulerunt. Retinet afflictionem mens de tanti decessione pontificis, etiam post desiderata colloquia, ab hoc quia natura rerum est ut quaelibet laetitia uel modici angoris collatione superetur. **2.** Sed quid noua commemoratione facimus, quae animum clandestina hactenus iactatione domuerunt ? Votis uestris cum Dei adiutorio comitem me promitto : dummodo salua domni papæ nostri incolumitate, talem uos elegisse cognoscam, quem eum cui animæ cura est, laudare non pudeat. Nefas est enim credentem ad obliqua prouocare, et quem affectu obligastis, per incerta deducere. Vale.

XXX. **1.** facundos *Vog.* : -dus *B* facun× *VL* -dum *reliqui* || maeroris : meroris *BVLT* || si *om. Sirm.* || depellit : -let *B* || itaque : -que B^{1sl} || nos laetitia : letitia nos *L* || **2.** a : ad *L*.

XXXI. *hanc epist. om. A* || **1.** multam : multa *fort.* || gaudii : -dia B^1 || pepererunt : pepererint *P* || index : -dix B^{ac} || non tamen par : p. non tamen p. B^{ac} non tamen p. B^{pc} (par B^{sl}) || iucunditas : iocun- *B* || adloquii : allo- *V* collo- *Sirm.* || adflictionem : aff- *V* || conloquia : collo- *V* || ob : ab *Sirm.* || conlatione : collo- *V* || **2.** clandestina : -distina *B* || cum *del.* B^2,*b* || pudeat : pudeant *L* || deducere : didu- *VL* || uale *om. VLDTC.*

32. – Ennode à Eugenes

1. Je ne pense pas qu'un témoignage de respect puisse devenir désagréable s'il est répété fréquemment ni que cultiver l'amitié puisse être assimilé au défaut de bavardage [1]. S'abstenir d'envoyer des lettres pourrait être peut-être excusé chez ceux qui sont occupés par des charges d'utilité publique [2] ; mais il ne mérite pas le pardon, celui qui, étant libre, néglige d'écrire assidûment. **2.** Il manifeste une totale négligence de l'amour, celui qui, alors qu'il le peut, n'offre pas d'épîtres qui constituent l'aliment de l'affection ; c'est une erreur pour un être oisif de laisser s'affaiblir son intelligence bien formée, en laissant sa langue inactive alors qu'il est à jeun et qu'il désire des conversations. Mais s'il convient que nous favorisions la religion de l'amitié [3], puisque nous ne devons rien aux préoccupations du siècle, si votre Grandeur n'y participe pas, pour sa part, en renvoyant une réponse, vous condamnez les bonnes actions par votre silence, parce que, si les vertus se voyaient privées de récompenses, qui n'aurait pas honte de s'être donné de la peine ? **3.** Voici donc qu'après avoir évoqué brièvement, à ce que je crois, les devoirs de l'un et l'autre, je confesse que mon cœur souffre de ne pas avoir reçu – au retour de Montanarius [4] à qui j'avais pourtant donné une lettre – la dette que je réclame de me voir restituer par la loi, et doubler par la pudeur. Maintenant adieu, mon cher Seigneur ! En vous demandant des nouvelles de votre santé et en vous en donnant de la mienne, je prie Dieu – s'il se souvient de moi – de multiplier pour vous les satisfactions.

33. – Ennode à Senarius

1. Si l'amour se complaisait à la pudeur, si l'impatience de l'affection était bridée par la loi de la retenue, je m'abstiendrais des devoirs épistolaires et, en vous [1] imitant, je suivrais l'exemple de votre silence ; mon jugement ne manque pas de

32. – Ennodius Eugeneti

1. Non aestimo rem obsequii frequentia posse ranciscere nec culturam diligentiae uitio garrulitatis adscribi. Suppetat forte de abstinentia tabellarum excusatio illis, qui publicae utilitatis muniis occupantur ; ueniam non meretur, si ab scriptionis adsiduitate temperet absolutus. **2.** Liquido confitetur amoris neglegentiam qui, cum possit, epistulas in quibus est affectionis pabulum non ministrat. Error otiosi est, si bene conperta mens per linguae ferias desideratis adtenuetur inpasta conloquiis. Sed sicut nos religionem gratiae fouere conuenit curis saecularibus nil debentes, ita, nisi magnitudo uestra partibus suis affuerit promulgatione responsi, damnatis probe facta reticendo ; quia si tollantur uirtutibus praemia, quem laborasse non pudeat ? **3.** Ecce, quantum aestimo, breui elocutus utrorumque propositum animo meo male esse confiteor, quod remeante Montanario, cum dedissem paginas, non recepi, quod debitum posco lege restitui, pudore geminari. Nunc uale, mi domine, et uestram quaerens, propriam nuntians sospitatem Deum precor, ut si mei memor est, prospera uestra multiplicet.

33. – Ennodius Senario

1. Si amor pudori adquiesceret, si caritatis inpatientia uerecundiae lege teneretur, a paginalibus officiis temperarem et silentii formam uestri imitator adsumerem, non

XXXII. *hanc epist. om. A* || eugeneti : -niti *B* || **1.** ranciscere : rances- *V* || adscribi : asc- *V* || muniis *CP,b* : -nus *BVLDT*[1] -neribus *T*[2] || ab : a *CP,b* || scriptionis : scrib- *B* || adsiduitate : ass- *V* || **2.** neglegentiam : negli- *B* || adtenuetur : att- *V* || gratiae : -tia *B* || damnatis : -tes *B* || **3.** recepi : reci- *B* || pudore : pod- *B*[ac] || geminari : -nati *T*[1] || finit *add. B.*

XXXIII. *hanc epist. om. A* || **1.** silentii : -tium *T*[2] || teneretur : tenetur *L*[ac] || formam *om. VLTCP* || imitator : -tatur *B* || adsumerem : ass- *V.*

lucidité [2] en conjecturant que les présents auxquels vous refusez une rémunération [3] ne sont pas aimés et que l'arrêt d'une correspondance ne s'obtient pas plus facilement qu'en se taisant ; c'est en gardant le silence que les hommes qui exercent à la cour [4] expriment clairement ce qu'ils méprisent. **2.** Mais ta Grandeur n'est pas magnifiée par les traits des artisans [5] au point de se dérober aux yeux de celui qui aime, quel que soit le voile qui la recouvre, parce que l'esprit d'un ami perce les secrets du cœur sans que les vêtements y fassent obstacle. Que personne ne pense que l'urbanité acquise dans les forges de la cour [6] puisse dissimuler auprès des êtres chers les arcanes d'une décision secrète [7] ! **3.** Mais, je le crois, on pourrait opposer à mes plaintes la nature de votre fonction qui suffit à vous excuser : qu'il n'est pas juste de demander aux personnes occupées d'avoir les activités des oisifs ; qu'il est difficile de pouvoir s'abaisser à ces devoirs quand on est attaché au service du prince [8]. J'ai souvent entendu, il est vrai, de tels prétextes mais, je l'avoue, je ne les ai pas acceptés car, fréquemment, les désirs passent par-dessus les nécessités et, sans cesse, la peur cède à l'affection. La volonté est coupable quand elle se défend en échafaudant une excuse. **4.** Voilà donc, mon cher Seigneur, j'ai exposé, avec la salutation que je vous dois, quelles grandes souffrances j'éprouve, tout en recommandant le porteur qui nous est cher à l'un et à l'autre pour sa confiance et sa noblesse, afin que par le bienfait de votre Excellence, l'insolence de ses ennemis soit abattue, écrasée par ses propres ruses. Adieu.

34. – Ennode à Hormisdas

1. Après que, conformément à mes vœux, vos obligations [1] eurent commencé à promettre la réalisation de mon désir grâce à votre proximité géographique, vous vous êtes davantage éloigné par l'esprit et, quand vous touchez presque la Ligurie de la main, vous avez donné congé à votre parole [2]. Il fut moins permis à votre absence quand votre Sainteté était

inprouidus aestimator coniciens illa, quibus remuneratio a uobis subtrahitur, non amari nec suaderi facilius tabellarum abstinentiam quam tacendo, uiros comitatensis exercitii per linguae ferias clamare quid respuant. **2.** Sed non ita est magnitudo tua lineis quadrata fabrilibus, ut quolibet tecta uelamine amantis oculos possit effugere, quia sine obstaculo uestium penetralia respicit mens amici. Nemo aestimet quod latentis interna consilii aput caros aulicis excocta fornacibus celet urbanitas. **3.** Sed, credo, querellis meis illud ordinis uestri aptum excusationibus genus opponas : non recte ab occupatis otiosorum munia postulari, uix ad haec officia posse descendere obsequiis principalibus adhaerentes. Audiui quidem saepe talia, sed confiteor non recepi, quia frequenter necessitates desideria transcendunt et sine intermissione timor cedit affectui. Voluntas in culpa est, quae concinnata excusatione defenditur. **4.** Ecce, mi domine, quam magna doleam, cum officio salutationis adserui, perlatorem utrique carum pro fide sua et nobilitate commendans, ut beneficio culminis uestri inimicorum eius insolentia technis suis oppressa subiaceat. Vale.

34. – Ennodius Hormisdae

1. Postquam uotiua mihi necessitas uestra benificio proximitatis desiderii spondere coepit effectum, animo ad longiora transistis et, cum Liguriam pene manu contingitis, linguam feriis deputastis. Minus licuit absentiae, dum

XXXIII. **1.** inprouidus : -uide *CP,b* || aestimator : -atur *B* || subtrahitur : -etur *B* || uiros comitatensis : uiro comittat ensis *B,b* || **2.** quolibet : quodlibet *BT*[1] || sine : si *B* || respicit mens : mens respicit *D* || aput : apud *V* || urbanitas : orb- *B* || **3.** querellis : quaerillis *B* querelis *V* || occupatis : occo- *B* || descendere *B* : disc- *B* || adhaerentes : adhe- *B* || recepi : -cipi *BCP,b* || necessitates : -tis *B* || **4.** concinnata : -cinata *B* || adserui : asserui *V* || utrique : utrimque *coni. Hartel* || sua et : suauit *B*[ac] || eius *om. CP,b* || technis : tegnis *BVL* regnis *TCP,b*

XXXIV. *hanc epist. om. A* || hormisdae : -misde *LT* || **1.** uotiua : -uum *TC* || benificio : bene- *V* || coepit spondere : caepit spondere *Sirm.* || longiora : -gior *L* || contingitis : contigistis malim || linguam : linguarum *T* || deputastis : -tatis *T* || minus : munus *B.*

éloignée par de grandes distances. **2.** La conversation compensait l'impossibilité de se voir et des échanges épistolaires étaient offerts en guise de remèdes pour pourvoir à l'amitié ; grâce à ces devoirs, rien n'était perdu pour l'affection entre des gens qui vivent éloignés [3]. Mais, je crois, vous choisissez d'offrir à vos amis ce qu'il y a de plus difficile sans considérer comme un bienfait [pour moi] d'être nourri de vos entretiens lorsque vous êtes si proche. **3.** Quant à moi, puisque vous avez changé d'avis [4], je déplore mon malheur de voir que ta Béatitude n'a pas transformé en jugement ce qu'elle a suscité par des flatteries, en attribuant ce qui a précédé aux circonstances, et non à l'amour. Que notre profession se tienne éloignée, dans les relations d'amitié, d'une attitude mensongère ! Aucun travail de lime venu de nos études passées [5] ne nous a disposés à un tel artifice ; nous savons mener la concorde jusqu'à l'union pure [des âmes]. Entre des êtres chers, nous rejetons l'urbanité [6] comme des poisons. **4.** Donc, mon cher Seigneur, en recevant ma salutation, imite plutôt celui qui t'aime en cultivant la confiance par la fréquence des correspondances et en accordant, à celui qui les attend, les paroles sans fard venues du secret de ton cœur. Adieu.

35. – Ennode à Apronianus, illustre

1. Il est dans l'habitude des hommes resplendissant de mœurs éclatantes [1] de nourrir la religion de l'amitié par la culture de la correspondance afin qu'en faisant croître les germes de la sympathie par la chaleur de la conversation, l'union promise parvienne à la moisson [2]. En effet, la sagesse antique [3] a voulu que, grâce à ces devoirs, l'absence soit impuissante. C'est à bon droit que le seigneur Faustus, le plus irréprochable des hommes, exprime à votre sujet un témoignage exceptionnel. On l'admet de toute évidence, rien ne doit être mis en doute s'agissant de celui qui a reçu l'éloge d'un homme estimé. **2.** Mais à présent, en me restreignant aux limites étroites de la lettre, j'enferme la louange qui vous est due dans les profondeurs secrètes [de ma conscience] afin

sanctitatem uestram prolixa uiarum interualla tenuerunt. **2.** Pensabat confabulatio dispendia uisionis et in remediis prouisa diligentiae litterarum commercia praestabantur, per quae officia inter habitatione discretos nihil peribat affectui. Sed, credo, eligitis amicis difficiliora tribuere non putantes beneficium, si pascar in tanta uicinitate conloquiis. **3.** At ego casum meum uersa aestimatione suspiro, ne beatitudo tua retulerit ad iudicium quod exhibuit blandimentis, dum quod praecessit adscribit tempori, non amori. Facessat a nostro in amicitiis frons picta proposito, nos ad hanc fabricam nulla praecedentium studiorum lima conposuit, nudam scimus ad coniunctionem adferre concordiam. Vrbanitatem inter caros ut uenena respuimus. **4.** Ergo, mi domine, salutationem accipiens amantem tui in hac potius parte sectare, ut et culturam fidei per frequentiam sermonis inpendas et ex secreto pectoris infucata expectanti uerba concedas. Vale.

35. – Ennodius Aproniano v. i.

1. In usu est uiris morum claritate fulgentibus religionem amicitiae per culturam nutrire conloquii, ut dum gratiae germina fotu confabulationis animantur, ad messem coniunctio foederata perueniat. Per haec enim munia uoluit senior prouidentia absentiae nil licere. Merito de uobis emendatissimus hominum domnus Faustus praedicat singulare testimonium. Sine nube datur agnosci, nihil de eo dubitandum quem probatus attollit. **2.** Sed nunc ad epistulae angustias me reducens secretis debitam laudem claudo penetrali-

XXXIV. **1.** sanctitatem : scanct- *B* || **2.** uisionis : iussionis *D* || remediis : remi- *B* || praestabantur : prest- *B* || nihil *B* : nil *cett.* || conloquiis : coll- *V* || **3.** at : ad *BL*[1] || uersa aestimatione : uersa -Õ imitatione *B* || picta : ficta *V* proficta *L* || praecedentium : praeci- *B* || adferre : aff- *V* || uale *B* : *om. cett.*

XXXV. *hanc epist. om. A* || aproniano : appr- *T* || u. i. *BLV*[sl] : *om. TC,Sirm.* || **1.** uiris : -ri *B* || conloquii : collo- *V* || **2.** debitam : -tum *L.*

que les propos que l'on doit tenir à l'égard des étrangers ne vous soient pas désagréables par leur importunité. Adieu, mon cher Seigneur, recevez l'expression de mes plus respectueuses salutations ; je prie Dieu qu'il prolonge votre prospérité et qu'à moi aussi il promette d'accroître les succès de mes amis. Adieu.

bus, ne quod apud externos faciendum est, apud uos inportunitate ranciscat. Vale, mi domine, salutationem obsequentissimam accipiens, Deum precor, ut prospera uestra in longum producens mihi quoque secundis amicorum successibus spondeat auctionem. Vale.

XXXV. **2.** ranciscat : -cescat *VD* || auctionem : actionem *DT* || uale *om. T.*

NOTES COMPLÉMENTAIRES

LIVRE III

Lettre 1

1. Senator : évêque, siège indéterminé, probablement Italie du Nord ou Gaule septentrionale ; n'est connu que par cette lettre à propos du litige qui l'oppose à Ennode (*PCBE II*, p. 2024 : « Senator 2 »). D'après Martindale, il ne faut pas l'identifier avec l'évêque homonyme célébré par Ennode dans le *carm.* 2, 87, qui était sans doute évêque de Milan vers 450-451 (*PLRE II*, « Senator », p. 990).

2. L'expression *monitis exhibere* (littéralement : « accomplir par des avertissements ») est ambiguë : nous considérons que ces *monita* viennent d'un tiers. Mais ils peuvent aussi être ceux du sujet de *exhibere*. Dans ce cas, l'expression signifierait que certains n'agissent qu'à travers leurs *monita* et qu'ils ne sont vertueux qu'en paroles.

3. Le thème de l'esclave disparu (en fuite, prêté ou volé) est souvent abordé dans la correspondance d'Ennode : *epist.* 1, 7 à Faustus ; *epist.* 3, 1 à l'évêque Senator ; *epist.* 3, 19 à Faustus. Mais le cas semble exactement inverse de celui de l'*epist.* 1, 7 dans laquelle Ennode était accusé d'avoir volé deux esclaves qui s'étaient réfugiés dans une église après avoir été maltraités par leur maître. Les accusateurs avaient menacé de porter l'affaire devant Faustus Niger, le questeur du palais à Ravenne. Dans cette lettre, Ennode justifiait son attitude et demandait à son puissant ami de ne pas tenir compte de ces calomnies, affirmant que les esclaves avaient été rendus à leur maître qui, de son côté, s'était engagé à ne plus les maltraiter. Dans l'*epist.* 3, 1, Ennode affirme au contraire que des esclaves de sa propre maison (*de casa mea*) ont été « réclamés » par des gens de l'entourage de l'évêque Senator, peut-être en vue de leur affranchissement (voir note 8).

4. L'expression semble contradictoire : on ne voit pas pourquoi serait rendu à Ennode un esclave qui était resté chez lui. Il faut sans doute comprendre le verbe *reddi* dans un sens juridique « redevenir la propriété de ».

5. Sur ce sens « classique » de *meritum*, voir V. Zarini, « À la plus grande gloire de Martin ? », 2002, p. 253, note 32.

6. Victor : haut personnage présenté par Ennode comme un *sublimis et magnificus uir* (*epist.* 3, 1, 3). D'après cette lettre, le diacre de Milan lui a demandé d'intervenir auprès de l'évêque Senator pour obtenir la restitution d'un des esclaves d'Ennode retenus par Senator. Victor doit être probablement identifié avec le haut personnage homonyme de l'*epist.* 9, 8 qui confie à Ennode le fils d'un certain Paulus pour qu'il poursuive ses études (*PLRE II*, « Victor 9 », p. 1159 ; *PCBE II*, « Victor 10 », p. 2276).

7. Il est possible que cet esclave se soit réfugié dans l'église de l'évêque Senator en vue de son affranchissement puisqu'Ennode évoque la volonté du jeune esclave (« Vous avez répondu à mes prières par la sainte promesse que, même si ce jeune esclave vous sollicitait à bon droit, vous, toutefois, vous feriez passer l'affection avant vos intérêts »). Dans ce cas, l'allusion aux « lois séculières » (*legum saecularium auctoritate*) pourrait faire référence aux lois qui encadraient strictement, dans le droit romain, l'affranchissement des esclaves dans une église ou par testament d'un clerc. Quelques années après cette lettre, le premier concile d'Orléans (511) légiféra sur le sort des esclaves qui se réfugiaient dans une église par crainte de mauvais traitements : « troisième canon : que l'esclave qui s'est réfugié à l'église pour quelque faute, s'il reçoit de son maître le serment au sujet de cette faute, soit tenu de revenir au service du maître (premier canon : avoir juré sur les *Évangiles* qu'ils n'auront pas de châtiments à redouter). Mais si, une fois qu'il a été remis en vertu du serment donné par le maître, il vient à être prouvé qu'il a subi une peine pour cette faute qui est pardonnée, que le maître soit, en raison de ce mépris de l'Église et de cette violation de la foi, tenu pour étranger à la communion et à la table commune des catholiques » (voir *Les Canons des Conciles Mérovingiens (VIe-VIIe siècles)*, trad. J. Gaudemet et B. Basdevant). Les épîtres d'Ennode montrent que le concile d'Orléans a entériné une pratique solidement établie ou repris une disposition du droit civil. En effet, dès le IVe siècle, Constantin avait accordé à l'Église le privilège de donner assistance aux esclaves et même de les affranchir : la *manumissio in ecclesia* avait marqué une étape importante dans la christianisation du droit (*Cod. Theod.* 4, 7, 1 : « *de manumissionibus in ecclesia* » : *Qui religiosa mente in ecclesiae gremio seruulis suis meritam concesserint libertatem, eandem eodem iure donasse uideantur, quo ciuitas Romana sollemnitatibus decursis dari consueuit ; sed hoc dumtaxat his, qui sub aspectu antistitum dederint, placuit relaxari. Clericis autem amplius concedimus, ut, cum suis famulis tribuunt libertatem, non solum in conspectu ecclesiae ac religiosi populi plenum fructum libertatis concessisse dicantur, uerum etiam, cum postremo iudicio libertates dederint seu quibuscumque uerbis dari praeceperint, ita ut ex die publicatae uoluntatis sine aliquo iuris teste uel interprete competat directa libertas*). Le texte impérial imposait au maître de déclarer publiquement (voir *sub interpellatione publica / sub notitia*

ciuitatis) son intention d'affranchir son esclave devant la communauté réunie et en présence de l'évêque (voir *epist.* 1, 7, 4 : *sancto episcopo patre uestro praesente* et 1, 7, 6 : *sine alicuius audientiae libra* ; sur « l'audience épiscopale » dans l'Antiquité tardive, voir G. Vismara, *Episcopalis audientia*, 1937). Les exemples de *manumissio in ecclesia* sont assez rares dans la littérature tardive : Aug., *serm.* 21, 6-7 ; 356, 7 et Ennod., *opusc.* 8, le *petitorium quo absolutus est Gerontius puer Agapiti*. Dans ce dernier texte écrit sous le nom d'Agapit, Ennode évoque l'affranchissement d'un esclave, Gerontius, conduit par son maître devant un évêque.

8. L'emploi de nombreux termes juridiques (*pro iustitia*, *rectis*, *insinuare*, *iure*, *definitio*, *statuta uiolare*, *legum saecularium auctoritas*, *reus*, *aequitas*, *sententia*) donne une efficacité juridique à cette lettre qui sonne *in fine* comme une mise en demeure.

Lettre 2

1. Cette lettre de déploration a été écrite à l'occasion de la mort du frère d'Eugenes. Il s'agit sans doute de l'orateur Olybrius, comme le suppose J. R. Martindale (*PLRE II*, p. 415). Ils sont, avec Fidelis, les fils d'un avocat milanais ; l'aîné Olybrius, brillant orateur, sénateur et préfet du prétoire en 503, reçut cinq lettres d'Ennode (*epist.* 1, 9 ; 1, 25 ; 2, 4 ; 2, 9 et 2, 13). L'identification avec Olybrius est renforcée par le fait qu'Ennode ne lui adresse ensuite plus aucune lettre (*PLRE II*, « Olybrius 5 », p. 795-796). Eugenes, questeur du palais en 506 puis maître des offices, reçut dix lettres du diacre de Milan qui le présente comme un homme de culture. Eugenes était lié à Liberius, Senarius, Albinus et Agapitus, en charge à la cour de Ravenne, avec lesquels Ennode essaie d'entretenir des relations épistolaires (*PLRE II*, « Eugenes », p. 414-415).

2. Il s'agit moins d'une lettre de consolation que d'une lettre de déploration car on ne retrouve ici aucun argument traditionnel de la *consolatio* chrétienne, telle que la Résurrection (voir R. Kassel, *Untersuchungen zur Griechischen und Römischen Konsolationsliteratur*, 1958 ; P. von Moos, *Studien zur mittellateinischen Trostliteratur über den Tod und zum Problem der christlichen Trauer*, 4 vols., Munich, Wilhem Fink Verlag, 1971-1972 (*Munstersche Mittelalter-Schriften*, 3/1-4). Le genre de cette lettre est ambigu comme l'illustre l'oxymore qui définit Ennode comme un *flens consolator*.

3. Le tour *uidero, is, it...* permet au locuteur de remettre « à un autre moment ou à quelqu'un d'autre le soin d'une affaire » (Ernout-Thomas, § 268, p. 251 cite Cic., *de Or.* 2, 33 : *sed de me uidero ; nunc hoc propono* « pour ce qui me concerne, je verrai une autre fois ; maintenant... »).

4. Dans ce discours indirect, cette phrase à l'indicatif tranche avec le reste du passage au subjonctif. Nous rendons par les guillemets l'indicatif qui exprime ici une intrusion du discours direct.

5. Le parfait *fuisse* a ici la valeur d'un « aoriste gnomique » grec qui exprime une vérité d'expérience en dehors de toute considération temporelle. Il se traduit plutôt par un présent en français (voir Ernout-Thomas, § 244, p. 224).

6. Les phrases qui suivent sont une succession de sentences à valeur générale qui se retrouvent dans des florilèges médiévaux et recueils de sentences compilées au Moyen Âge (voir *codex* Vatican, Biblioteca Apostolica, Reg. Lat. 1575, XII/XIIIe s., fol. 76[r]-78[r] : « *incipiunt excerpta epistularum sancti ennodii* »).

7. Cettte périphrase désigne le frère défunt d'Eugenes. Dans ces précédentes lettres, Ennode célébrait les talents rhétoriques d'Olybrius : par ex. *epist.* 1, 1, 5 à Jean, p. 7 : « j'ai cru que personne ne parvenait à la hauteur d'Olybrius et pourtant, poursuivant rapide, tu es sur ses talons et tu le rendras heureux, c'est sûr, si tu le surpasses ».

Lettre 3

1. Fl. Anicius Probus Faustus Iunior Niger : membre éminent de l'aristocratie sénatoriale, consul (490), maître des offices (492-494), questeur du Palais (503-505/6), préfet du prétoire (509-512). Faustus est le fils de Gennadius Avienus, époux de Cynegia, père d'Avienus (cos. 502) et de Messala (cos. 506). Son épouse Cynegia est une proche parente d'Ennode (sa cousine ou sa sœur, voir *Ennode, Lettres*, I, p. XIV-XVII). Ces liens étroits expliquent l'enthousiasme d'Ennode devant l'accession au consulat d'Avienus, le fils de Faustus. Ils permettent de mieux comprendre la fréquence de ses correspondances avec Faustus et l'influence de celui-ci sur l'ascension fulgurante d'Ennode : Faustus l'a-t-il poussé dans la carrière ecclésiastique (*epist.* 1, 7, 2 à Faustus, p. 21 : *Qua me tempestate, procella inmanium peccatorum, ire ad famosum officium conpulisti* ?) ? Nous savons en tout cas que Faustus et Ennode furent les deux principales figures de la défense du pape Symmaque durant le schisme laurentien. Si cela peut se comprendre pour une personnalité du rang de Faustus, l'importance d'Ennode qui fut, à moins de trente ans, le porte-parole des partisans du pape s'explique sans doute par le rôle déterminant de Faustus dans l'entourage de Symmaque. Diplomate (il est envoyé au nom du Sénat par Théodoric en 492 auprès de l'empereur Anastase), écrivain et orateur exceptionnel (*epist.* 1, 6, 3), il met toute son influence à la cour de Ravenne au service des partisans de Symmaque et de l'évêque de Milan dont Ennode est l'intermédiaire zélé. Nous avons conservé cinquante-quatre lettres adressées à Faustus qui est de loin le premier correspondant d'Ennode (*PLRE II*, « Fl. Anicius Probus Faustus Iunior Niger 9 », p. 454-456 ; *PCBE II*, « Fl. Anicius Probus Faustus Iunior Niger 4 », p. 756-759).

2. Constantius : originaire de Ligurie, *uir illustris* à la cour de Ravenne, ami d'Ennode qui lui adressa six lettres *epist.* 2, 17 ; 2, 19 ; 2, 20 ; 3, 3 ; 4, 13 ; 5, 23 (*PLRE II*, « Constantius 15 », p. 321). Si l'on admet

que le destinaire est le même Constantius, l'*epist.* 3, 3 au questeur du palais de Ravenne, auquel Ennode recommande Constantius, semble antérieure à l'*epist.* 2, 17 dans laquelle Ennode remercie Constanstius, alors *uir illustris* à Ravenne, d'entretenir son souvenir à la cour. Elle est donc un indice supplémentaire que la collection des œuvres d'Ennode ne suit pas l'ordre chronologique (voir *Ennode, Lettres*, I, introduction, p. CXLI *sq.*).

Lettre 4

1. Le plus ancien manuscrit d'Ennode (Bruxelles, Bibliothèque Royale, 9845-9848, IXe s. = *B*) contient deux versions de l'*epist.* 3, 4 à l'abbé Stephanus, appelée B^1 et B^2 par F. Vogel, l'éditeur des *MGH*. Cette nomenclature est imparfaite puisqu'elle est utilisée, dans d'autres lettres, pour désigner, comme cela est l'usage, l'intervention de deux mains différentes. Or, les deux versions de l'*epist.* 3, 4 contenues dans *B* ont été vraisemblablement copiées par la même main à des moments différents comme l'indique l'encre plus sombre utilisée par B^2. Mais les deux versions, qui se font suite, présentent d'autres différences : la première (B^1) est incomplète puisqu'elle se termine, au milieu du texte, par l'expression *proximus est*, suivie d'une ponctuation forte, le « periodus », souvent utilisé pour marquer la fin des œuvres, alors que cette expression n'est suivie d'aucune ponctuation dans B^2. Autre différence : la première version, copiée au feuillet 55[r], est barrée par trois traits obliques et suivie par un espace vide d'un feuillet et demi. La copie reprend au feuillet 56[r] par la seconde version de l'*epist.* 3, 4 (B^2), qui est complète. La comparaison de B^1 et B^2, possible jusqu'à « *proximus est* », laisse apparaître une variante importante [studio B^1 : stimulo B^2] et six variantes orthographiques [stefano B^1 : stephano B^2 || munos B^1 : munus B^2 || exibuit B^1 : exhibuit B^2 || alicorum B^1 : aliquorum B^2 || conceperem B^1 : conceperim B^2 || acceperem B^1 : acceperim B^2]. L'ensemble des différences entre B^1 et B^2 semble indiquer que le copiste de *B* disposait au moins de deux témoins de l'*epist.* 3, 4, contenant respectivement une version courte et une version longue de la lettre. Cette interprétation confirmerait que la collection d'Ennode n'était pas fixée définitivement au moment de la copie de *B*.

2. Stephanus : abbé d'une communauté monastique non déterminée. Cette lettre exprime l'admiration d'Ennode pour Stephanus et ses frères qui vivent dans la paix (*securitas*) et qu'il qualifie à plusieurs reprises de *sancti*. Les expressions employées (*sanctorum litteras* ; *sanctorum colloquia*) rappellent les formules employées par Ennode dans son éloge de la communauté de Lérins (voir *Vie d'Antoine de Lérins*, 37 : *sanctorum exercitum*). L'*epist.* 3, 4 nous apprend que Stephanus s'est adressé au diacre de Milan à propos d'une affaire qui l'oppose à un clerc. Il le prie de plaider pour lui auprès de l'évêque de Milan. Mais Ennode le met en garde contre la vénalité des juges de Milan et lui conseille plutôt

d'envoyer un moine à Ravenne auprès du questeur du Palais. Nous possédons deux lettres d'Ennode à Stephanus, l'*epist.* 3, 4 et l'*epist.* 3, 12 qui est peut-être la lettre dédicatoire de la *Vita beatissimi Epiphanii* (*PCBE II*, « Stephanus 12 », p. 2114).

3. L'alternance du « tu » au « vous » est ici ambiguë car Ennode semble s'adresser tantôt à son destinataire, tantôt à l'ensemble de la communauté. Il est donc difficile de savoir s'il s'agit d'un pluriel de majesté ou d'un véritable pluriel. Sur l'alternance du « tu » et du « vous » dans les correspondances de l'Antiquité tardive, voir J.-P. Callu, « *Symmachus Nicomachis Filiis* (Vouvoiement ou discours familial ?) », dans *Colloque Genevois sur Symmaque à l'occasion du 1600ème anniversaire du conflit de l'autel de la Victoire*, Paris, 1986, p. 17-40 ; G. Haverling, « On the 'illogical'uos in late latin epistolography », dans L. Callebat (éd.), *Latin vulgaire, latin tardif IV*, Hildesheim-Zürich-New-York, 1995, p. 337-353 et *Ennode, Lettres*, I, p. XLII-XLV.

4. Ennode utilise le vocabulaire de la soumission et des hiérarchies sociales pour décrire la protection spirituelle assurée par l'abbé : *patrocinium, subiectio, suscepti, fouere, obsequium*... De plus, Ennode emploie les mêmes expressions pour célébrer les mérites de l'abbé et de ses correspondants de la cour (*nunquam tanti uiri apices merui (...) nunquam hujusmodi bona suscepi*). Par un renversement rhétorique, Ennode répond à la demande de défense judiciaire en demandant à l'abbé Stephanus de lui apporter son soutien spirituel.

5. L'expression, très contournée, est une nouvelle marque de déférence à l'égard de Stephanus (*...quibus meum deputastis obsequium*). L'abbé a confié l'affaire à Ennode qui n'est lui-même que soumission à son égard (*obsequium*).

6. Cette phrase est ambiguë : Ennode sous-entend-il que la justice de l'évêque de Milan, compétent pour trancher les affaires ecclésiastiques, est moins sûre que la justice civile du questeur de Ravenne ? Fait-il porter un doute sur l'impartialité de son propre évêque ?

Lettre 5

1. Cette lettre contient plusieurs échos à l'*epist.* 3, 49 de l'orateur Symmaque à Eutrope (Symm., *epist.* 3, 49 : *in graui dono* // Ennod., *epist.* 3, 5 : *graues hiatus* ; Symm., *epist.* 3, 49 : *edecumatae* // Ennod., *epist.* 3, 5, 1 : *edecumata* ; Symm., *epist.* 3, 49 : *gratias agam* // Ennod., *epist.* 3, 5, 2 : *ago tamen gratias* ; Symm., *epist.* 3, 49 : *attulit* // Ennod., *epist.* 3, 5, 2 : *attollitis* ; Symm., *epist.* 3, 49 : *talis uiri testimonio...tribueris* // Ennod., *epist.* 3, 5, 2 : *qualem uestro testimonio reddidistis* ; Symm., *epist.* 3, 49 : *commendationem* // Ennod., *epist.* 3, 5, 2 : *insinuationi* ; Symm., *epist.* 3, 49 : *dignus* // Ennod., *epist.* 3, 5, 2 : *dignam*).

2. Maximus : d'après la *PCBE*, ce correspondant n'est connu que par cette lettre et ne peut être identifié au Maximus, *uir spectabilis*, qui reçut

deux lettres d'Ennode, les *epist.* 7, 20 et 7, 21 (*PLRE II*, « Maximus 17 », p. 747 ; *PCBE II*, « Maximus 20 », 1476).

3. Le verbe *eleuare* est ambigu : « élever », « soulever » mais aussi, au sens figuré, « alléger, soulager, rabaisser » (Liv. 28, 42, 6 : *facta alicuius*, « rabaisser les exploits de quelqu'un »).

4. L'expression *intra uerecundum penetrale* peut avoir un sens métaphorique : « dans la discrétion de l'intériorité ».

5. Ce *domnus* Patricius doit-il être identifié au diacre Patricius évoqué dans l'*epist.* 9, 9, 10, comme l'affirme Vogel (voir *index nominum*, p. 358) ?

Lettre 6

1. Laurent : ce court billet est trop allusif pour permettre d'identifier le destinataire avec certitude. Toutefois, la proximité et le respect qu'Ennode exprime à son égard suggèrent qu'il s'agit peut-être de son évêque, Laurent de Milan (*PCBE* II, « Laurentius 15 », p. 1239-1242). S'il s'agit de Laurent de Milan, ce billet se rattache sans doute à l'affaire du remboursement du prêt consenti par Laurent au pape Symmaque durant le schisme laurentien, prêt dont Ennode s'est porté caution (voir *epist.* 3, 10 à Luminosus).

Lettre 7

1. Il faut sans doute identifier le prêtre Adeodat avec le prêtre romain qui apparaît, à la 48ᵉ place, sur la liste de présence du synode convoqué le 1ᵉʳ mars 499 par le pape Symmaque pour adopter un règlement des élections pontificales après la double élection de Symmaque et Laurent en 498 (voir introduction, p. VII-XIV : « le contexte historique : le schisme laurentien et ses suites (498-507) »). Il souscrit, à la 43ᵉ place, le décret défendu par Symmaque qui excommunie tout clerc préparant la succession du pontife avant la disparition du pape régnant. D'après la *PCBE II*, Adeodat « pourrait être identifié avec l'un des deux prêtres de ce nom attestés au 13ᵉ et 32 rang sur la liste de présence du concile de novembre 502 » (p. 19) qui marque la victoire définitive de Symmaque. Il écrivit à Ennode plusieurs lettres aujourd'hui perdues et reçut de lui au moins les six lettres conservées (*epist.* 3, 7 ; 6, 36 ; 7, 28 ; 8, 30 ; 9, 16 ; 9, 32). Témoignant de la proximité entre les deux hommes, ces correspondances concernent l'épitaphe de Cynegia, la femme de Faustus (*epist.* 7, 28 ; 8, 30), le séjour à Rome de Faustus, d'Avienus et de Messala (*epist.* 9, 16), le mariage d'Avienus (*epist.* 9, 32), l'échange de *codex* (*epist.* 9, 32) et plusieurs affaires indéterminées (*PCBE II*, « Adeodatus 8 », p. 19-20 ; « Adeodatus 9 », p. 20 et « Adeodatus 10 », p. 20).

Lettre 8

1. Hartell émet des doutes sur l'identité de cet Avienus qui pourrait être soit Rufius Magnus Faustus Avienus, consul en 502, fils de Faustus Niger, soit Flavius Avienus Junior, consul en 501, fils de Basilius (voir *epist.* 2, 28, note 1, p. 195). Mais le contexte des reproches amicaux adressés à Ennode à propos de la *dictio* d'Avienus (*epist.* 2, 11 à Faustus, p. 62-63) et le ton de cette lettre semblent convenir davantage au jeune consul de 502, le fils du questeur du palais Faustus, correspondant fréquent d'Ennode. Avienus naquit à Rome et fut éduqué en Ligurie où on lui enseigna « l'or de Démosthène et le fer de Cicéron » (*epist.* 1, 5, 10). Les *epist.* 2, 10-11 suggèrent-elles qu'Ennode a contribué à sa formation rhétorique ? La mère d'Avienus, Cynegia, étant une proche parente d'Ennode, le jeune homme est lié lui aussi au diacre de Milan qui célèbre l'accession d'Avienus au consulat en 502 comme la renaissance de leur famille commune (*epist.* 1, 5, 2). Avienus reçut vingt-deux lettres d'Ennode (*epist.* 1, 12 ; 1, 18 ; 3, 8 ; 3, 26 ; 3, 27 ; 3, 30 ; 3, 31 ; 5, 17 ; 6, 7 ; 6, 11 ; 6, 32 ; 7, 3 ; 7, 9 ; 7, 17 ; 7, 18 ; 8, 2 ; 8, 6 ; 8, 26 ; 8, 42 ; 9, 7 ; 9, 24 ; 9, 31). (voir *PLRE II*, « Rufius Magnus Faustus Avienus 2 », p. 192-193 ; *PCBE II*, « Rufius Magnus Faustus Avienus 2 », p. 227-8).

2. Le mot *propositum* peut avoir le sens classique de « projet », « intention » ou celui de « programme de vie » et plus précisément « mode de vie religieux » (voir G. Folliet, « Le monachisme en Afrique de saint Augustin à saint Fulgence », dans *SEA* 62, 1998, p. 295 ; A. Zumkeller, « *Propositum* in seinem spezifisch christlichen und theologischen Verständnis bei Augustinus », dans Cornelius Mayer (éd.), *Homo Spiritalis, Festgabe für Luc Verheijen OSA*, Würzburg, 1987, p. 295-310).

3. Le contexte de la lettre n'étant pas connu, il n'est pas possible de connaître avec certitude la faute d'Ennode. S'agit-il de l'affaire évoquée dans l'*epist.* 2, 11 à Faustus, le questeur de Ravenne ? Celui-ci, père d'Avienus, avait reproché à Ennode d'avoir gardé le texte de la déclamation d'Avienus ou de l'avoir diffusé sans autorisation. Ennode lui avait répondu dans l'*epist.* 2, 11 qu'il avait bien rendu le texte de cette mémorable déclamation comme le lui demandait son auteur (*epist.* 2, 11, 1-4, p. 63 : « je n'ai pas promis de renvoyer le discours qui repoussera dans l'ombre l'antique Tullius, étant donné que j'avais rendu le cahier que j'avais reçu, avec une célérité plus grande qu'il n'était approprié à mon naturel. Par souci de loyauté, j'ai négligé ce qui pouvait m'être profitable. Je n'avais alors rien gardé de cette déclamation vénérable sinon ce que ma mémoire voleuse en avait soustrait – pour le profit, à ce que je crois, de sa bonne réputation – à celui qui en demandait la restitution. Je refuse de dire quelle sorte d'extraits j'ai restitués malgré moi et quelle sorte d'extraits j'ai aimés, pour que vous n'alliez pas croire, évidemment, que vous, vous aviez dit à l'avance ce qui serait allégué par la suite sans se donner de peine. Toutefois, la compassion déjà prouvée du Seigneur Avienus, lumière sereine, qui n'en est pourtant qu'à ses

débuts, vient au secours de mes inquiétudes sur ce sujet : il m'a adressé certaines pages qu'il aurait pu garder pour lui-même, véritable pourpre de noblesse pour moi. Je l'ai conservée jusqu'à présent et j'en ai tiré éloquence et sagesse. Mais depuis que j'ai reçu l'ordre de renoncer même aux bienfaits d'autrui, je l'enverrai par le prochain porteur, sans trouver en moi, pour mes péchés, la bienveillance qui ferait qu'en bon croyant je ne refuserais pas ce qui pourrait renforcer le talent des autres, si je savais, ce qui est contraire à ma vocation, me mêler aux hommes avec précaution »).

4. À deux lignes d'intervalle, Ennode joue sur le verbe *uacare* qu'il emploie dans deux sens différents : *uacare* + ablatif : être exempt de... (*errore uacare* : être exempt d'erreur) ; *uacare* + datif : s'adonner à, se consacrer à... (*uacare officiis* : se consacrer à ses devoirs). Ce procédé contribue à l'ambiguïté volontaire qui caractérise le style épistolaire d'Ennode (voir S. Gioanni, « Les ambiguïtés de la 'religion épistolaire'dans l'œuvre d'Ennode de Pavie », dans F. Biville (éd.), *L'ambiguïté volontaire dans les textes grecs et latins,* Presses universitaires de Lyon, 2004, p. 171-186).

5. Le terme *officia* désigne ici les devoirs de l'amitié épistolaire.

Lettre 9

1. Marcellianus : ce correspondant ne doit pas être confondu avec son homonyme Marcellianus, l'évêque d'Aquilée resté hostile à Symmaque. Le destinataire de l'*epist.* 3, 9 et de l'*epist.* 3, 23 devait probablement exercer des fonctions administratives élevées à Ravenne puisqu'Ennode lui demande, dans l'*epist.* 3, 23, d'annuler le déplacement à Ravenne du *uir sublimis* Virgilius décidé par le comte des Largesses sacrées. Marcellianus pourrait avoir exercé les fonctions de questeur, au même titre que Faustus et Eugenes sans que l'on puisse préciser la date de ses fonctions (Vogel, p. 356 et *PLRE II*, « Marcellianus », p. 707).

Lettre 10

1. Sur l'expression « religion des amitiés », voir *Ennode, Lettres*, I, p. LXXIII-LXXVI : « l'apologie de la 'religion des amitiés' : *amicitia* et *concordia* épistolaires ».

2. Luminosus : ami d'Ennode qui lui confie une lettre de félicitation (*epist.* 2, 24) destinée au questeur du Palais de Ravenne, Faustus, pour avoir contribué à la victoire du pape Symmaque sur les schismatiques laurentiens. Apparu comme simple *portitor* dans l'*epist.* 2, 24, le *uir sublimis* Luminosus apparaît comme un personnage de la plus haute importance dans les relations entre le pape Symmaque, l'évêque de Milan et la cour de Ravenne. Si l'adjectif *sublimis* est générique pour désigner l'appartenance à la noblesse et, à l'époque d'Ennode, à ceux qui

exercent un pouvoir, aux élites, Ennode utilise le superlatif *sublimissimus* (*epist.* 2, 24, 1) et le qualifie de *magnitudo* et *amplitudo*, termes qui suggèrent la position élevée de Luminosus. La preuve de l'influence de Luminosus dans l'Église romaine est fournie par les trois lettres d'Ennode dans lesquelles le diacre de Milan demande le remboursement des sommes que l'évêque de Milan avait prêtées à l'évêque de Rome Symmaque pour se défendre contre l'anti-pape Laurent en allant plaider sa cause devant le roi de Ravenne Théodoric (sur cette affaire, voir *epist.* 3, 10 ; 4, 11 ; 6, 16). Il reçut une quatrième lettre d'Ennode (*epist.* 5, 11) qui lui recommande son neveu Parthenius parti faire ses études à Rome (*PLRE II*, « Luminosus », p. 692-693 ; *PCBE* II, « Luminosus 1 », p. 1336-1337).

3. Cet argument apparaît dans une lettre versifiée de Venance Fortunat au patrice et recteur de Provence Jovin (*carm.* 7, 12, vers 63-64 et 73 : « Vous voyez le temps s'écouler et ne rompez pas un long silence, vous refusez de me réconforter et vous taisez, pour ma peine. (...) Je ne vous rends pas la pareille, puisque je suis lié à vous par l'affection », trad. M. Reydellet).

4. Voir note 2.

5. Ennode veut dire qu'il s'est porté garant du prêt, comme il l'explique plus bas : « je restituerai de ma propre fortune tout ce qui a été dépensé par le saint évêque sous ma caution parce que j'ai les lettres du saint pape par lesquelles il ordonna que ce qu'il est nécessaire de faire, dût être accompli avec ma garantie ».

6. Selon Navarra, cette lettre fournit la preuve de la confiance que le pape Symmaque avait placée en Ennode dans les affaires du schisme et de la liberté d'action qu'il lui avait laissée (voir L. Navarra, « Contributo storico di Ennodio », dans *Augustinianum*, 14, 1974, p. 333 : « [Ennodio] godeva l'incondizionata fiducia di Simmaco, che per scritto gli aveva dato piena libertà d'azione, anche presso la corte ravennate, in merito agli affari della scisma : come scriveva a Luminoso, suo amico d'infanzia e « minister » del pontefice :...*litteras sancti papae habeo, quibus iussit quidquid opus esset fieri, cum mea debere securitate compleri* »).

Lettre 11

1. Ami et parent d'Ennode (*uincula caritatis et sanguinis*), Senarius occupait des fonctions à la cour de Ravenne où il fut *comes patrimonii*, *uir illustris* puis *patricius*. Les dix lettres d'Ennode qui lui sont adressées (1, 23 ; 3, 11 ; 3, 34 ; 4, 27 ; 4, 33 ; 5, 15 ; 6, 8 ; 6, 12 ; 6, 27 ; 7, 5) montrent qu'il appartenait au cercle de Faustus et qu'il était lié à plusieurs correspondants d'Ennode en charge à Ravenne, tels Liberius, Eugenes, Agapitus et Albinus. Senarius reçoit une lettre d'Avit de Vienne (*epist.* 39, p. 123-126) écrite vers 515-516 dans le contexte du schisme acacien et des négociations entre le pape Hormisdas et l'empe-

reur Anastase sur la question du monophysisme. Senarius apparaît à la fois comme un ambassadeur du roi Théodoric et un homme de confiance du pape puisque l'évêque de Vienne s'adresse à lui pour entrer en relation avec Hormisdas. Senarius est loué par Cassiodore pour sa discrétion et sa probité (*uar.* 4, 3, 3, p. 115 : *fuit quoque in te pars altera uitae laudabilis, quod arcana nostra probitate claudebas, multorum conscius, nec tamen, cum plura nosses elatus*). L'épitaphe métrique de Senarius (*MGH, aa*, XII, p. 499) vante sa rigueur morale et sa foi (*PLRE II*, « Senarius », p. 988-989 ; *PCBE II*, « Senarius », p. 2020-2021).

2. Nous suivons l'interprétation de B.-J. Schröder, *Bildung und Briefe*, p. 291 : « (...) wenn Du, Hoheit, sie <die Seele> nicht zwingen würdest, nach der <gezeigten> Sympathie <nun> zu einem <bedachten> Urteil zu kommen ». *Iudicium* a, en effet, le sens d'« examen », de « jugement » de l'esprit et non pas d'« action judiciaire », comme le pense S. Léglise qui traduit l'expression *reuerti ad iudicium* par « revenir à la stricte justice ». Dans cette épître, *iudicium* appartient donc au même champ sémantique que *ad examen reducitur* et *probari*. On retrouve une opposition semblable à la fin de l'*epist.* 3, 22 (*per iudicium / per affectum*).

3. Par son thème et sa tonalité, cette lettre rappelle beaucoup la précédente lettre d'Ennode à Senarius (*epist.* 1, 23, p. 40) qui contenait une condamnation vigoureuse du silence épistolaire et demandait de renouer les liens épistolaires.

4. L'expression *amor indebitus* est difficile à traduire : l'adjectif *indebitus* ne renvoie pas nécessairement à l'idée de gratuité, comme le propose S. Léglise (« l'amour gratuit ») ni forcément à l'idée de mérite, comme le préfère B.-J. Schröder (p. 291 : « unverdiente Liebe » : « l'amour immérité »). Il signifie seulement que cet amour n'est pas un « dû » (voir Verg., *Aen.* VI, 66-67 : *indebita regna*).

5. L'interprétation de *solum* est ambiguë puisqu'il s'agit soit de l'adjectif *solus, a, um* (*me solum* : « moi seul »), comme l'a compris B.-J. Schröder, soit de l'adverbe *solum* (« seulement), comme nous l'avons traduit.

Lettre 12

1. Sur l'abbé Stephanus, voir *epist.* 3, 4, note 2. Le sens de cette épître est peut-être donné par sa place dans le plus ancien manuscrit d'Ennode (Bruxelles, Bibliothèque Royale, 9845-9848, IXe siècle). Ce témoin, qui reproduit le plus ancien état de la collection ennodienne, fait alterner les textes de genres différents (voir *Ennode, Lettres*, I, p. CXXXVII-CLIV). C'est ainsi, par exemple, que l'*epist.* 3, 12 à l'abbé Stephanus est immédiatement suivie de l'un des deux textes hagiographiques d'Ennode, la *Vie d'Epiphane de Pavie* : on a pu s'étonner que ce texte ne contienne pas d'épître dédicatoire contrairement à l'autre texte hagio-

graphique d'Ennode, commandé et dédié à un abbé Léonce. Dès lors, faut-il considérer cette lettre comme l'épître dédicatoire de la *Vita beatissimi Epiphani* ? Il est difficile de répondre catégoriquement à cette question même si nous constatons aussi l'emploi de termes identiques entre l'*epist.* 3, 12, 1 à l'abbé Stephanus et l'épître dédicatoire de la *Vita Antoni* à l'abbé Léonce (*epist.* 3, 12, 1 : *siccitatem* labiis aestuante animo // Epître dédicatoire de la *Vita Antoni* : *siccitatem* stili ; *epist.* 3, 12, 1 : *geminantur dei* dona sperantibus // Epître dédicatoire de la *Vita Antoni* : anima *deo* nostro intenta *geminauit*). Selon cette hypothèse qui reste à démontrer, l'expression *vitae beatissimae exemplum* pourrait renvoyer à « l'exemple de la Vie très sainte » d'Epiphane, non pas à celle de l'abbé Stephanus.

2. La métaphore fluviale de la générosité divine rappelle la description des flots du Larius où se jettent les eaux de la Maira et de l'Addua. Dans les deux cas, la métaphore permet de célébrer les talents rhétoriques du correspondant (*epist.* 1, 6, 7 à Faustus, p. 20 : « Déployer les richesses de l'éloquence à propos de réalités dépourvues de mérites eut plus de prix que n'en auraient eu tous ces bienfaits de la nature (...). Cependant, que le Maître des Cieux qui vous a concédé ce pouvoir, garantisse éternellement ses faveurs (...) mieux vaut lire une Côme de votre plume que la voir »). Mais le parallèle entre les deux lettres s'arrête là : le *gurges* bénéfique évoqué dans l'*epist.* à Stephanus s'oppose radicalement au *gurges* maléfique du Larius qui provoque la mort (*epist.* 1, 6, 6 à Faustus, p. 19-20 : « Les flots du Larius sont doux aux yeux des passants, mais ils les invitent à la baignade pour leur perte. Qui pourrait dire beau un gouffre trompeur par de tels faux semblants ? Comment dirais-je habitable l'île que votre récit a présentée comme telle ? Qui n'en serait surpris ? Dans quelle île aime-t-on moins avoir la vie sauve, dans quelle île s'en être échappé a-t-il constitué une partie du danger, autour de quelle île sert-on comme nourriture aux poissons les cadavres des hommes ? Car les morts, là-bas, n'ont d'autres tombeaux que les eaux du Larius. Vous avez vanté les rivières Maira et Addua dont un gonflement, dans le lac, permet de distinguer les flots jusque là confondus : et l'on n'aurait jamais pu les distinguer, en ce lieu, sinon par le trouble de leurs eaux »). Si l'on retient l'hypothèse d'un lien éventuel entre l'*epist.* 3, 12 et la *Vita Epiphanii* (voir note 1), la métaphore fluviale pourrait se justifier par le Tessin, la rivière qui traverse Pavie, la ville du saint évêque Epiphane, à laquelle pourrait se rattacher aussi l'abbé Stephanus dont le monastère est inconnu. L'*epist.* 3, 4 suggérait déjà que Stephanus se trouve dans la région milanaise puisqu'il s'adresse au diacre de Milan qui le met en garde contre la vénalité des juges de Milan.

3. Il est difficile de traduire en tête de phrase *cui* (datif d'intérêt) qui porte sur *infundat*, mais aussi sur *conciliat* et *gignit*.

4. Voir Verg., *Aen.* IV, 635 : *fluuiali spargere lympha*.

5. Voir Cat., *carm.* 63, 74 : *animo aestuante*.

6. Contrairement au verbe *irrigare* ou à l'adjectif *irriguus* très fréquent en latin classique, le substantif *irriguitas* (« action d'arroser »,

« action de baigner ») est très rare dans l'Antiquité. Nous n'avons pas trouvé d'attestation antérieure à Ennode.

7. L'expression *ratio litterarum* n'est pas dénuée d'ambiguïté : Ennode désigne sans doute les procédés de l'écriture épistolaire de son correspondant. Mais notons que Cicéron emploie l'expression *ratio litterarum* (Cic., *Pro Font.*, II, 3) dans un tout autre sens (G. Minaud, *La comptabilité à Rome, Essai d'histoire économique sur la pensée comptable commerciale et privée dans le monde antique*, Lausanne, 2005, p. 161 : « dans l'expression de Cicéron « *Ratio litterarum confectioque tabularum* », les deux termes *ratio litterarum* et *confectio tabularum* deviennent mieux intelligibles : le premier renvoyant au classement et à l'exploitation des pièces justificatives et le second évoquant la rédaction de tablettes de fonction spécifique établies à partir de *litterae* »).

8. Ennode emploie le mot *gurges, itis* m comme un synonyme de *flumen* : voir *Vita Epiphanii, opusc.* 3, 21 : *Padani gurgitis* : « le fleuve du Pô ».

9. La réconciliation des forces contraires et la neutralisation des antagonismes naturels rappellent le verset d'Esaïe, 65, 25 : « Les loups et les agneaux paîtront ensemble, le lion mangera du fourrage tout comme le bétail ; le serpent mordra la poussière. Il ne se fera plus ni mal, ni destruction, sur toute ma montagne sainte, dit l'Eternel ». Elle se rencontre aussi dans la poésie profane, notamment dans la représentation de l'âge d'or et dans l'usage des *adynata* (voir E. Dutoit, *Le thème de l'*Adynaton *dans la poésie antique*, Paris, 1936, 177 p.).

10. Voir *supra* note 1.

11. Le terme *philosophia* était depuis longtemps utilisé par les Pères de l'Église pour désigner la religion chrétienne (Aug., *Contra Iulianum*, 4, 14, 72 : *non sit honestior philosophia gentium, quam nostra Christiana, quae una est uera philosophia*) ; mais il peut aussi désigner plus précisément l'état monastique, ce qui correspondrait davantage au mode de vie de l'abbé Stephanus (Cassiodore, *Inst.* 1, 11).

12. Ce thème majeur de la pensée monastique constitue le sujet de la lettre *Sur le mépris du monde* (*De contemptu mundi*) d'Eucher. Il est probable qu'Ennode, qui gardait de nombreux contacts avec sa Provence natale, ait eu connaissance de ce texte qui fut écrit vers 430 à Lérins et qui représente l'une des principales œuvres de la littérature ascétique. D'autres œuvres monastiques ont été consacrées à ce thème, comme le *De contemptu saeculi* de Pierre Damien (1007-1072).

Lettre 13

1. Martindale distingue cet Apollinaire (*PLRE II*, « Apollinaris 4 », p. 115) d'un autre Apollinaire contemporain (*PLRE II*, « Apollinaris 3 », p. 114), fils de Sidoine Apollinaire et de Papianilla, descendante directe d'Agricola (cos. 421), comme Ennode lui-même (H.-L. Desgranges, *Les Apollinaires. Histoire d'une famille gallo-romaine pendant trois siè-*

cles, Paris, 1937). Toutefois, il s'agit peut-être de la même personne comme le suggère une remarque d'Ennode au sujet de leur parenté (voir *epist.* 3, 13, 3 : *illa quam debes generi serenitate*). Ennode lui adressa trois lettres, les *epist.* 2, 8 ; 3, 13 ; 4, 19 dans lesquelles il le qualifie successivement de *domine mi, magnitudo uestra, frater.* On peut être frappé par le contenu très proche de l'*epist.* 2, 8 et 3, 13 qui, toutes deux, déplorent les conditions de transmission du courrier entre la Gaule et l'Italie et critiquent l'attitude des porteurs. Les trois lettres d'Ennode à Apollinaire doivent être antérieures à 507 car elles n'évoquent jamais les difficultés politiques contemporaines de la guerre entre les Francs et les Wisigoths, marquée par la bataille de Vouillé au printemps 507 et la fuite d'Apollinaire. On peut les comparer aux lettres postérieures de l'évêque Avit de Vienne à ce même Apollinaire (*epist.* 24, 36, 51 et 52), très marquées par le contexte politique qui suivit immédiatement la défaite des Wisigoths.

2. Les cinq lettres successives (3, 13 à 3, 17) sont adressées à des correspondants gaulois (Apollinaris, Promotus, Euprepia, Laconius, Stefanus). Elles pourraient avoir été apportées par un même porteur de l'entourage d'Ennode, qualifié de *perlator domesticus* dans les *epist.* 3, 13 et 3, 14 et peut-être nommé Benenatus dans l'*epist.* 3, 16 et 3, 17. Suivant cette hypothèse, il serait possible que ces lettres aient été remises au cours d'un même voyage et qu'elles aient été rassemblées dans un même *libellus*, comme ce fut aussi probablement le cas pour les quatre lettres (2, 5 à 2, 8) adressées également à des correspondants gaulois (Laconius, Pomerius, Firminus, Apollinaris).

3. Les multiples conjectures des copistes et des éditeurs montrent que le texte latin est corrompu (voir apparat critique). En l'absence d'argument définitif, nous avons retenu la conjecture de Vogel qui nous semble plus cohérente avec l'argumentation d'Ennode qui explique, dans la suite de la lettre, pourquoi il a décidé, contre ses habitudes, de limiter ses échanges épistolaires en raison de l'incurie des porteurs.

4. Littéralement : « ceux qui circulent », « ceux qui vont et viennent ». Le substantif *commeantes, ium* m. pl. est fréquent dans l'Antiquité tardive (Hier., *epist.* 3,3 à Ruffin moine : *crebra commeantium multitudo* ; Cassiodore, *uar.*, 12, 14 à Anastase : *tantis commeantium fatigatur aduentibus*).

5. Cet emploi de l'adjectif verbal se généralisera en latin médiéval : *reddenda* est ici l'équivalent d'un participe futur passif ou d'un participe présent passif (« qui devront être remis ») : « cet emploi, qui s'est surtout développé dans le latin ecclésiastique, est des plus fréquents chez saint Avit » (voir Goelzer, *Avit* p. 314).

6. Cette prudence n'est pas sans rappeler une lettre de Sidoine Apollinaire à Fauste de Riez, qui juge préférable d'interrompre leurs correspondances : « dans les circonstances présentes, (...) je pense que la conduite la plus sage et la plus salutaire (...), c'est de renoncer à prendre trop souvent la plume, (...) et de consacrer plutôt nos soins à garder le silence, en suspendant pour un temps notre échange assidu de lettres »

(*epist.* 9, 3, 1, p. 134 : *ceterum ad praesens (...) cautissimum reor (...), stilo frequentiori renuntiare dilataque tantisper mutui sedulitate sermonis curam potius assumere conticescenti*, trad. A. Loyen).

7. L'adjectif *domestici* désigne plus qu'une simple marque de confiance (voir B.-J. Schröder, p. 325 : « eines vertrauten Boten » = « un porteur de confiance »). Ennode l'emploie souvent dans le sens classique de « lié à la *domus* », « familier ».

8. L'expression *ratio diligentiae* est employée dans ce sens par Cyprien, *epist.* 20, 1, 1, p. 53 : « ce qui rend compte de l'amitié ».

9. Sur la signification politique du silence et de ses représentations, voir *epist.* 4, 12, 2, note 7 et R. Mancini, *La lingua dei dei : il silenzio dall'antichità al Rinascimento*, Vicenza, 2008.

10. Voir note 1.

Lettre 14

1. Promotus : parent d'Ennode qui n'est connu que par les correspondances du diacre de Milan. La présence de cette lettre dans un groupe de lettres adressées en Gaule (*epist.* 3, 13 – 3, 17) laisse supposer que Promotus se trouvait en Gaule, peut-être dans la région d'Arles. Hartel considère que cette lettre, comme la suivante, est adressée à la sœur d'Ennode, Euprepia. Ce choix ne s'appuie ni sur la tradition manuscrite qui destine cette lettre à Promotus ni sur le contenu de la lettre. Par ailleurs, Ennode a profité du voyage d'un ami pour lui confier cinq lettres destinées à des correspondants gaulois ; il serait surprenant que ce groupe de lettres comprît deux épîtres à Euprepia. En l'absence d'argument contraire, nous conservons donc l'attribution à Promotus, comme l'ensemble des manuscrits, Sirmond et Vogel.

2. L'utilisation de termes empruntés à la médecine (*remedia, medulla, uix respirat...*) aboutit à une personification de l'amitié, présentée comme une personne mourant peu à peu quand elle est privée d'aliment. Cette image rappelle l'*epist.* 1, 3 à Faustus dans laquelle l'absence de lettres aboutit non pas à la mort de l'amitié mais à la mort du correspondant (*epist.* 1, 3, 6 à Faustus, p. 11 : « De même qu'un poisson, sorti de l'eau, ne peut vivre privé de son environnement vital, de même, moi, si je suis privé des flots de votre entretien, je me meurs »).

3. L'expression *frequens copia paginalis alloquii*, qui est caractéristique du style abondant (*ubertas*) de la préciosité, est assez difficile à traduire (« fréquente abondance d'un entretien épistolaire »). Le terme *copia*, synonyme d'*ubertas*, peut être rendu par l'idée de « richesse ».

4. Ambroise définissait précisément l'échange épistolaire comme un *sermo absentium*, « une conversation entre absents » (Ambroise, *epist.* 66, 1 : *Pulchre admones, frater, ut epistolares fabulas, et sermonem absentium ad interpretationem conferamus oraculi coelestis, interrogans me quid significet illud Didrachmum apud Haebraeos pondere idem erat ac siclus ?*).

5. Voir Juvénal, *Satire* X, 70, p. 194 : *quo teste probauit ?*

6. Ennode utilise dans cette lettre plusieurs expressions que l'on retrouve dans l'*epist.* 3, 13 à Apollinaire : *epist.* 3, 13, 1 : *reddenda (...) possint scripta conmitti* // *epist.* 3, 14, 2 : *possint reddenda (...) scripta conmitti* ; *epist.* 3, 13, 1 : *reddenda (...) possint scripta conmitti* // *epist.* 3, 14, 2 : *animum (...) ad domestici perlatoris suspendi* ; *epist.* 3, 13, 1 : *ad domesticum perlatorem (...) uota suspendi*. Ces reprises signifient-elles que ces épîtres ont été écrites en même temps ? Ou ont-elles été rapprochées par le collecteur précisément parce qu'elles présentaient des éléments identiques ? (*Ennode, Lettres,* I, introduction, p. CXLVIII-CLI).

7. Sur l'alternance des moments d'anxiété et de joie, voir *Ennode, Lettres*, I, introduction, p. XXXII-XXXIII.

8. Sur le sens de *domesticus*, voir *epist.* 3, 13, 2 à Apollinaire, note 7.

9. Nous essayons de rendre la valeur consécutive de la relative au subjonctif par l'adverbe « donc ».

10. Peut-être un écho à Sénèque, *epist. ad Lucilium*, 10, 2, p. 65 : *Vide itaque quid de te sperem, immo quid spondeam mihi* ; « Vois donc ce que j'espère de toi, mieux, ce dont je me porte garant ».

Lettre 15

1. Euprepia : sœur d'Ennode, elle résidait à Arles (voir *epist.* 7, 8) d'où était originaire leur famille. Elle envoya son fils Lupicinus en Ligurie auprès d'Ennode pour son éducation. Ennode lui adressa sept lettres, le plus souvent empreintes de reproches : *epist.* 2, 15 ; 3, 15 ; 3, 28 ; 5, 7 ; 6, 3 ; 6, 26 ; 7, 8 (*PLRE II*, « Euprepia », p. 426-427). Il est possible que cette lettre soit la première lettre d'Ennode conservée à Euprepia. Il semble du moins qu'elle soit antérieure à l'*epist.* 2, 15 dans laquelle Ennode remerciait le Ciel d'avoir enfin reçu une lettre de sa sœur : *epist.* 2, 15, 1, p. 68 : « Par la dispensation du mystère céleste, en un seul et même temps, j'ai retrouvé l'affection de ma sœur et Lupicinus, celle de sa mère et le lien d'une double parenté a obtenu de recouvrer, après de longs intervalles, la tendresse d'une personne venue de loin. Tu as retrouvé la vie, auprès de nous, par le bienfait de ta lettre, après la disparition de l'amour dont tu étais responsable ».

2. La *pietas* désigne ici les sentiments d'affection et d'obligation qui lient des parents entre eux, en particulier un père (ou une mère) et son fils. Mais il n'existe pas en français de vocable permettant de rendre compte de la diversité sémantique de la notion de *pietas*. Nous renvoyons, pour l'évolution du mot en latin médiéval, à l'article de B. Bon et A. Guerreau-Jalabert, « *Pietas* : réflexions sur l'analyse sémantique et le traitement lexicographique d'un vocable médiéval », dans *Médiévales* 42, 2002, p. 73-88. Les auteurs antiques emploient le terme *pietas* pour désigner tantôt les relations entre proches liés par un sentiment d'affection et de respect, notamment entre parents (Cic. *Pro Plancio*, 33) tantôt

l'accomplissement des devoirs envers les dieux, un peu comme un synonyme de *religio* (Cic. *De nat. deor.*, I, 116). Comme l'écrivent B. Bon et A. Guerreau-Jalabert, « le noyau sémantique fort de *pietas* réside dans la relation de respect, d'obligation et de devoir qui lie entre eux des parents, des citoyens, et les hommes aux dieux » (p. 81). Les attestations patristiques et médiévales de la *pietas* permettent de déceler trois emplois principaux concernant : 1. la relation de l'homme à Dieu, proche de la notion de *cultus* (Saint Bernard, *Sententiae*, III, 21) ; 2. les relations entre les hommes, en particulier les parents (Raban Maur, *De uniuerso*, XV, 1) ; 3. la bonté et la miséricorde de Dieu à l'égard des hommes, qui s'apparente à la référence à la *gratia Dei* et que l'on rencontre dans les titulatures des diplômes et actes de la pratique.

3. Cette phrase pose deux problèmes : Hartel propose de restituer un adjectif démonstratif (*ea* causa) qui permettrait de rattacher cette phrase à la précédente. S'il n'est pas nécessaire d'exprimer le démonstratif dans le texte latin, il est indispensable de le sous-entendre dans la traduction. En revanche, le mot *causa* n'est pas clair : faut-il l'interpréter dans un sens générique (« l'affaire », « la chose », etc.) ou dans un sens philosophique (« la cause première [de tout comportement] ») ?

4. Sur l'emploi *posterior ab* + ablatif de comparaison, voir note 8.

5. La *concinnatio* désigne la composition d'un livre ou d'une lettre : voir Ausone, 396 : *amara concinnatio* (« tes pages acerbes ») ; Ennod., *epist.* 4, 9, 1 à Faustus : *epistularis concinnatio* (« la composition d'une lettre »). Dans le cas présent, la *praefata concinnatio* fait référence aux lignes précédentes (l'introduction de la lettre) constituées d'une succession de sentences. L'ensemble représente un véritable petit florilège sur l'importance des sentiments maternels : *Rarum est ut necessitati amor fultus necessitudine colla summittat. / Vix contingit ut serviat qui imperator est. / Semper et suo iure dominatur affectus. / Quo umquam regium diligentiae nomen inpeditur obstaculo ? / Cui libera caritas mancipatur obsequio ? / Excusationem de aliquo timore non adhibet, nisi qui animum devinctionis abiecit. / Mens quae pietati militat, etsi sint dura, principum iussa non metuit. / Nulla sunt tam barbara iura populorum, quae non reddi filio debita materna patiantur. / Quicquid in orbe gentium est, ab humanitate non discrepat. / Quicquid in mundana luce gignitur, fructus uteri requirit et seminis. / Sola nobis cum cunctis animalibus causa et sollicitudo communis est. / Cuius aestimabitur esse mens illa feritatis, quae erga curam subolis posterior ab inrationabilibus invenitur ?*

6. Euprepia incarne la mauvaise mère par excellence, celle qui ne se préoccupe pas de son enfant. En ce sens, elle incarne le comportement opposé à celui de la mère et de la sœur de Théodoric, femmes exemplaires dont Ennode trace un portrait élogieux dans le *Panégyrique de Théodoric*, *opusc.* 1, 42-43, p. 208 : *sanctam matrem et uenerabilem sororem, quae ad te diligentiae causa conuenerant, dum inter spem et metum feminea sollicitudo penderet, dum de euentu adtonitae uultus*

tui sidere pascerentur, talibus alloquiis confirmasti : « scis, genetrix, partus tui honore uniuersis nota nationibus, quod natalis mei tempore uirum fecunda genuisti (...) ».

7. Cette indication ne suffit pas à dater précisément cette lettre car nous ne savons pas exactement où se trouve Euprepia en Gaule. Quoi qu'il en soit, la lettre ne peut avoir été écrite au cours des conflits entre les rois barbares qui culminèrent de 507 à 509 : la bataille de Vouillé du printemps 507, près de Poitiers, marque l'apogée des tensions entre les Wisigoths et les Francs, soutenus par les Burgondes. Les Wisigoths furent rapidement vaincus sans avoir pu bénéficier du soutien de leurs alliés Ostrogoths qui délogèrent un an plus tard les troupes franco-burgondes devant Arles en juin 508 et annexèrent la Provence. Les frontières entre le royaume burgonde et l'Italie théodoricienne, qui s'étendait sur une bonne partie du sud-est de la Gaule, ne furent stabilisées qu'à partir de 510 (Voir B. Dumézil, *Les racines chrétiennes de l'Europe : V^e-VIIe siècles*, Paris, 2005 ; J. Moorhead, *Theoderic in Italy*, Oxford, 1992, p. 175-183 : « The Rise of the Franks » ; M. Rouche, *Clovis*, Paris, 1996 ; M. Rouche, *L'Aquitaine des Wisigoths aux Arabes, 418-781 : naissance d'une région*, Paris, 1979). Nous pensons que l'*epist.* 3, 28 est antérieure à 507 car il est peu probable qu'Ennode ait écrit après 510 une lettre très proche, par le ton comme par le thème, de sa précédente lettre à Euprepia sur l'éducation de son fils Lupicinus, envoyée vers 502 (*epist.* 2, 16).

8. La préposition *ab* + ablatif peut renforcer l'ablatif de comparaison. Cet emploi est conforme à la valeur de l'ablatif marquant le point de départ : « plus grand *si l'on part de tel point de comparaison* » (Dubois, p. 410 : « Le développement de cette locution a sans doute été favorisé par l'influence de l'hébreu qui construit de même le complément du positif (l'hébreu n'ayant pas de comparatif). Cette manière de parler est familière à Ennodius. D'où la fréquence des exemples chez les écrivains d'église en général »).

9. Allusion probable à l'affaire de l'héritage maternel de Lupicinus, convoité par des personnes malveillantes parmi lesquelles se trouve un certain Torisa : voir Ennod., *epist.* 2, 23, 1-2 à Faustus, p. 78 : « Concernant la fortune [de Lupicinus], cet homme sublime, le comte Tancila qui vous vénère, m'a fait savoir qu'il serait difficile d'obtenir de notre Seigneur le Roi qu'elle lui soit restituée. Car il affirme que toutes les maigres ressources de sa mère lui ont été disputées par Torisa ou par d'autres. Je n'avais pas d'autre aide à fournir à cet infortuné pupille sinon de porter la chose à votre connaissance et de m'acquitter du devoir d'un messager véridique ».

10. Voir Verg, *georg.* III, 241-248, p. 92 : *Omne adeo genus in terris hominumque ferarumque / et genus aequoreum, pecudes pictaeque uolucres / in furias ignemque ruunt : amor omnibus idem. / tempore non alio catulorum oblita leaena / saeuior errauit campis, nec funera uulgo / tam multa informes ursi stragemque dedere / per siluas ; tum saeuus aper, tum pessima tigris.*

11. Sur la notion de *nobilitas*, voir Chr. Badel, *La noblesse de l'Empire romain. Les masques et la vertu*, p. 380 et *sq.* ; J.-P. Callu, *Être Romain après l'Empire*, p. 284 et *sq.* Dans l'*epist.* 3, 15, le mot *nobilitas* ne désigne pas la « célébrité », comme l'a compris S. Léglise, mais la « noblesse » dans toute son acception sociale et culturelle. On se souvient en effet que les arts libéraux et plus largement la culture constituent pour Ennode un critère indispensable à la noblesse : voir *Ennode, Lettres*, I, introduction, p. LXXVI-LXXVII : « Ennode appartient à une génération qui comprend que la noblesse elle-même est « une notion changeante ». Si pour Ennode, la noblesse est affaire de sang, la naissance lui paraît insuffisante pour définir le *nobilis*. Dès 478, Sidoine Apollinaire considérait l'excellence culturelle comme un fondement des « élites » latines et comme un moyen de se distinguer des « barbares » : « Maintenant en effet qu'ont été abolis les degrés des dignités grâce auxquelles on avait l'habitude de distinguer les grands des humbles, le seul signe de noblesse sera désormais la connaissance des lettres » (Sidon., *epist.* 8, 2, 2 à Iohannes). Ennode était tout aussi conscient de la fonction sociale de l'excellence culturelle et de l'enseignement qui valorisent la naissance : « Tu vois quel immense mérite une conversation polie à la perfection ajoute aux vertus d'un homme bien né. Ce que le rayonnement du sang a donné, le travail d'un maître l'a dépassé » (Ennod., *epist.* 1, 1, 5 à Jean). (...) Ennode développe lui aussi une métaphore sociale de l'éloquence latine en présentant une *dictio* d'Avienus comme un *ostrum nobilitatis* (Ennod., *epist.* 2, 11, 3 à Faustus). L'*ostrum* est, sous l'Empire, une étoffe de pourpre qui marque la noblesse. Mais ici, le morceau de pourpre, c'est le texte de la *dictio*, ce morceau de bravoure oratoire qui établit la supériorité culturelle. Autrement dit, c'est le texte désormais, par sa qualité et sa circulation, qui tisse le lien social et donne corps à la noblesse ».

12. L'expression *dictio qua commendatus est* est ambiguë : elle désigne soit la déclamation qui a permis à Lupicinus de se faire valoir, soit la *laudatio* faite par Ennode pour recommander son neveu. La première interprétation rappellerait la déclamation du jeune Avienus qu'Ennode a célébrée puis renvoyée à son père Faustus : voir *epist.* 2, 10, 3 à Faustus, p. 62 : « s'il est en Ligurie des gens capables de juger du génie et de l'éclat littéraires, ils ont cru que vous aviez travaillé à cette déclamation qu'une intelligence déjà vénérable chez un enfant, prenant les devants sur l'âge, a portée à la perfection » ; *epist.* 2, 11, 3-4 à Faustus, p. 63 : « il m'a adressé certaines pages qu'il aurait pu garder pour lui-même, véritable pourpre de noblesse pour moi. Je l'ai conservée jusqu'à présent et j'en ai tiré éloquence et sagesse. Mais depuis que j'ai reçu l'ordre de renoncer même aux bienfaits d'autrui, je l'enverrai par le prochain porteur (...) ». Toutefois, une seconde interprétation est possible et probablement préférable : la *dictio* peut être en effet le discours de recommandation dans lequel Ennode exprime ses volontés pour le jeune homme. Suivant cette dernière interprétation que nous avons retenue pour la traduction, cette *dictio* pourrait désigner la *dictio* VIII intitulée *Praefatio dicta*

Lupicino quando in auditorio traditus est Deuterio v. s. et composée par Ennode quand Lupicinus entra dans l'auditorium milanais de Deuterius (*dictio* 8 = 69 Vogel, p. 78-80).

13. Littéralement : « avec la disposition de la Dieu », c'est-à-dire « conformément au plan de Dieu ».

Lettre 16

1. Ennode fit la connaissance de Laconius à Vienne où il avait accompagné l'évêque de Pavie Épiphane, chargé par le roi goth Théodoric d'obtenir la libération d'un grand nombre de prisonniers italiens. Les deux hommes ont probablement tissé des liens au cours de la négociation dont ils furent les protagonistes : Ennode était prédisposé, semble-t-il, à négocier avec les Burgondes en raison de ses origines familiales. Nous savons que son plus célèbre aïeul, Avit, fut élu empereur grâce au soutien des Burgondes qui entrèrent en conflit avec les Romains après la déposition d'Avit au profit de Majorien. Ce rapport entre la famille d'Ennode et le pouvoir burgonde explique peut-être sa présence au côté d'Épiphane et son rôle dans la négociation avec Laconius qui organisa finalement la libération des prisonniers (Ennod., *Vita Epiphanii*, 168-170). Ennode adressa trois lettres à Laconius : *epist.* 2, 5 ; 3, 16 ; 5, 24 (*PLRE II*, « Laconius », p. 653).

2. *Vt neque* + subjonctif ... *sed...* est l'équivalent de *ut non...* + subjonctif.

3. Dans sa précédente lettre à Laconius, Ennode regrettait déjà amèrement le silence épistolaire de son correspondant dans des termes très proches : voir *epist.* 2, 5, 1 à Laconius, p. 56 : *Volui taciturnitatem quam circa me hactenus mei inmemores seruastis imitari, sed homo lenis animorum fortium non potui aequare contemptum* ; « j'ai voulu imiter le silence que vous m'avez infligé jusqu'à présent sans vous souvenir de moi, mais, en homme doux, je n'ai pas pu égaler le mépris des cœurs fermes ».

4. L'expression est ambiguë : l'édition des *MGH*, qui donne à lire *bene natum*, comprend qu'il s'agit d'une allusion aux origines nobles du porteur : « un homme bien né » ; mais il faut peut-être lire *Benenatum* qui est un nom attesté au VIe siècle (par ex. Benenatus, évêque de Justiniana Prima en 553, etc.). Selon cette seconde hypothèse, que nous avons retenue, il faut sous-entendre le substantif *nomine* ou les participes *appellatum, nominatum, uocatum (...)*.

5. Le thème de l'esclave en fuite (*fugax*) apparaît à plusieurs reprises dans la correspondance d'Ennode : *epist.* 1, 7 à Faustus ; *epist.* 3, 1 à l'évêque Senator ; *epist.* 3, 16 à Laconius ; *epist.* 3, 19 à Faustus. Comme nous l'avons écrit dans une note précédente, les droits civils et ecclésiastiques permettaient aux esclaves de se réfugier dans une église et encadraient la restitution des esclaves à leur maître sous certaines conditions (voir *epist.* 3, 1 note 3).

Lettre 17

1. Ennode fait allusion à l'élection de Stephanus qui succéda à Rusticus sur le siège de Lyon et devint évêque vers 501 (*dignitas, honor, pontificalis auctoritas, corona uestra*). Stephanus lutta contre les hérétiques ariens et participa à leur entreprise de conversion aux côtés de l'évêque Avit de Vienne sous le règne du roi Burgonde Gondebaud. Avit lui écrivit une lettre à propos d'un donatiste originaire de l'Afrique vandale qui s'était réfugié à Lyon (Avit, *epist.* 26, *MGH*, VI/2, p. 57). Avit adressa peut-être aussi l'*epist.* 28 à un évêque de Lyon qui n'est pas nommé, sur la conversion des ariens et la possibilité pour un prêtre hérétique d'occuper une fonction dans l'Église catholique. Saint Stephanus de Lyon est fêté le 13 septembre sous le nom d'Étienne (voir D. Shanzer et I. Wood, *Avitus of Vienne. Letters and selected prose*, Liverpool, 2002, *TTH* 38, *epist.* 26 et 28, p. 302-305).

2. Sur le mot *propositum*, voir *epist.* 3, 8, note 2.

3. Littéralement : « celui qui est poussé par le pouvoir de l'affection ». L'expression *caritatis imperium* est employée également par Ruric., *epist.* 2, 17, 1 à Taurentius, p. 400 : *dummodo impleat caritatis imperium.*

4. Comparer avec Ennod., *epist.* 2, 25, 1 à Faustus, p. 79 : *iungitur quod praedicto obuias in negatione manus exhibere non potui,* « À cela s'ajoute que je n'ai pu opposer un refus à celui dont je viens de parler ».

5. *Nisi ut...* (+ subj.) introduit une subordonnée de conséquence : voir Cic., *Mil.* 55 ; Suét., *Cl.*, 35, 1.

6. Voir *epist.* 3, 16, 2 à Laconius, note 4.

7. Dans la lettre précédente, Ennode raconte que le porteur était venu en Gaule pour rechercher ses esclaves fugitifs (voir *epist.* 3, 16, 2 à Laconius : *perlatorem Benenatum hominem propter fugaces suos uenientem*).

Lettre 18

1. L'ordre des noms est assez surprenant (*Ennodius episcopo Eulalio*) : dans les adresses, l'usage consiste en effet à indiquer d'abord le nom de la personne la plus élevée en dignité. Or, si l'on considère que la *Correspondance* est antérieure à l'épiscopat d'Ennode, les épîtres sont contemporaines de son diaconat. Le nom d'Ennode « diacre » devrait donc être cité après celui de l'« évêque » Eulalius, comme c'est le cas dans l'*epist.* 4, 3 *Eulalio episcopo Ennodius.* Cette anomalie pourrait indiquer que l'ordre des noms dans les adresses ne suit pas encore de règle contraignante au début du VIe siècle, même si cette habitude semble respectée dès l'Antiquité tardive. Il faut attendre l'*ars dictanti* d'Albéric du Mont-Cassin, dans la seconde moitié du XIe siècle, pour trouver cette règle formellement exprimée : voir Albéric, *Ars dictandi*, 3, lignes 39-42, éd. F. J. Worstbrock, dans *Frühmittelalterliche Studien*,

23, 1989, p. 33-37 : *In equali uero uel nomen mittendis uel eius cui mittitur potest preponi. Tamen adtendendum est, quod nomen illius cui mittitur magis preponendum est causa dilectionis et honoris quem aliis soliti sumus impendere plus nobis.* Toutefois, l'ordre des noms pourrait aussi signifier qu'Ennode était déjà évêque de Pavie au moment où il écrit l'*epist.* 3, 18 qui serait donc postérieure à 513. Selon cette hypothèse, la présence de cette lettre dans le livre 3, qui correspond à peu près aux années 502-505, confirmerait qu'Ennode ou ses secrétaires ne sont pas responsables du classement des œuvres que nous connaissons.

2. Eulalius : évêque de Syracuse (avant 499), Eulalius avait d'abord aspiré à la vie monastique en Egypte mais il s'y était refusé en raison des monophysites. Devenu évêque, il fonda un communauté dans les environs de Syracuse, probablement à San Foca, près de Priolo Gargallo en Sicile. En 499, Eulalius accueillit Fulgence de Ruspe et son compagnon Redemptus en route vers la Thébaïde. La rencontre avec Fulgence marqua la culture spirituelle d'Eulalius qui découvrit, à ses côtés, les œuvres de Jean Cassien. Le 6 novembre 502, le nom d'Eulalius est mentionné au 3e rang de la liste de présence du concile convoqué par le pape Symmaque dans la Basilique Saint-Pierre. Au cours de ce concile, présidée par le pape, Eulalius intervint directement pour s'opposer à l'ingérence des laïcs dans les affaires de l'Église. Après avoir frappé de nullité la *scriptura* de 483 défendue par l'anti-pape Laurent, le concile adopta un règlement sur l'administration des biens de l'Eglise romaine (le *constitutum* de Symmaque) qui interdit l'aliénation de ces biens. Eulalius souscrit au 3e rang de ce *constitutum* et peut donc être considéré comme un proche partisan de Symmaque dans le schisme laurentien. Eulalius reçut deux lettres d'éloge d'Ennode (*epist.* 3, 18 et 4, 3) qui célèbrent sa sainteté, sa clairvoyance et l'efficacité de ces prières (*PCBE II*, p. 681-682 : « Eulalius 3 »).

3. Voir *epist.* 1, 9, 4 à Olybrius, p. 23 : *actuum decerpit obscenitas.*

4. L'adjectif substantivé *sudum* désigne le ciel pur, le temps serein : voir Plaut., *Mil.* 2 : *cum sudum est*, « quand il fait beau ». Dans toute son œuvre, Ennode emploie six fois l'expression *per sudum rutilans* comme une expression figée, presque proverbiale. Nous sommes donc en désaccord avec S. Léglise qui traduit cette expression par l'idée de confiance : « ce bienfait me permet de lever avec confiance les yeux vers le ciel ».

5. Nous comprenons littéralement : « Et montrez que cette chose m'échoit suivant votre volonté (*ex arbitrio*) par le témoignage de lettres fréquentes ».

Lettre 19

1. Le verbe *facere*, employé avec l'accusatif et l'infinitif passif ou l'infinitif du verbe « être », introduit un type de « proposition infinitive

qu'on pourrait appeler impérative » (Dubois, p. 464). Par exemple chez Ennod., *epist.* 1, 3, 4 : *quae ex sua fecit miseratione transferri* ; 1, 7, 2 : *de me facinus credi facis omne fallentibus* ; 1, 14, 6 : *ea indicari faciat* ; 1, 22, 3 : *denegari paginas faciat.*

2. D'après la célèbre répartition cicéronienne, les correspondances se divisent en deux genres : le premier, celui des épîtres familières, est agréable (*iocosum*) alors que le second, celui des épîtres relatives aux affaires, est austère et grave (*seuerum et graue*) : Cic., *Ad fam.* 2, 4, 1 : *reliqua sunt epistularum genera duo, quae me magno opere delectant, unum familiare et iocosum, alterum seuerum et graue.* Ennode distingue lui aussi (*epist.* 4, 28) les lettres administratives (*negotiosis paginis*), qui concernent des affaires, et les lettres de déférence (*obsequentibus paginis*) et d'amitié (*munus caritatis*). Mais il semble ici se démarquer de la tradition cicéronienne en soulignant le plaisir que procurent, entre amis, les entretiens consacrés aux affaires.

3. Le thème de l'esclave en fuite est souvent abordé dans la correspondance d'Ennode : *epist.* 1, 7 à Faustus ; *epist.* 3, 1 à l'évêque Senator ; *epist.* 3, 16 à Laconius ; *epist.* 3, 19 à Faustus. Comme nous l'avons écrit dans une note précédente, les droits civils et ecclésiastiques permettaient aux esclaves de se réfugier dans une église et encadraient la restitution des esclaves à leur maître sous certaines conditions (voir *epist.* 3, 1 note 3).

4. Il n'existe aucune autre attestation du jeune esclave Germanus.

5. *Indiculum* : au masculin et au neutre, ce terme désigne un document rassemblant des notices ou des instructions écrites (voir les *indicula* de la *collectio Avellana*, par exemple p. 513, 16 ; Horm., *epist.* 7, p. 748).

Lettre 20

1. Julianus : *uir illustris*, parent d'Ennode, Julianus est opposé à Marcellinus dans un procès pour lequel Ennode demande l'intervention du questeur de Ravenne Faustus Niger. Cette affaire est donc antérieure à la fin de la questure de Faustus en 505. Julianus reçut trois lettres d'Ennode qui le félicite pour son élévation à la dignité de *comes patrimonii* (*epist.* 4, 7 ; 4, 20) et lui répond (*epist.* 7, 1) à propos d'une affaire mettant en cause Bauto, le *regiae domus conductor.* Il reçut également une lettre de Cassiodore (*uar.* 1, 16) en septembre 508 (*PLRE II*, « Julianus 24 », p. 640-641 ; *PCBE II*, « Julianus 23 », p. 1191-1192).

2. Aucun élément ne permet d'identifier Marcellinus avec précision. Rien n'indique, en tout cas, qu'il s'agisse du futur évêque d'Aquilée dont Ennode célèbrera l'élection (voir *epist.* 5, 1 à Liberius) et auquel il écrira directement (voir *epist.* 6, 17).

3. Cette affaire illustre la corruption de certains juges dans l'Italie ostrogothique (voir aussi *epist.* 7, 1 à Julianus et M. Dumoulin, « Le

gouvernement de Théodoric et la domination des Ostrogoths en Italie d'après les œuvres d'Ennodius », dans *Revue historique* 78, 1902, p. 1-7, p. 241-265 et 79, 1902, p. 1-22).

4. Gevica : goth, présenté par Ennode comme un *inpulsor ordinatus* au tribunal de Milan, c'est-à-dire comme un avocat de la partie civile (*epist.* 3, 20 à Faustus). Il fut chargé par Marcellinus de sa défense contre Julianus, parent d'Ennode auquel le diacre de Milan apporta son soutien en demandant l'intervention directe du questeur de Ravenne Faustus (voir P. Amory, *People and identity in Ostrogothic Italy, 489-554*, Cambridge, 2007, p. 376-377).

5. Le *supplex* désigne ici le plaignant, celui qui déposait une supplique. L'une des prérogatives du questeur du Palais, Faustus en l'occurrence qui exerça cette charge de 503 à 505, était de « recevoir les suppliques » (voir Delmaire, p. 61). De nombreuses lettres d'Ennode adressées à Faustus concernent des affaires judiciaires dans lesquelles Faustus était susceptible d'intervenir (voir *epist.* 1, 7 ; 1, 26 ; 2, 23 ; etc.).

6. Le texte des manuscrits n'est pas clair : la leçon *publico iudicis* (« l'officier du juge ») semble désigner un officier public dépendant du juge, dont la fonction est incertaine (un greffier ?). Le contexte de l'affaire présentée au *forum* (qui désigne ici l'autorité judiciaire, c'est-à-dire le tribunal) suggère plutôt que le litige fut réglé devant le *publicus iudex* (« le juge public ») qui apparaît fréquemment dans les sources du haut Moyen Âge (*Marculf.*, I, 2 : *Nullus iudex publicus...*) : c'est pourquoi nous suggérons, après F. Vogel, la leçon *publico iudici*.

7. *Contestari* a sans doute ici une signification technique : littéralement « prendre à témoin », puis « commencer un débat judiciaire ». L'expression *litem contestari* ou *litis contestatio* (en ancien français *litiscontester*) signifie « engager un procès » en latin juridique. Elle est attestée dès l'Antiquité (Cic., *pro Flacco*, 11 ; Gaius, III. 180, IV. 114 ; Dig., 28. tit. 1. s. 20 ; Ulp., *Frag.* xx. s. 9).

8. Trasemundus : *uir illustris*, parent du roi de Ravenne Théodoric (*epist.* 4, 10, 1 : *regiae stirpis germen*), il occupa sans doute une haute charge à la cour (*epist.* 4, 10, 1 à Trasimond : *culmina sua*). Il reçoit une lettre, aujourd'hui perdue, de Julianus l'informant de ses démêlés judiciaires, à Milan, contre Marcellinus et son avocat Gevica (*epist.* 3, 20 vers 504). Après avoir raillé sa frilosité dans cette affaire (*epist.* 3, 20, 2 à Faustus : « [Julianus] ne put rien tirer d'un homme qui ne trouve pas d'autre remède, dans une affaire misérable, que de se cacher »), Ennode lui adressa directement une lettre au sujet d'une autre affaire indéterminée (*epist.* 4, 10 vers 505 : *ad aliqua suggerenda*). Les termes employés par Ennode à son sujet (*piissimus dominus*) suggèrent, d'après P. Amory, que Trasemundus était catholique (*PLRE II*, « T(h)rasimundus 2 », p. 1117 ; P. Amory, *People and identity in Ostrogothic Italy, 489-554*, Cambridge, 2007, p. 459-460).

Lettre 21

1. La *concinnatio* ne désigne pas seulement un « préambule », comme le traduit S. Léglise, mais une « composition » qui suppose une recherche littéraire, stylistique ou rythmique, et qui se caractérise souvent, chez Ennode, par une succession de sentences dont le meilleur exemple est la *praefata concinnatio* de l'*epist.* 3, 15, 1-3 : sur le sens de *concinnatio*, voir *epist.* 3, 15, 3, p. 85, note 5.

2. Vitalis : *uir sublimis*, connu uniquement par l'*epist.* 3, 21 à Faustus. Ennode nous apprend qu'il est entré au Sénat accédant ainsi au rang de *uir illustris* grâce au soutien de Faustus. Il obtint d'Ennode une lettre de recommandation pour accéder à la cour de Ravenne (*PLRE II*, « Vitalis 3 », p. 1177).

3. Le terme *curia* semble indiquer que le *consortium sacri collegii* n'est autre que le Sénat. Selon cette interprétation, le *sacrum collegium* de l'*epist.* 3, 21 n'a rien à voir avec le *uenerandum collegium* évoqué par Ennode dans une autre lettre à Faustus qui désigne la communauté chrétienne de Ligurie au nom de laquelle s'exprime le diacre de Milan (voir *epist.* 1, 20, 4 à Faustus, p. 37 : *uenerandi collegii per totam Liguriam consistentium seruorum et amicorum dei ;* « l'ensemble du vénérable collège des serviteurs et amis de Dieu établis dans toute la Ligurie »).

4. La *Libertas* désigne la liberté que rend possible l'état de droit. Le Sénat est le « sanctuaire de la liberté » dans la mesure où il est une institution majeure de l'élaboration du droit romain et de la *Romana libertas* dont le règne de Théodoric incarne la continuité. Le témoignage d'Ennode nous apprend que Théodoric s'intitulait *dominus libertatis* (*epist.* 4, 26, 1 à Eugenes). Dans l'*epist.* 9, 30 au pape Symmaque, qui contient plusieurs thèmes du *Panégyrique de Théodoric*, Ennode célèbre l'action politique du roi de Ravenne qui a rendu la *libertas* au Sénat (*epist.* 9, 30, 3-4 à Symmaque : *Deo gratias principe loco, et tota epistulae concinnatione referamus, quia in societatem capitis sui aliquando Romana membra coierunt. Iustum erat, ut et beatus Petrus apostolus sedi suae ecclesias et senatui liberiori per Dominum partes debitas reformaret*). Sur le concept de *libertas* dans l'œuvre d'Ennode, voir J.-P. Callu, « *Être Romain après l'Empire* », dans *Identità e Valori, Fattori di Aggregazione e Fattori di Crisi nell'Esperienza Publica Antica*, A. Barzanò *et alii* (edd.), Roma, 2001, p. 295 : « De ce statut théoriquement inchangé le Sénat s'avère l'incarnation par excellence. À dire vrai, l'institution tend à s'approprier le concept de *Libertas* ; d'où des métaphores d'ordre religieux, politique ou affectif : outre *libertatis penetralia, genius libertatis, aula libertatis, libertatis gremium* ; d'où même le trope *cana Libertas*, les membres chenus de la Curie animant de leur être une abstraction qui recouvre des patrimoines, des honneurs, une sorte, enfin, de participation, sans cesse remodelée par la dialectique avec le *dominantis arbitrium* » ; voir aussi S. J. B. Barnish, « Liberty and

advocacy in Ennodius of Pavia : the significance of rhetorical education in late antique Italy », dans P. Defosse (éd.), *Hommages à Carl Deroux*, 5, Bruxelles, 2003, p. 20-28 (*collection Latomus*, 279).

Lettre 22

1. Constantinus : cet ami d'Ennode, porteur occasionnel de cette lettre à Faustus, n'apparaît que dans cette épître.

2. On retrouve une opposition semblable dans l'*epist.* 3, 11, 1.

Lettre 23

1. Sur Marcellianus, voir *epist.* 3, 9, note 1.

2. Voir Prudence, *psycho.*, *praef.* 17 : *pollens honore patruelis gloriae.*

3. D'après sa traduction (« Les hommes de cœur et de haute considération se plaisent à obliger »), S. Léglise interprétait *beneficiorum* comme le complément d'*affectus* et considérait à part le groupe *pollens honore.* Mais cette construction est contraire aux habitudes d'Ennode qui emploie toujours le mot *honore* avec un complément du nom (*epist.* 1, 5, 7 : *honore senis* ; 1, 12, 5 : *salutationis honore* ; 1, 24, 3 : *honore salutati* ; 2, 19, 1 : *triumphi honore* ; 8, 11, 1 : *laudis honore*, etc.).

4. Virgilius : *uir sublimis*, visiblement âgé vers 505 ; cet ami d'Ennode, qui n'est connu que par cette lettre, résidait à Milan avant que le comte des Largesses sacrées ne lui donnât l'ordre de se rendre à Ravenne pour répondre de son comportement. On ne sait pas si la requête d'Ennode demandant à Marcellianus d'annuler ce déplacement fut satisfaite et si Virgilius dût effectivement se rendre à Ravenne (*PLRE II*, « Virgilius », p. 1171).

5. Le comte des Largesses sacrées : fonctionnaire créé par Constantin pour gérer le trésor impérial. À partir de 326, les Largesses impériales furent placées sous la responsabilité du comte des Largesses sacrées (*comes sacrarum largitionum*), pour leur partie publique, et du comte de la *res privata* (*comes rei privatae*) pour les distributions privées. Ces fonctions furent conservées à la cour de Ravenne où fut institué, au début du VIe siècle, un troisième comte financier, le comte du patrimoine (*comes sacri patrimonii*). Les premières attestations du comte du patrimoine, probablement créé par Théodoric, se trouvent dans la *Correspondance* d'Ennode (voir *epist.* 4, 7 ; 7, 1) ; sur l'activité des comtes des Largesses sacrées, voir R. Delmaire, *Largesses sacrées et* res privata. *L'*aerarium *impérial et son administration du IVe au VIe siècle*, Rome, 1989, (*CEFR*, 121), p. 25-91 : « Les comtes financiers. Les fonctions et leur évolution » et R. Delmaire, *Les Institutions du Bas-Empire romain de Constantin à Julien, tome 1, Les institutions palatines*, Paris, 1995, 119-147.

Lettre 24

1. Mascator : ami et peut-être « parent » d'Ennode (voir note 5) qui lui écrivit deux lettres (*epist.* 3, 24 et 9, 20). Il est présenté comme un homme savant (*doctus homo*) et un membre de la cour (*homo palatii*). Ennode lui demande d'intervenir pour l'assistance des pauvres et des fidèles tombés en esclavage pour dette afin de les aider à retrouver leur condition d'hommes libres (*PLRE II*, « Mascator », p. 733 et *PCBE II*, « Mascator 1 », p. 1428).

2. Divinité particulière à chaque homme, le *genius* partageait sa destinée, ses moments de joie et ses tristesses. C'est pourquoi on le rencontre souvent comme un synonyme des expériences vécues, de « l'inspiration » ou du « plaisir » (voir Pers., 5, 151 : *indulgere genio* : « se livrer à son plaisir » ; Plaut., *Persa* 263 : *genio suo multa bona facere*, « se donner du bon temps » ; Plaut., *Aul.* 724 : *genium suum defraudare*, « se priver de tout plaisir »). Toutefois, *genius* pourrait être employé ici dans un sens plus générique et désigner ce qui fait qu'un homme est ce qu'il est, c'est-à-dire « son propre génie », « sa nature », « sa personnalité ». Il faudrait traduire alors : « L'amitié sans fard de votre cœur m'a paré d'une nouvelle nature ».

3. Il est très difficile de rendre en français la virtuosité lexicale d'Ennode qui explore, avec un grand souci de *uariatio*, le vocabulaire de l'obéissance (*parere, oboedientem, obsequente, obtemperante, obsequiis*, etc.) et de l'ordre (*coactus, inpacta necessitate, iussus, imperio*, etc.).

4. Sur la notion de *rusticitas* dans les théories rhétoriques de l'Antiquité latine, voir R. Müller, *Sprachbewußtsein und Sprachvariation im lateinischen Schrifttum der Antike*, Munich, 2001 (*Zetemata*, 111), cap. 1 : « *sermo rusticus* ».

5. Probable jeu de mot sur *in parente*, le mot *parens* désignant à la fois « celui qui obéit » (le participe présent du verbe *pareo*) et « le parent » (le substantif *parens, entis*). Dans une lettre où apparaissent de nombreux termes latins exprimant l'obéissance, ce jeu de mot ajouterait une information intéressante sur les relations entre Mascator et Ennode qui pourrait être son « parent ».

6. Si l'on en croit Ennode, son existence serait divisée en deux périodes distinctes (un « avant » et un « présent ») qui entretiennent l'idée d'une rupture, d'un renoncement à la culture profane au moment du choix de la cléricature : « (...) il y a longtemps que l'amour de l'oraison m'a éloigné des figures oratoires et que je ne peux me laisser accaparer par les fleurs de la rhétorique, moi que le cri du devoir appelle aux plaintes et aux prières (*epist.* 1, 16, 4 à Florianus). La confrontation entre ces deux périodes est formulée explicitement dans l'*epist.* 2, 6 à Pomerius : « Si jadis (*quondam*), quand je me délectais encore des études libérales toutes nouvelles pour moi, quelqu'un m'avait touché d'un tel coup de dent, j'aurais préparé soit une réplique adaptée pour me

justifier soit une objection dont je n'aurais pas eu à rougir. Mais à présent (*nunc*), salut, mon cher Seigneur, et, à mon égard, joue plutôt le rôle de défenseur de l'enseignement de l'Église (*epist.* 2, 6, 5 à Pomerius) ». Ennode aurait en quelque sorte rompu avec son passé de rhéteur, comme le laisse entendre l'incompatibilité entre sa *professio* et les études littéraires : il écrira plus tard à son élève Arator qu'il déteste le nom même des arts libéraux (*epist.* 9, 1, 4 à Arator : *ego ipsa studiorum liberalium nomina iam detestor*) et refusera à sa parente Camilla d'instruire son fils dans les arts libéraux en invoquant le fait que l'enfant est déjà engagé dans l'Église (*epist.* 9, 9, 1-2 à Camella : *properantes ad se de disciplinis saecularibus salutis opifex non refutat, sed ire ad illas quemquam de suo nitore non patitur. (...) Erubesco ecclesiastica profitentem ornamentis saecularibus expolire*). Son attitude exprime donc une rupture entre lettres profanes et chrétiennes, même si Ennode continue d'écrire suivant les canons rhétoriques traditionnels (voir *Ennode, Lettres*, I, introduction, p. LVIII-LXVII).

7. Selon Sénèque, les « études libérales » sont les sciences dignes de l'homme libre car elles ne servent pas à gagner de l'argent mais à libérer l'esprit (Sen., *epist.* 88 ; voir aussi Cic., *Arch.* 4 ; *inu.* 1, 35 ; *de orat.* 3, 3, 127 ; *Tusc.* 2, 27). Définies par les pédagogues antiques comme les disciplines préparatoires à l'étude de la philosophie, les *bonae artes* désignent, à la fin de l'Antiquité, la matière principale des études. Leur liste fut établie par Martianus Capella, vers 420, dans les *Noces de Mercure et de Philologie*. Au nombre de sept, elles furent classées dans un ordre qui fut conservé tout au long du Moyen Âge : grammaire, rhétorique, dialectique, arithmétique, géométrie, musique, astronomie. Contemporain d'Ennode, Boèce réunit les quatre dernières dans le *quadriuium* (arts du nombre) alors que les trois premières formèrent le *triuium* (arts de la parole). L'orateur Symmaque célèbre les *bonae artes* comme les « semences de la gloire » et comme les « mères des honneurs » (voir Symm., *epist.* 1, 20, 2).

8. *alueo copiosi fluminis* : le souvenir du fleuve abondant de l'éloquence, qui symbolise ici l'étude des arts libéraux, se traduit sans doute par un discret écho virgilien, au moment de l'arrivée d'Enée sur le cours enchanteur du Tibre survolé d'oiseaux diaprés et chantants : voir Verg. *Aen.*, 7, 33 : *fluminis alueo*. Ce souvenir se termine sur une autre image, la « goutte de l'éloquence », empruntée à la poésie de Paulin de Nole (*carm.*, 21, 691-692 : *gutta eloquii tenuis*, « la goutte de sa subtile éloquence » qui se transforme à son tour, chez Paulin, en un fleuve qui est celui de la doctrine chrétienne (voir *carm.* 21, 391-395 : *sed et haec mihi gutta / eloquii tenuis, quo te loquar, inde profecto / ducitur, unde etiam fluuiis exundat origo. / Nam quis uel modico te, summa potentia summi / Christe patris, fari sine te queat ?* »). Mais la comparaison avec Paulin s'arrête là : alors que Paulin développe l'image du fleuve de l'éloquence, Ennode s'en tient à l'image du cours d'eau presque asséché qui se traduit encore, dans les phrases suivantes, par une succession de prétéritions et un éloge du silence.

9. *gutta eloquii* : voir note précédente.

10. Cet *alter usus* n'entraîne pas le rejet absolu de la culture profane : dans l'*epist.* 1, 9, 4 à Olybrius, Ennode évoque plusieurs *exempla* mythologiques en précisant qu'il est possible d'« évoquer les exemples des anciens pour en faire un nouvel usage (*nouellum usum*) ». Il ne s'agit donc pas de rejeter la culture païenne mais d'en condamner tout « usage » qui ne soit pas soumis à la finalité chrétienne. Cette conception permet de comprendre la distinction entre une « bonne » et une « mauvaise » éloquence qui est exposée dans l'*epist.* 1, 6 à Faustus dans laquelle Ennode prend le contre-pied d'un texte de Faustus qui avait fait une description émerveillée du lac de Côme (voir *Ennode, Lettres*, I, introduction, p. LX-LXIV).

11. Les « cothurnes » sont des chaussures hautes à l'usage des acteurs tragiques : ils s'opposent aux *socci* (les brodequins utilisés par les acteurs comiques) parce qu'ils sont montés sur une épaisse semelle de bois qui grandit les personnages (Hor., *ars* 280 : *Aeschylus (...) docuit magnumque loqui nitique cothurno* ; « Eschyle enseigna à parler d'une voix puissante et à monter sur le cothurne », trad. F. Villeneuve). Par extension, le substantif *coturnus* s'applique au style sublime de la tragédie (Quint., *inst.* 10, 1, 68 : *grauitas et coturnus et sonus Sophocli* ; « la gravité, le cothurne et le ton de Sophocle », trad. J. Cousin). Sidoine Apollinaire utilise cette expression lorsqu'il célèbre « ceux que le style sublime de l'éloquence latine a rendus célèbres » (*epist.* 2, 9, 4 : *hi coturno Latiaris eloquii nobilitabantur*).

12. S. Léglise comprend différemment l'expression *aut taciturnitate aut scriptione multiplici* : « selon que vous y ferez une réponse plus ou moins longue ».

Lettre 25

1. Sur Eugenes (ou Eugenetes), probablement frère d'Olybrius et fils d'un avocat milanais, questeur du palais en 506 puis maître des offices, voir *epist.* 3, 2 note 1.

2. Pour le sens métaphorique de *partes, ium* f. pl. (rôle, tâche, fonction), voir Cic., *de or.* 2, 15 *transactis meis partibus*, « mon rôle étant achevé ».

3. *In me desiderium tuum* : S. Léglise comprend exactement le contraire : « les sentiments que provoque en moi le désir que j'ai de vous ». Si la construction grammaticale ne rend pas impossible cette interprétation, le sens global de la lettre perdrait de sa cohérence. En effet, comment Eugenes pourrait-il justifier le désir qu'Ennode éprouve pour lui ? Il est plus logique de considérer qu'Ennode demande à son correspondant quels sont ses sentiments envers lui.

Lettre 26

1. Sur Avienus, voir *epist.* 3, 8, note 1. Il faut rapprocher ce billet de l'*epist.* 1, 5 à Faustus, qui constitue un véritable panégyrique d'Avienus, et surtout de l'*epist.* 2, 11 à Faustus dans laquelle il fait l'éloge d'une déclamation d'Avienus. Cette déclamation a-t-elle un rapport avec les *scripta* dont Ennode félicite Avienus dans l'*epist.* 3, 26 ?

2. Sur l'expression *adesse partibus tuis*, voir *epist.* 3, 25, 2 à Eugenes, note 2.

3. Ces écrits désignent sans doute les déclamations reçues d'Avienus : Ennode avait loué ces productions, « véritable pourpre de noblesse », dans une lettre à Faustus Niger, le père d'Avienus (*epist.* 2, 11, 3-4 : « Avienus, lumière sereine, qui n'en est pourtant qu'à ses débuts, (...) m'a adressé certaines pages qu'il aurait pu garder pour lui-même, véritable pourpre de noblesse pour moi. Je l'ai conservée jusqu'à présent et j'en ai tiré éloquence et sagesse »). Selon cette hypothèse, l'*epist.* 3, 26 pourrait être antérieure à l'*epist.* 2, 12 puisqu'Ennode précise, dans cette dernière, qu'il renverra immédiatement ces écrits comme cela le lui a été ordonné (*epist.* 2, 11, 4, p. 63 : « depuis que j'ai reçu l'ordre de renoncer même aux bienfaits d'autrui, je l'enverrai par le prochain porteur... »).

4. Cette incise doit sans doute être mise en relation avec la carrière d'Avienus puisque celui-ci fut consul à Rome en 502. Cette indication signifie-t-elle que la lettre est contemporaine de son consulat ?

Lettre 27

1. Sur Avienus, voir *epist.* 3, 8, note 1.

2. La ponctuation adoptée par les éditeurs pose problème puisqu'il n'y a pas de proposition principale dans la phrase « *sin ... sententiam* ». Nous proposons donc de remplacer la ponctuation forte, après *sententiam*, par une ponctuation faible.

3. Cette expression rappelle une formule de Térence, *Adelphes*, II, 3, 219 : *si de tuo iure concessisses paululum (...)* ; « si tu avais un peu relâché de tes droits ».

4. Sur l'expression *uilitate sui*, voir Cassiodore, *uar.* 5, 16, 3 à Abundantius : *haec enim tantum sunt quae ad taxationem uocentur, cetera uilitate sui non indigent aestimari.*

Lettre 28

1. Sur Euprepia, la sœur d'Ennode résidant en Gaule, voir *epist.* 3, 15, note 1.

2. L'adjectif possessif de la première personne du pluriel est ambigu : le pluriel de majesté *nostram* s'oppose au pluriel de majesté *uestram*. Mais il peut être interprété aussi comme un véritable pluriel car Ennode évoque à la fois son incapacité et celle de sa sœur à s'exprimer franchement.

3. Allusion probable aux porteurs occasionnels qui sont souvent peu soucieux du transport du courrier et parfois responsables de la perte des lettres (voir *epist.* 3, 15, 3 à Euprepia : « tu as même refusé [à Lupicinus] des correspondances alors que, grâce à Dieu, la paix a été solidement consolidée entre les maîtres de nos régions » ; voir aussi *epist.* 3, 13, 2 à Apollinaire : « Des personnes particulièrement méprisables saisissent l'occasion de tirer profit de tout ce que nous offrons à l'affection et il est insupportable [de voir] que la cupidité dicte sa loi à ce qu'exige un amour intense. C'est pourquoi j'ai décidé de m'abstenir d'écrire jusqu'à ce que je trouve un porteur domestique de peur que la preuve de mon amitié, gâchée par des porteurs négligents, ne se dégrade à cause de l'incurie d'autrui »).

Lettre 29

1. Sur Eugenes (ou Eugenetes), probablement frère d'Olybrius et fils d'un avocat milanais, questeur du palais en 506 puis maître des offices, voir *epist.* 3, 2 note 1.

2. Littéralement : « sont au service des gages des sentiments ».

3. De nombreux manuscrits (voir apparat) ont remplacé le groupe de mots *uiua uice* par l'expression, plus fréquente, *uiua uoce*. Le témoignage des manuscrits carolingiens confirme la *lectio difficilior* (*uiua uice*) dont le sens est plus cohérent (« d'une manière vivante »). En effet, la conversation épistolaire, qui reproduit une fiction d'oralité, a précisément pour fonction de remplacer la conversation *uiua uoce*.

4. Deux constructions sont possibles : on peut interpréter le groupe *dulci simulacro desideriis obsequente* comme un ablatif absolu à valeur causale (« puisque ce doux simulacre se plie à nos désirs ») ou comme un complément du verbe *gratulatur* (voir notre traduction).

5. Il n'est pas possible d'identifier précisément ces lettres. En effet, dans l'*epist.* 4, 30 à Eugenes, Ennode écrit que ses « premières lettres ont apporté la réalisation de son espérance », c'est-à-dire qu'il a enfin reçu une réponse de son correspondant. Cette précision suggère que l'*epist.* 3, 2, dans laquelle Ennode évoque « celui que le bonheur a parfois uni à moi grâce à l'harmonie de nos volontés », est probablement postérieure. Les lettres à Eugenes ne seraient donc pas nécessairement classées dans un ordre chronologique.

Lettre 30

1. Le sens global de la lettre montre qu'Ennode est plus surpris qu'admiratif. Sur le sens de *miror*, nous sommes donc en désaccord avec S. Léglise qui traduit : « j'admire en vérité qu'au miel de votre grandeur se mêle de l'amertume ».

2. Voir *epist.* 1, 9, 1 à Olybrius, p. 23 : *fauos loqueris.*

3. Sur Avienus, voir *epist.* 3, 8, note 1.

4. Toute cette lettre repose sur l'antithèse domination/soumission qui se traduit par l'opposition entre les hautes fonctions du consul (*magnitudinis, dominandi, sublimius, culmina, fascibus*) et la soumission par l'amour (*subicit, subtrahitur, seruituti, humilis, subiacere*). Cette antithèse atteint son paroxysme dans l'oxymore *culmina a iugo* qui se trouve exactement au centre de la lettre. Une interprétation politique pourrait suggérer qu'Ennode exige la soumission de tout pouvoir civil à l'amour chrétien (*amor, diligentia, caritas*) et, par voie de conséquence, à l'Eglise. Cette lettre illustrerait ainsi la fidélité d'Ennode à la doctrine gélasienne qui exprimait la distinction radicale entre les deux pouvoirs (la *potestas* civile et l'*auctoritas* ecclésiastique) et qui justifiait la soumission du pouvoir civil au pouvoir de l'Église (voir Gélase Ier, *Lettre 12 à l'empereur Anastase*, 2-3, p. 349-350 : « Il y a deux principes, Empereur Auguste, par qui ce monde est régi au premier chef : l'autorité sacrée des pontifes et la puissance royale, et des deux, c'est la charge des prêtres qui est la plus lourde, car devant le tribunal de Dieu, ils rendront compte même des actions des rois. Vous savez, magnanime empereur, que votre dignité surpasse celle des autres princes de la terre ; néanmoins vous êtes obligé de vous soumettre à la puissance des ministres des choses sacrées ; car c'est à eux que vous vous adressez pour demander quelles sont les sources de votre salut, et les règles que vous devez suivre pour recevoir les sacrements et disposer des choses religieuses. Les évêques persuadent aux peuples que Dieu vous a donné un souverain pouvoir sur les choses temporelles, et ils les soumettent à vos lois ; en retour, vous devez obéir avec une entière soumission à ceux qui sont destinés à vous distribuer les divins sacrements. Si les fidèles doivent suivre aveuglément les ordres des évêques qui s'acquittent dignement de leurs fonctions, à plus forte raison doit-on se rendre au jugement du pontife de Rome, que Dieu a établi le premier des évêques, et que l'Église a toujours reconnu pour chef suprême »). Sur cette question fondamentale, voir notamment *Histoire du christianisme*, t. 3, partie 1, chap. 4 : « L'incompréhension croissante entre l'Orient et l'Occident (451-518) » par C. Fraisse-Coué, p. 147-196 ; F. Dvornik, « Pope Gelasius and Emperor Anastasius I », dans *Byzantinische Zeitschrift*, n°44, 1951, p. 111-116 ; M. Pacaut, *La théocratie. L'Église et le pouvoir au Moyen Âge*, Paris, 1989[2].

5. Avienus, le fils de Faustus Niger, accéda au consulat en 502 (voir l'*epist.* 1, 5, 2 à Faustus qui constitue un panégyrique du jeune consul :

« Un tout jeune consul, restaurant les faisceaux anciens, s'est mis à briller et a rouvert les portes décrépites de nos dignités par sa ferme impulsion »).

Lettre 31

1. Sur Avienus, voir *epist.* 3, 8, note 1.

2. Le sens des particules adversatives (*tamen*, *autem*, *at*...) s'est beaucoup affaibli chez Ennode. Elles servent le plus souvent à passer d'un fait à un autre comme de simples particules de transition (voir Dubois, p. 482, §2).

3. On retrouve une image semblable dans Ennode, *epist.* 2, 7, 1, p. 58-59 : *itinera aperienda falce doctrinae*, « les chemins qu'il faut se frayer avec la faux de la doctrine ».

4. Il s'agit ici des *officia* oratoires qui concernent aussi l'éloquence épistolaire mais qui ne se réduisent pas aux règles de composition formelle de l'épître. Les *officia* oratoires édictés par Cicéron (instruire, plaire, toucher) sont mis au service de la finalité ultime de la rhétorique chrétienne dont Augustin a opéré la synthèse dans le *De Doctrina Christiana*. Voir introduction, p. XVII-XXII : « Éthique et société : la *cura epistularis* d'Ennode ».

5. Comme il le fait ailleurs (*epist.* 1, 3 ; 2, 7, *dict.* 21, etc.), Ennode expose une conception de la rhétorique qui lie étroitement l'éloquence et la vérité : la parole oratoire doit être « simple ». Mais cette doctrine n'est pas contradictoire avec la complexité de l'écriture ennodienne. En effet, l'éloge de la simplicité n'est pas celui d'une clarté formelle mais celui d'un contenu en adéquation avec la foi chrétienne. La « simplicité », ce n'est pas la « facilité », c'est la « sincérité » et « l'honnêteté ». Cette conception est directement héritée de la réflexion augustinienne sur la rhétorique (livre IV du *Doctrina Christiana*) à laquelle Ennode est particulièrement fidèle : voir B. Bureau, « Ennode de Pavie adversaire de 'Quintilien'. Éthique et éloquence autour de la controverse *liberi parentes alant aut uinciantur* » (Ennod., *Dict.* 21, Ps. Quint. *Decl. Maior.* 51) », dans M. Ledentu (éd.), *Parole, Media, Pouvoir dans l'Occident Romain, Hommages offerts au Professeur Guy Achard*, Lyon, 2007, p. 155-157 : « l'orateur chrétien idéal selon l'évêque d'Hippone ne peut se fixer d'autre but que celui de persuader la vérité, et, s'il doit déployer tous ses efforts pour y parvenir, la réussite de son discours ne résidera pas dans sa perfection formelle, mais dans l'obtention de ce but. (...) Cette propension naturelle du vrai à convaincre, émouvoir et charmer, donc à assumer les trois fonctions de l'orateur, entraîne une nouvelle théorie de l'éloquence : l'orateur le plus éloquent sera celui qui parviendra à trouver, non la forme la plus belle, mais la forme la plus fidèle à la vérité et la plus proche d'elle. Car l'orateur doit se servir des mots et non les servir, et la seule fin qu'il peut légitimement se proposer est de faire servir les mots à la vérité. (...) on est là au cœur de

la théorie augustinienne de l'éloquence, comme de la formation qu'il entend donner à l'orateur chrétien. Les orateurs chrétiens ont à se former, non pas d'abord pour égaler les païens dans la maîtrise de la forme, mais pour opposer à la séduisante présentation des erreurs profanes que permet l'éloquence, la force, l'évidence et l'attrait de la vérité. L'éducation des chrétiens, qui concerne au premier chef Ennode et ses protégés, doit donc permettre de faire paraître, dans les tribunaux comme dans la chaire des prédicateurs, des hommes armés, pour la défense et l'illustration de la vérité ».

6. Sur le sens des particules adversatives (*tamen*, *autem*, *at*...), voir *supra*, note 2.

7. Cette expression est employée par Orose dans le récit des Fourches Caudines qui correspond à l'une des pires défaites et des pires humiliations de l'Histoire de Rome (Orose, *Histoires contre les païens*, V, 7 : *apud Caudinas quondam furculas pudorem Romanae frontis oneraret*).

Lettre 32

1. Passivus n'est connu que par cette lettre d'Ennode. Il n'est pas certain que le diacre de Milan le considère comme un ami très proche. En effet, dans l'unique lettre qu'il lui envoie, Ennode justifie son silence épistolaire par un raisonnement qui contredit son argumentation habituelle selon laquelle rien ne peut justifier le silence épistolaire entre amis (voir *epist.* 1, 12, 2 à Avienus : « chaque fois que le silence ne répond pas à une nécessité, il n'exprime rien d'autre que le mépris »). Sous la plume d'Ennode, le silence est une arme dont il lui arrive de menacer ses correspondants (*epist.* 1, 16, 5 à Florianus : « réserve à d'autres les charmes de ton entretien »), sauf lorsqu'il est justifié par des problèmes d'acheminement du courrier (*epist.* 3, 13 à Apollinaire). Toutefois, cette lettre, qui se termine sur la bonté extrême de Passivus, est trop ambiguë pour déterminer si ce correspondant a pu déplaire à Ennode à un moment ou à un autre (a-t-il apporté son soutien à l'anti-pape Laurent par exemple ?).

2. Voir Sidoine Apollinaire, *epist.* 3, 7, 1, p. 95 : *sermonis officium*.

3. *momentum* : influence, poids, importance (voir Cic., *fin.* 2, 38 : *Nihil habere momenti*, « n'avoir aucune importance »).

4. Nous comprenons *modus* au sens de « mode », « degré », « intensité » donc « niveau ».

5. S. Léglise comprend l'expression *aestimationi dimittere* dans un tout autre sens : « s'en remettre à l'opinion ».

Lettre 33

1. *proposito obsecuntur paginae* : une fois de plus, l'emploi du mot *propositum* pose problème. S. Léglise l'interprète au sens premier de

« projet » et traduit ainsi : « quel plus digne objet pour une lettre... ? ». Si cette hypothèse n'est pas exclue, nous interprétons *propositum* dans le sens restrictif de « projet de vie », de « profession religieuse » en nous fondant sur la suite de la lettre (*religionis integritas* ; *mulierem religiosam*) et sur les autres emplois de ce mot dans la *Correspondance* (*epist.* 3, 1, 1 ; 3, 4, 1 ; 3, 7, 1 ; 3, 10, 2 ; 3, 16, 1 ; 3, 24, 3 etc.). Dans l'expression *proposito obsequi* ou son contraire *proposito repugnare*, la notion de *propositum* désigne à la fois son projet de vie chrétienne et sa charge ecclésiastique, comme l'indique plus loin le terme *officio*. Le souci d'Ennode, on le voit, c'est d'être fidèle à son *propositum*, sa mission dans l'Église. Dès lors, l'ensemble de la *Correspondance* peut apparaître comme une sorte de traité pratique du *propositum* chrétien, destiné à la fois aux diacres, aux prêtres, aux évêques mais aussi à tous les fidèles. Il n'y a rien de purement théorique dans ce projet ; il y a seulement la volonté de définir, de façon la plus concrète possible, la charité (*caritas*) et l'activité de tous les fidèles de la vraie religion (*religionis integritas*).

2. Ce « discours préliminaire » est moins circonstanciel qu'il n'y paraît. Ennode a conscience, semble-t-il, que ses lettres peuvent être interprétées comme des textes courtisans et que lui-même peut apparaître comme l'ami des puissants, le flatteur par excellence. Il prend ici le contrepied de cette critique en affirmant son dégoût pour ce genre d'attitude, contraire, nous dit-il, à ses véritables aspirations, lui le défenseur des faibles.

3. *sed alias* [*dicemus*] : voir Cic., *Tusc.* I, 29, p. 44.

4. L'emploi de *dictare* suggère – du moins dans certains cas précis – qu'Ennode ne copiait pas lui-même le texte de ces lettres mais qu'il le dictait à un secrétaire ou directement au porteur (voir aussi *epist.* 1, 12, 3 à Avienus, p. 27 : « j'ai dicté, en quelque sorte en présence de ta Clarté, ce qu'elle devait lire »). Cette pratique était fréquente dans l'Antiquité : voir Cic., *Att.* 2, 23, 1 : *haec dictaui ambulans* (« j'ai dicté ces lignes tout en marchant », trad. L.-A. Constans).

5. Nous construisons *illo supplicationis euentu... quo...* et traduisons littéralement : « par cette réalisation de la supplication (...), par laquelle il a exigé de moi une lettre (...) ».

Lettre 34

1. Sur Senarius, ami et parent d'Ennode (*uincula caritatis et sanguinis*), qui occupait des fonctions à la cour de Ravenne, voir *epist.* 3, 11, 1 à Senarius, note 1. Des incertitudes sur le sens de certaines expressions (*ambitioso tollatur eloquio* ; *patior infantiam* ; *bono conscientiae*) nous empêchent de comprendre précisément le début de la lettre.

2. L'*eloquium ambitiosum* ne désigne pas nécessairement l'éloquence qui recherche à tout prix les honneurs mais celle qui met les artifices du langage au service de la vérité. Cette interprétation s'inspire de la conception de Sénèque qui définit ainsi le *sermo ambitiosus* (voir Sen.,

De tranquillitate animi, 1, 15, p. 74 : *Rursus, ubi se animus cogitationum magnitudine leuauit, ambitiosus in uerba est altiusque ut spirare, ita eloqui gestit, et ad dignitatem rerum exit oratio. Oblitus tum legis pressiorisque iudicii, sublimius feror et ore iam non meo* ; « dès que mon esprit se hausse à des conceptions un peu généreuses, le voilà qui raffine son style, qui brûle de donner à la forme autant de noblesse qu'au sentiment et mon langage tente d'égaler l'élévation de ma pensée. Oubliant alors mes principes et les conseils d'un goût plus sobre, je m'élance d'un vol sublime et ce n'est plus moi qui parle par ma bouche », trad. R. Waltz).

3. L'adjectif *sollemnis* signifie à la fois « usuel », « habituel » et « solennel ». Ennode semble faire allusion aux lettres formelles et solennelles que tout le monde s'échangeait à des moments précis de l'année, notamment les fêtes religieuses, et qui ne sont pas réservées aux strictes relations amicales (voir par exemple M.-A. Calvet-Sebasti, « Le rituel de l'échange de lettres à l'occasion des fêtes religieuses », dans J. Desmulliez et P.-L. Gatier (éds.), *Correspondances, Documents pour l'histoire de l'Antiquité tardive*, Lyon, 2009, p. 67-81).

4. Le terme *foedus* désigne plus qu'une simple affection. Il place le rapport d'amitié sur le plan du lien social et moral, et plus seulement sur celui de l'émotion ou du sentiment.

5. S. Léglise comprend la phrase différemment : « Après tout puisque j'ai le courage de le raconter je pouvais bien le souffrir ».

LIVRE IV

Lettre 1

1. Symmaque (saint) : originaire de Sardaigne, fils de Fortunatus, archidiacre sous le pontificat d'Anastase II puis évêque de Rome (498-514). Le règne de Symmaque fut marqué par le schisme laurentien et le schisme acacien. Le premier vit l'élection simultanée de deux évêques de Rome, Symmaque et Laurent, l'archiprêtre de Sainte-Praxède (voir introduction, p. VII-XIV : « le contexte historique : le schisme laurentien et ses suites (498-507) »). Le second conflit opposa le siège de Rome aux églises orientales : à la suite de la condamnation solennelle de l'hérésie monophysite par le concile de Chalcédoine en 451, l'empereur Zénon avait publié en 482 l'*Hénotique*, édit adressé aux évêques, aux clercs, aux moines et à tous les chrétiens de la *pars Orientis* par lequel il condamnait Eutychès aussi bien que Nestorius mais formulait des réserves à propos du concile de Chalcédoine. Gardien de la continuité de la foi, le pape Felix III avait prononcé en juillet 484 l'excommunication d'Acace, le patriarche de Constantinople, coupable d'avoir encouragé la promulgation de l'*Hénotique* et d'avoir reconnu l'hérétique Pierre

Monge comme évêque d'Alexandrie. La condamnation d'Acace divisa le monde chrétien entre la *pars Occidentis* et la *pars Orientis* pendant plus de trente ans. Cette controverse révélait les résistances à la suprématie pontificale dans le monde oriental. Il fallut attendre le pontificat d'Hormisdas, le successeur de Symmaque en 514, et l'accession au trône de l'empereur Justin en 518, pour qu'une politique impériale favorable aux thèses de Chalcédoine obligeât l'Église de Constantinople à cesser toute référence à Acace dont le nom fut rayé des diptyques. Le schisme laurentien et le schisme acacien révèlent l'attitude intransigeante de Symmaque, qui se voulait le continuateur de la doctrine gélasienne, dans la défense de l'autorité romaine. Son règne fut souvent cité en exemple comme une étape essentielle de l'histoire de la primauté pontificale (voir les *dictatus papae* du pape Grégoire VII en 1075). Le *Liber Pontificalis* célèbre les largesses de Symmaque qui apporta son soutien matériel aux évêques catholiques exilés en Sardaigne par les Vandales, racheta la libération de nombreux prisonniers dans plusieurs régions d'Italie et restaura de nombreux édifices de culte (voir *Liber pontificalis*, 53). Ennode mit sa plume au service de la chancellerie pontificale : deux lettres du pape Symmaque se retrouvent dans le corpus épistolaire d'Ennode (l'*epist.* 2, 14 aux évêques africains et l'*epist.* 5, 1 au patrice Libérius). Plusieurs indices révèlent que d'autres épîtres de Symmaque et de son successeur Hormisdas ont probablement été rédigées – ou fortement influencées – par Ennode (voir S. Gioanni, « La contribution épistolaire d'Ennode de Pavie à la primauté pontificale sous le règne des papes Symmaque et Hormisdas », dans *MEFRM*, 113, 2001, p. 245-268).

2. Ennode fut avec Faustus Niger, questeur de Ravenne et principal destinataire de la *Correspondance*, l'un des principaux défenseurs de Symmaque durant le schisme. Parmi les services rendus, Ennode lui apporta une aide matérielle considérable en se portant caution des sommes prêtées au pape par l'évêque de Milan (*epist.* 3, 10 ; 4, 11 ; 6, 16 à Luminosus) et en mettant son équipage (*epist.* 5, 13, 2 à Hormisdas) à la disposition du pape pour lui permettre de se rendre à Ravenne et de plaider sa cause devant le roi Théodoric. Mais la principale contribution d'Ennode fut le discours qu'il écrivit en novembre 502 contre les schismatiques, le *Libellus aduersus eos qui contra Synodum scribere praesumpserunt*, plus connu sous le titre *Libellus pro Synodo* (*opusc.* 2).

3. La fin du schisme laurentien (*in pace* ; *concordia*...) n'a pas empêché la persistance de contestations jusqu'en 507, comme en témoigne la prière finale de cette lettre : « je prie pour que (...), dans les profondeurs des maladies cachées, votre fer spirituel tranche l'erreur qui mène à la mort de tous. Adieu ».

4. Marcellianus : évêque d'Aquilée qui, pendant toute la durée du schisme laurentien, resta hostile à Symmaque dont il avait refusé la communion. N'ayant pas souscrit à la synodale du 23 octobre 502 qui appelait les partisans de Laurent à se réconcilier avec Symmaque et qui rétablissait ce dernier dans ses droits et dans ses églises, Marcellianus

quitta Rome et refusa de prendre part au concile du 6 novembre 502 qui scella la victoire de Symmaque. Après avoir écrit son fameux *Libelle contre ceux qui ont osé écrire contre le Synode* (*opusc.* 2), Ennode tenta de rallier Marcellianus à la cause du pape tandis qu'un évêque proche de Symmaque (peut-être l'évêque Laurent de Milan) envoya une légation destinée elle aussi à obtenir son soutien (*epist.* 4, 1 au pape Symmaque). Il semble que Marcellianus soit resté hostile à Symmaque jusqu'à sa mort, sans doute évoquée dans l'*epist.* 4, 31 à Avitus. Ennode écrira, au nom du pape Symmaque, une lettre de félicitations au patrice Liberius (*epist.* 5, 1) pour avoir contribué, après la mort de Marcellianus, à l'accession d'un nouvel évêque d'Aquilée favorable au siège de Rome (*PCBE II*, « Marcellianus 3 », p. 1363-4 ; T. Sardella, *Società, Chiesa e Stato nell'età di Teoderico. Papa Simmaco e lo scisma laurenziano*, Messina, Rubbettino, 1996 ; E. Wirbelauer, *Zwei Päpste in Rom. Der Konflikt zwischen Laurentius und Symmachus (498-514)*, Munich, Tuduv Verlag, 1993 ; Cl. Sotinel, *Identité et christianisme. Aquilée du III*[e] *au VI*[e] *siècle*, Rome, 2006 (*BEFAR*, 324) p. 287-293).

5. Il s'agit peut-être de l'évêque de Milan Laurent, le supérieur d'Ennode, qui fut lui-même très engagé aux côtés de Symmaque durant le schisme.

6. Nous avons interprété *promouere* dans son sens premier (« pousser en avant », « promouvoir », « soutenir », « favoriser »). Ainsi, Marcellianus aurait exprimé lui-même dans sa réponse pour quel parti il avait opté, c'est-à-dire le parti opposé au pape. Mais Ennode emploie parfois « *promouere* » dans le sens d'« obtenir » (par exemple, *epist.* 4, 5, 2 : *quidquid ego promouero supplicando*, « Tout ce que moi j'aurai obtenu par ma supplique »). Dans ce cas, il faudrait traduire : « mais il a répondu lui-même ce qu'il a obtenu ».

Lettre 2

1. Amantius : prêtre uniquement connu par cette lettre d'Ennode (*PCBE II*, « Amantius 4 », p. 98). En l'absence d'allusion à toute charge épiscopale, ce *presbyter* Amantius doit être distingué de l'évêque Amantius (ou Amandus), partisan de Symmaque pendant le schisme laurentien, qui souscrit au 26e rang de la synodale datée du 23 octobre 502 qui rétablit le pape Symmaque dans ses droits, leva les accusations qui pesaient contre lui et appela les partisans de Laurent à la réconciliation (*PCBE II*, « Amandus 1 », p. 98).

2. Alicon : ce personnage est lui aussi connu par cette lettre d'Ennode. Bien que son rang ne soit pas précisé, les termes employés *magnitudo*, *nobilitas*, *dominus* suggèrent qu'il s'agit d'un personnage important. Nous ne possédons aucune autre lettre d'Ennode à Alicon, ce qui pourrait indiquer qu'Alicon n'a pas donné suite aux demandes d'Ennode invitant son correspondant à une correspondance suivie (*PCBE II*, p. 90 : « Alico »).

3. Conformément au code épistolaire, Ennode doit répondre à la lettre reçue et remettre à son tour une lettre pour Alicon. Le simple fait d'apporter une lettre revient donc, pour le porteur, à exiger une lettre en retour.

4. Intéressante lettre sur les débuts d'une amitié épistolaire et sur ses fonctions : les deux correspondants sont mis en relation par les bons offices du prêtre Amantius, vieil ami d'Ennode. Celui-ci exprime clairement l'importance du porteur (*pondus perlatoris*) dans la naissance d'une amitié épistolaire. Il précise que le porteur, en l'occurrence Amantius, ne s'est pas contenté de lui remettre la lettre d'un inconnu. Il a fait l'éloge d'Alicon (*per adstipulationem suam*) et a convaincu Ennode de lui « ouvrir la porte de l'amitié » (*ianuam diligentiae reseraui claue sermonis*). Mais la réponse du diacre de Milan montre que cet échange n'est pas uniquement formel. L'expression *causas ecclesiae insinuo* – que le porteur pouvait expliciter en cas de besoin – suggère que cette « nouvelle » amitié épistolaire n'est pas restée à l'écart du schisme laurentien et de la constitution des réseaux favorables à « l'Église », c'est-à-dire, sous la plume d'Ennode, à Symmaque. Enfin, par son caractère allusif et ses nombreuses sentences générales, cette lettre peut être lue comme un éloge du rôle du porteur et de la relation épistolaire.

5. Notre traduction prend le contre-pied de l'interprétation de S. Léglise : « Souvent notre esprit ne prend pas la peine de se former une opinion pour adopter celle d'un ami ».

6. Comme nous l'avions déjà remarqué, Ennode évoque souvent la faiblesse de son éloquence dans des phrases extrêmement travaillées qui sont de parfaits exemples de l'éloquence précieuse (voir *Ennode, Lettres*, I, p. 167, note 12 à propos de l'*epist.* 1, 7, 4 à Firminus : *mei (...) macies studii* : la maigreur de ma science). Dès lors, on peut déceler un jeu de mot sur la notion d'*ubertas* puisque « l'abondance de la reconnaissance » (*ubertas gratiae*) est exprimée par « l'abondance de la langue » (*ubertas linguae*) qui caractérise l'idéal stylistique d'Ennode (*Ennode, Lettres*, I, introduction, p. XCVI-CXXXIII ainsi que l'*epist.* 1, 7, 3 à Firminus : *ubertas linguae, castigatus sermo, Latiaris ductus quadrata constat elocutio*).

7. Voir *epist.* 4, 14, 2 à Faustus : *pauper sermo uberem diligentiam rectius confitetur.*

8. *Qualitas* : mode, nature, particularité, règle.

9. Nous sommes en désaccord avec S. Léglise qui traduit « C'est la cause de l'Église que je plaide ». Le verbe *insinuo* n'a pas une signification juridique aussi restrictive. Ennode évoque seulement le contenu de la lettre que le porteur remet à Amantius. Sur le sens d'*insinuo*, voir Sidoine, *epist.* 5, 1 : *necessitatem portitoris insinuo* : « je signale la situation critique du porteur ».

10. Dans le contexte du schisme laurentien, le mot « *ecclesia* » peut désigner celui qui représente l'autorité légitime. Dans le *Liber Pontificalis* favorable à Symmaque, le mot *ecclesia* désigne naturellement le camp des symmachiens (*Liber pontificalis*, éd. L. Duchesne, Paris,

1955², *Symmachus* (498-514), 53. 5, p. 260-261 : *solus autem Faustus ex consulibus pro ecclesia pugnabat*). À travers cette allusion, Ennode pourrait donc rappeler à son nouveau correspondant son engagement en faveur de Symmaque.

11. Le mot *caritas* est employé ici comme un quasi synonyme de *diligentia, amicitia, amor, affectus*. Nous le traduisons par « charité » pour restituer la *variatio* lexicale, si caractéristique du style d'Ennode.

12. Il est difficile de traduire l'expression *religionem amicae conscientiae reseretis alloquio* qui fait écho à la « religion des amitiés » (*epist.* 1, 19, 2 ; 2, 1, 1 ; 3, 10, 1 ; 4, 35, 1) et reproduit une expression précédente dont elle est le calque presque parfait : *ianuam diligentiae reseraui claue sermonis* (*epist.* 4, 2, 3).

Lettre 3

1. Sur Eulalius, évêque de Syracuse, voir *epist.* 3, 18, note 2.

2. Ennode célèbre à plusieurs reprises le pouvoir de la Trinité (*epist.* 1, 20, 1 p. 36 : *Vere gratias Trinitati quam ueneramur et colimur* ; voir aussi *epist.* 8, 34, 1 ; *epist.* 9, 22, 1 ; *epist.* 9, 31, 3 ; *opusc.* 1, 1 ; *opusc.* 4, 7 ; etc.). Cette profession de foi trinitaire, souvent répétée, peut paraître étonnante pour un clerc attaché au pouvoir ostrogothique arien qui, justement, ne reconnaissait pas la consubstantialité des trois personnes de la Trinité. Mais cette apparente contradiction ne posait aucune difficulté au diacre de Milan qui appelle ouvertement, dans la *Correspondance*, à collaborer avec Théodoric « auprès de qui notre foi est pleinement à l'abri, bien que lui-même tienne une autre croyance » (*epist.* 9, 30, *In signo Christi* : « *fides nostra apud eum – aliud ipse sectetur – in portu est* »). Ennode rédigea vers 506 un célèbre *Panégyrique* du roi ostrogothique qui « faisait cohabiter deux *religiones* à même degré de légalité et de faveur, aucune ne prévalant sur l'autre » (voir B. Dumézil, *Les racines chrétiennes de l'Europe*, Paris, 2005, p. 324). Cette attitude montre que la coexistence des « deux religions d'État » et le débat sur les questions trinitaires étaient moins sensibles, au début du VIᵉ siècle, que les conflits d'autorité et les rapports de force au sein de l'Église.

3. L'adjectif *subtilis* est utilisé pour dire comment un orateur ou un écrivain « relie à l'objet dont il parle, la manière dont il entend s'exprimer » (voir l'étude d'A. Chavasse sur l'emploi de l'adjectif *subtilis* dans l'œuvre de Grégoire le Grand : A. Chavasse, « *Subtilis, subtiliter, subtilius* », dans *Revue du Moyen Âge latin*, 44, *Subtilitas. Mélanges offerts à M. le Professeur F. Chatillon*, 3-4, 1988, p. 28-29).

4. Le terme *serenitas* n'a pas ici la signification officielle que nous avons rencontrée dans d'autres lettres et qui est un attribut du pouvoir suprême (voir *Ennode, Lettres*, I, à propos de l'*epist.* 1, 20 note 14, p. 142). La « sérénité » est également un attribut divin que Boèce emploie comme un synonyme de Dieu et qu'il applique, par extension, aux hommes qui font rayonner la sagesse divine (Boeth., *cons.* 1, *carm.* 4,

1-7 : « l'homme serein à la vie bien réglée, / qui foule aux pieds le destin orgueilleux, / Dévisage bien droit l'une et l'autre Fortune / Et sait garder un front invaincu : la mer enragée et ses menaces / quand elle agite les flots qu'elle fait bouillonner (...) ne pourra l'émouvoir », trad. J.-Y. Guillaumin). Il désigne donc l'état de sagesse ou de sainteté que l'on peut rendre par la notion de « pureté ».

5. Il faut peut-être voir dans l'expression *quod (...) nube fuscaui, splendida (...) serenitate detergeat* un discret écho à Horace, *Odes*, I, 7, 15 : *Albus ut obscuro deterget nubila caelo* (« Portant la blancheur en un ciel obscurci, souvent la blancheur le nettoie de nuages », trad. F. Villeneuve).

6. Malgré ses remplois bibliques (voir Matthieu 13, 24 *sq.*), la métaphore du bon grain et de l'ivraie est un lieu commun dans la littérature antique et les représentations du monde agricole : par exemple Verg. *georg.* I, 152-154 : *intereunt segetes, subit aspera silua, / lappaeque tribulique interque nitentia culta / infelix lolium et steriles dominantur auenae* ; « c'est la mort des moissons : à leur place grandit une épineuse frondaison, barbanes et tribules, et au milieu de brillantes cultures règnent l'ivraie improductive et les folles avoines » (trad. E. de Saint-Denis).

7. L'expression *partibus tuis adesto* est employée dans le même sens par Ennode dans l'*epist.* 3, 25, 2 à Eugenes et l'*epist.* 3, 16 à Avienus : voir *epist.* 3, 25, 2 à Eugenes, note 2.

8. *Susceptum* est équivoque : il s'agit de celui qui a été soutenu et relevé ; mais le verbe *suscipio* a aussi un sens juridique « prendre la défense de » (voir Symm., *epist.* 5, 41, 1 : *placere suscepto*, « être agréable au défendeur »). En revanche, l'interprétation de *susceptum* par S. Léglise nous paraît erronée : « après m'avoir ainsi relevé comme le parrain fait au baptisé ».

9. Le jeu de mot *insulsum pectus* (« cœur sans sel ») / *admonitionis sale* (« le sel de l'admonition ») est difficile à rendre en français. Au sens figuré, l'adjectif *insulsus* (« dépourvu de sel ») signifie « sot », « niais », « sans intelligence ».

10. Le rapprochement entre *garrulus* et *inportunus* peut surprendre. Il s'agit peut-être d'un jeu littéraire, d'un écho déguisé à une satire d'Horace qui met en scène un dialogue entre Ulysse et Tirésias (II, 5, 90-96 : *morosum offendet garrulus ? (...) Aurem substringe loquaci. Inportunus amat laudari* ; « un bavard choquera un être morose ? (...) Dresse l'oreille s'il est loquace. L'importun aime être loué »).

11. L'éloge de l'« importunité » est justifié, dans l'*epist.* 1, 3, 2 à Faustus, par la référence à l'Evangile : *Euangelicis tali facto obsecutus oraculis fructum de praecepti sum ueritate sortitus, cuius declarat instructio, quod pulsanti saepe surgat et tribuat Deus* [Luc 11, 8], *si non propter meritum, uel propter inportunitatem*, « Ayant obéi, ce faisant, aux oracles de l'Évangile, j'ai recueilli le fruit de ce précepte conforme à la vérité, qui enseigne que, pour qui frappe souvent à sa porte, Dieu se lève et accorde, sinon pour son mérite, du moins pour son importunité ».

12. Nous considérons *unum* comme un pronom neutre, complément d'objet du verbe *adiungo*.

13. Notre interprétation est différente de celle de S. Léglise qui traduit : « ne cessez pas de m'aider de vos prières autant que de me raffermir par vos entretiens ». L'indicatif *confirmas* montre en effet que ce verbe n'est pas sur le même plan que le subjonctif *iuues* mais qu'il dépend du tour comparatif *tantum... quantum...*.

Lettre 4

1. Ce texte montre la diversité de la *Correspondance* qui contient de véritables échanges épistolaires, des lettres d'art mais aussi des documents juridiques qui n'avaient pas de destinataire précis. L'absence de nom propre et la formule juridique qui clôt le document donne l'impression d'un « formulaire », une sorte de modèle de lettre testamentaire par laquelle une sœur lègue un esclave à son frère, peut-être en vue de son affranchissement (voir note 6). Ce document peut avoir été conçu dans un contexte précis : Ennode souhaite-t-il disposer des biens de l'une de ses sœurs ? S'agit-il d'Euprepia qu'il rappelle souvent à ses devoirs maternels envers son fils Lupicinus dont Ennode est responsable de l'éducation (*epist.* 2, 15 et 3, 15 à Euprepia) ? Cette hypothèse n'est pas exclue puisqu'Ennode prétend avoir sauvé l'héritage de Lupicinus qui était convoité par des personnes malveillantes (*epist.* 3, 15, 4 à Euprepia : « La préoccupation des ressources aurait dû passer en second parce qu'on ne s'occupe jamais bien d'un héritage lorsqu'on méprise l'héritier. Je le dis tout net : si Dieu n'avait pas utilisé ma sollicitude, à moi son serviteur, pour faire obstacle aux malveillants, toutes les branches de ta descendance auraient été coupées. Les lionnes mettent en sécurité leurs petits dans l'antre des forêts ou du désert afin que leur portée ne soit pas la proie des hommes »). Toutefois, les lettres d'Ennode à Euprepria critiquent sa négligence envers son fils Lupicinus alors que l'*epist.* 4, 4 souligne au contraire le manque de déférence des enfants à l'égard de leur mère.

2. Le sens de cette proposition n'est pas très clair. Nous pensons que le participe présent substantivé *aestimanti* signifie « à qui veut estimer », c'est-à-dire juger sainement, sans a priori.

3. Nous suggérons de remplacer la conjonction *cum* par l'adverbe *tunc* afin d'interpréter *dicimus* comme le verbe de la proposition principale de cette longue première phrase. Dubois avait consacré un développement aux phrases commençant par *quamuis* mais sans proposition principale en considérant qu'il s'agissait d'anacoluthes ou bien que *quamuis* avait, dans ces cas, « une acception toute spéciale » (Dubois, p. 514). Toutefois, ce n'est probablement pas le cas de l'emploi de *quamuis*, dans l'*epist.* 4, 4, 1, qu'il signale comme un « exemple douteux » (p. 515).

4. Deux interprétations sont possibles. La première, que nous avons retenue, fait de *suboles* le sujet du verbe *exhibet* (litt. : « si cette progé-

niture ne montre pas ce qu'elle est appelée »). Une seconde possibilité, que nous avons écartée, consisterait à faire de la relative *quod uocatur* le sujet de *exhibet* ; il faudrait traduire : « Si la réalité que l'on nomme ne se voit pas ».

5. Pour Ennode, l'éducation des enfants doit être fondée avant tout sur leurs mérites, et non sur l'amour des parents pour leur progéniture. Cette injonction suppose que la sévérité à l'égard des enfants avait diminué depuis l'Antiquité comme en témoigne l'humanisation croissante de la discipline scolaire au cours de l'ère impériale. L'éducation antique, marquée par la brutalité des réprimandes et des châtiments, était assez traumatisante pour inciter le vieil Augustin à raconter dans la *Cité de Dieu* que tout homme reculerait d'horreur et préfèrerait mourir que de redevenir enfant (Aug., *ciu.* 21, 14). Sur « la sévérité et l'humanité » dans les écoles antiques, voir H.-I. Marrou, *Histoire de l'Éducation dans l'Antiquité. 2. Le monde romain*, Paris, 1948, p. 71 *sq.* : « pour tous les Anciens, le souvenir de l'école est associé à celui des coups : 'tendre la main à la férule', *manum ferulae subducere*, est en bon latin une élégante périphrase pour signifier 'étudier' »).

6. Le sens précis de cette donation n'est pas clairement établi : l'expression *perpetua libertate* pourrait indiquer qu'il s'agit de la donation d'un esclave en vue de son affranchissement (*libertas*). Le fait que le bénéficiaire de la donation soit un clerc pourrait alors signifier qu'Ennode a voulu acquérir l'esclave en vue de son affranchissement. Cette interprétation rappelle un petit opuscule d'Ennode écrit pour l'affranchissement du jeune esclave Gerontius (*opusc.* 8 : *petitorium quo absolutus est Gerontius puer suprascripti*). Ce rapprochement est peut-être confirmé par la place de l'*opusc.* 8 qui suit presque immédiatement l'*epist.* 4, 4 dans les manuscrits carolingiens qui reconstituent un ordre globalement chronologique. Comme nous l'avons rappelé à propos de l'*epist.* 3, 1 à Senator, le droit romain encadrait strictement l'affranchissement des esclaves dans une église ou par testament d'un clerc (voir *Cod. Theod.* 4, 7, 1 : « *de manumissionibus in ecclesia* », p. 76-79).

7. La dernière phrase nous donne à lire une formule de donation testamentaire (*dono... confero et iuri tuo perpetua libertate transfundo mancipium iuris mei illud et cetera*). La trilogie est constituée de verbes employés fréquemment dans les donations dès le haut Moyen Âge, comme le prouvent les *Formulae Andecavenses*, collection formée à Angers de soixante formules d'actes privés des VIe et VIIe (*Form. Andec.* 1, éd. K. Zeumer, Hannover, 1886, *MGH*, *leges*, *sectio* V, p. 5, 8 : *tibi per hanc cessione (...) transfundo ut in tuae iure hoc recepere debias*). Ces verbes apparaissent notamment dans les donations aristocratiques aux églises (voir G. Bührer-Thierry, « Formes de donations aux églises et stratégies des familles en Bavière du VIIIe siècle au Xe siècle », dans *MEFRM*, 111, 1999, p. 684 : « Le verbe désignant la donation n'est pas systématiquement le même : *dono*, *offero*, *confero*, le plus souvent *trado*, ou encore *dono* (ou *trado*) et *transfundo* »). Nous remercions chaleureusement Josiane Barbier, Maître de conférences à l'Université

Paris X, et Laurent Morelle, Directeur d'études à l'E.P.H.E., pour leurs éclaircissements sur cette lettre.

Lettre 5

1. Dalmatius : personnage connu uniquement par cette lettre d'Ennode. Bien que son rang ne soit pas précisé, les termes employés (*nobilis uir)* suggèrent qu'il s'agit d'un personnage relativement important qui possédait un domaine en Sicile (*In Sicilia praedium possedit*). Nous ne possédons aucune autre lettre d'Ennode à Dalmatius, ce qui semble indiquer que ce personnage ne comptait pas parmi les amis proches du diacre de Milan. Cette lettre, dans laquelle le diacre de Milan évoque la requête d'un propriétaire de Sicile auprès des autorités de Ravenne, doit être mise en relation avec une lettre de Cassiodore par laquelle le roi Théodoric donne instruction au *comes* Adila d'assurer la protection, en Sicile, des personnes et des biens de l'église de Milan (*uar.* 2, 29 : *beatissimi uiri Eustorgii episcopi sanctae Mediolanensis ecclesiae petitione permoti praesentibus te affatibus ammonemus, ut praediis uel hominibus huius ecclesiae intra Siciliam constitutis tuitionem studeas salua ciuilitate praestare, nec a quoquam cuiuslibet nationis homine contra fas patiaris opprimi, quos decet diuinitatis intuitu subleuari*). Rien ne prouve qu'il s'agisse de la même affaire puisque Cassiodore-Théodoric répond à la requête de l'évêque Eustorgius de Milan alors que, dans l'*epist.* 4, 5, Ennode s'adresse au questeur de Ravenne Faustus. Toutefois, cette hypothèse, qui ferait de Dalmatius un membre de l'Église de Milan, n'est pas exclue et justifierait l'intervention du diacre de Milan (*PLRE II*, « Dalmatius », p. 341).

2. Ennode définit quatre fondements de la noblesse (*nobilitas* ou *claritas*) qui sont généralement exprimés par la métaphore de la lumière : l'excellence de la naissance (le *lucidus sanguis*), l'excellence sociale (la *lux honorum*), l'excellence culturelle (la *lux scientiae*) et, enfin, l'excellence morale (*lux conscientiae, lux morum*). En effet, la bonne naissance ne suffit plus en soi aux yeux d'Ennode qui répète souvent que l'origine aristocratique n'a d'éclat que si elle est mise en valeur par la culture, la *lux scientiae*, et surtout par la vertu, la *lux conscientiae* : par exemple *epist.* 1, 1, 5 à Jean, p. 7 : « Tu vois quel immense mérite une conversation polie à la perfection ajoute aux vertus d'un homme bien né. Ce que le rayonnement du sang a donné, le travail d'un maître l'a dépassé » ; dans l'éloge d'Avienus (*epist.* 1, 5, 6-9 à Faustus, p. 15-15), Ennode évoque aussi « l'éclat d'une bonne naissance » tout en précisant que c'est grâce aux « meilleurs enseignements » qu'il « a mérité ce qu'il a obtenu » (voir C. Badel, *La noblesse de l'empire romain*, p. 156-200 ; M. Salzman, *The Making of a Christian Aristocracy*, p. 213-219 et *Ennode, Lettres*, I, p. LXXVI-LXXX).

3. *Facere*, employé avec l'accusatif et l'infinitif passif, introduit un type de « proposition infinitive qu'on pourrait appeler impérative »

(Dubois, p. 464). Par exemple, *epist.* 1, 7, 2 : *facinus credi facis* ; 1, 14, 6 : *ea indicari faciat* ; 1, 22, 3 : *denegari paginas faciat.*

4. À partir de sa signification première (« relatif à la ville », « appartenant à la ville »), le terme *urbanitas* désigne dès l'Antiquité l'ensemble des comportements et des pratiques sociales liés à la ville et aux élites urbaines. Il renvoie donc aux codes régissant les bonnes relations dans la société aristocratique. Cette évolution apparaît, par exemple, dans la litote *seruolus non inurbanus* (*Rhétorique à Herennius*, 4, 64). Sur les différents emplois de l'*urbanitas* dans la littérature latine, voir E. de Saint-Denis, « Évolution sémantique de *urbanus – urbanitas* », dans *Latomus* 3, 1939, p. 5-24 et E. S. Ramage, *'Urbanitas', Ancient Sophistication and Refinement*, University of Oklahoma Press, 1973. *L'urbanitas* a un statut ambigu dans la *Correspondance*. Elle est présentée comme un devoir et comme une qualité sociale lorsqu'Ennode évoque des relations administratives. En revanche, elle est critiquée lorsqu'il s'agit de relations entre proches en raison de sa superficialité et du manque de sincérité qu'elle implique, comme cela est le cas dans cette lettre à Hormisdas ou dans la lettre précédente à Senarius (*epist.* 4, 33, 2 à Senarius : *Nemo aestimet, quod latentis interna consilii aput caros aulicis excocta fornacibus celet urbanitas* ; voir aussi *epist.* 4, 9, 3 à Faustus : *Sed ab huiusmodi urbanitate uires me pariter et uota subducunt*).

5. Le terme *consortes* n'est pas clair. S'agit-il des membres de sa famille, de l'Église de Sicile ou de personnes habitant la Sicile comme lui ? Le rapprochement avec la lettre 2, 29 de Cassiodore permet de formuler une hypothèse puisque Théodoric demande au goth Adila de ne permettre « qu'aucune personne de quelque peuple que ce soit » (*a quoquam cuiuslibet nationis homine*) ne porte atteinte aux personnes ou aux biens de l'Église de Milan en Sicile.

6. Cette expression est employée presque littéralement par Cassiodore dans *uar.* 2, 29 : *salua ciuilitate.* Sur la notion de *ciuilitas* chez Ennode et Cassiodore, voir M. Reydellet, « Théodoric et la *Civilitas* », dans A. Carile (a cura di), *Teoderico e i Goti tra Oriente e Occidente*, Ravenne, 1995, p. 285-296 ; A. Giardina « Cassiodoro politico e il progetto delle *Variae* », dans *Teodorico il Grande e i Goti d'Italia. Atti del XIII Congresso internazionale di studi sull'Alto Medioevo (Milano 2-6 novembre 1992)*, Spolète, 1993, p. 65-68 ; Ch. Delaplace, « De l'université au monastère : Cassiodore, Boèce, Symmaque et le maintien de la culture antique au VIe siècle en Italie », dans J.-M. Pailler et P. Payen (éds.), *Que reste-t-il de l'éducation classique ? Relire « le Marrou » Histoire de l'éducation dans l'Antiquité*, Toulouse, 2004, p. 179 : « rappelée de nombreuses fois dans le cas de la défense des civils romains et du rappel des institutions romaines, la notion de *ciuilitas* s'applique avec la même vigueur à la défense de l'éducation et de la culture classiques » et B. Dumézil, *Les racines chrétiennes de l'Europe*, Paris, 2005, p. 323 : « [Théodoric] identifia un ressort essentiel de la mentalité romaine, la *ciuilitas*, que l'on peut définir non comme le droit au sens strict, mais comme le principe même de légalité »).

Lettre 6

1. Agapitus, ami d'Ennode et peut-être parent de Faustus (Ennode le présente comme le *frater* de Faustus dans l'*epist.* 5, 26), accéda, vers 502-503, à une charge importante : les expressions *ad fasces adtollitur* et *inter curiae sidera* semblent indiquer qu'il devint sénateur bien avant d'être élu consul en 517. A. fit aussi une brillante carrière à la cour de Ravenne où il devint *patricius* à une date indéterminée (*opusc.* 6 : *est A. patricius*) et préfet de la Ville (Cassiodore, *uar.* 1, 6, 32). L'*epist.* 4, 6, 1 d'Ennode suggère que A. fut très proche du roi Théodoric qui semble l'avoir personnellement appelé à la cour : « le Souverain a considéré que la pompe de son royaume était trop faible quand il ne vous avait pas près de lui ». A. reçut six lettres d'Ennode (*epist.* 1, 13 ; 4, 6 ; 4, 16 ; 4, 28 ; 5, 26 ; 6, 12) avec lequel il entretint des relations d'intérêts (voir *epist.* 5, 26 et *opusc.* 8, *petitorium quo absolutus est Gerontius*). Après avoir mis à la disposition du pape Hormisdas un de ses serviteurs pour une ambassade pontificale à Constantinople (*Coll. Auellana*, 228), Agapitus s'y rendit personnellement en 525, sur l'ordre de Théodoric, avec le pape Jean Ier, pour demander à l'empereur Justin l'abrogation des mesures prises contre les Ariens (*PLRE II*, « Fl. Agapitus 3 », p. 30-32).

2. L'expression *decora regni* est peut-être empruntée à Sénèque (*Thyestes*, vers 887 : *decora regni teneo*). Elle est prononcée par Atrée, le roi de Mycènes et fondateur éponyme de la lignée des Atrides, qui servit à un banquet de réconciliation avec son frère Thyestes les enfants de celui-ci. Atrée incarne l'aveuglement et la barbarie absolus que peuvent causer le goût du pouvoir et le désir de vengeance. L'expression *regni decora* se trouve dans la tirade la plus célèbre de *Thyeste*, dans laquelle Atrée, parvenu enfin au pouvoir, exprime sa satisfaction mais annonce qu'il lui faut encore se venger (vers 885-891 : *Aequalis astris gradior et cunctos super / altum superbo uertice attingens polum. / nunc decora regni teneo, nunc solium patris. / dimitto superos ; summa uotorum attigi. / bene est, abunde est, iam sat est etiam mihi. / sed cur satis sit ? pergam et impleto patre / funere suorum*). Cet écho littéraire a pu sembler adapté à la situation d'Agapitus qui néglige ses proches, depuis qu'il exerce le pouvoir à la cour, et qui a visiblement un grief envers Ennode puisque son attitude exprime un « nouveau genre de vengeance » (*epist.* 4, 16, 1 à Agapitus : *nouum uindictae genus*). C'est pourquoi Ennode exprime des excuses apparentes au cours de la lettre (*amorem forte turbaui / congruentibus ueritati excusationum nubibus*), ce qui ne l'empêche pas de répéter ensuite ses critiques.

3. L'adjectif verbal en *-ndus* a la valeur d'un participe futur passif : « cet emploi, qui s'est surtout développé dans le latin ecclésiastique, est des plus fréquents chez saint Avit » (Goelzer, *Avit* p. 314).

4. Sur le sens politique et moral de la *serenitas*, voir *Ennode, Lettres*, I, introduction, p. LXXIX.

5. Voir note 3 à propos de l'adjectif verbal en *-ndus* à valeur de participe futur passif.

6. *suggestio* : « pétition » (*Cod. Theod.* 8, 1, 9 ; 11, 39, 6) ; « supplique » (Vict. Vit., 2, 42).

Lettre 7

1. Julianus : ami d'Ennode qui accéda à la charge de comte du patrimoine à Ravenne (Delmaire, p. 145-6 : « en Occident, le comte du patrimoine est attesté à partir de 505-509 et a dû être créé par Théodéric. Son rôle est surtout connu par les lettres d'Ennodius [*epist.* 4, 7] et de Cassiodore [*uar.* 1, 16], et par la *formula* de nomination de Cassiodore [*uar.* 6, 9] : il dirige les domaines royaux et s'occupe de leur gestion, juge les conflits mettant en cause des habitants de ces domaines, fournit au palais les produits nécessaires en procédant aux levées sur ces terres ainsi qu'en Sicile et en Dalmatie considérées comme propriété privée du roi »). Julianus reçut deux lettres d'Ennode (*epist.* 4, 7 et 4, 20), ce qui laisse supposer, d'après B.-J. Schröder, qu'il n'occupa cette charge que brièvement (*PLRE II*, « Julianus 24 », p. 640 ; B.-J. Schröder, *Bildung und Briefe*, p. 341).

2. Le mot *dictator*, qui désignait avant tout, dans l'Antiquité, une forme d'autorité politique, fut employé à l'époque impériale, dans le domaine de la production de l'écrit, pour désigner celui qui compose et « qui dicte » (Salvien, *epist.* 9) le texte au copiste. L'histoire de ce mot mêle donc l'autorité politique et la maîtrise littéraire ou du moins l'habileté rhétorique. Le terme devient fréquent dans l'Antiquité chrétienne pour désigner l'auteur d'un écrit, notamment d'une lettre, mais il reste longtemps distinct du copiste comme semble l'indiquer Grégoire le Grand lorsque, confronté à une erreur dans un document, il se demande si la faute en revient au *dictator* ou au *scriptor* (*epist.* 3, 3 : *utrum dictator an scriptor errauerit*). Le latin tardif développe un emploi plus restrictif du terme *dictator* pour désigner une personne chargée par une autorité, notamment un roi ou un évêque, de rédiger les documents d'une chancellerie. Cette charge semble correspondre dans certains cas à une fonction officielle, notamment dans les palais les plus romanisés, à Ravenne, où elle fut placée sous la responsabilité du questeur du palais. Mais le terme *dictator* semble garder une signification assez large au VIe siècle et ne désigne pas seulement la charge de rédacteur des documents officiels. Dans la lettre d'Ennode à Julianus, comte du patrimoine à Ravenne, le diacre de Milan fait l'éloge du style épistolaire de son correspondant en évoquant la « pourpre du *dictator* ». Dans ce cas, le *dictator* n'est pas le rédacteur des documents officiels (ce n'est pas la charge du comte du patrimoine) mais le simple auteur de la lettre qui fait les délices d'Ennode. L'emploi de ce terme est également assez étendu dans le royaume burgonde, où la rédaction des documents officiels semble confiée à divers rédacteurs choisis suivant le sujet ou le destina-

taire. Les cours franques, mieux documentées, semblent avoir réservé cette fonction au titre de *dictator* qui rédige les textes diplomatiques. Elle fut occupée dans les années 570 par le comte Gogon puis par Fortunat lors de son passage à la cour austrasienne.

3. Jeu de mot sur l'adjectif *sublimis* qui a aussi une signification sociale. Ennode veut dire que l'écriture magnifique de Julianus l'a rendu « sublime », c'est-à-dire qu'elle l'a ennobli.

4. Selon les catégories cicéroniennes, le *genus dicendi amplissimum* désigne le style sublime, celui qui a le plus d'ampleur (Cic., *Or*, 82).

5. Le choix du verbe *inlabi*, employé habituellement pour désigner un sentiment qui « pénètre » l'âme (Cic., *Leg.* 2, 39 ; *Fin.* 1, 49), renforce l'interprétation métaphorique de l'irrigation de terres asséchées déjà rencontrée chez Ennode : *epist.* 1, 3, 6 à Faustus : « si m'étaient refusés les entretiens que je désire, je me fendillerais comme une terre qui ne reçoit aucune eau du ciel et dont les veines ne s'imprègnent d'aucune substance liquide dont elle pourrait nourrir les pousses du blé nouveau-né, avant d'offrir de lourds épis à la faux. De même qu'un poisson, sorti de l'eau, ne peut vivre privé de son environnement vital, de même, moi, si je suis privé des flots de votre entretien, je me meurs » ; voir aussi Symm., *epist.* 1, 33 : *Aiunt cocleas, cum sitiunt umoris atque illis de caelo nihil liquitur, suco proprio uictitare* ; « Les escargots, dit-on, quand ils ont soif d'humidité et que nul liquide ne leur tombe du ciel, vivent sur leur propre substance » (trad. J.-P. Callu).

6. Ennode utilise à plusieurs reprise l'image de la métaphore fluviale pour exprimer l'abondance et la richesse de la générosité divine (*epist.* 3, 12, 1 à l'abbé Stéphanus) ou du talent oratoire (*epist.* 1, 6, 7 à Faustus). Sur l'expression littéraire des techniques d'irrigation dans l'Antiquité, voir P. Briant (éd.), *Irrigation et drainage dans l'Antiquité, qanâts et canalisations souterraines en Iran, en Égypte et en Grèce*, Paris, 2001.

7. Le terme *mediocritas* désigne ici une condition sociale moyenne et s'oppose à la *potentia* : Sidoine Apollinaire, *epist.* 4, 22, 4, p. 161 : *mediocritas obscuritati* (« la médiocrité conforme à mon obscure condition »).

8. Cette expression très imagée (*fastum castigare*) se retrouve chez Dante (*Purg.* 3, 34 : *horum fastum saepissime castigat*) sans que l'on puisse déterminer si Dante s'est directement inspiré du texte d'Ennode.

9. Dans tout ce passage, le vocabulaire est très inspiré par la pensée stoïcienne. La « stabilité heureuse » (ici *affectio solida* ; *felicitatem*) et la « tranquillité de l'esprit » (ici *ingenii tranquillitas*) constituent en effet, pour les stoïciens, le fondement de toute direction spirituelle, comme le rappelle Cicéron dans son traité *Des vrais biens et des vrais maux* : voir *De finibus*, p. 120-121 : *Democriti autem securitas, quae est animi tamquam tranquillitas, quam appellant εὐθυμίαν, eo separanda fuit ab hac disputatione, quia (ista animi tranquillitas) ea ipsa est beata uita* ; « la quiétude de Démocrite, cette sorte de tranquillité d'âme

qu'on appelle εὐθυμίαν a dû rester en dehors de cette discussion, parce que cette tranquillité d'âme est elle-même la vie heureuse » (trad. J. Martha).

10. Sur le thème de la réussite qui corrompt les relations amicales, voir Symm., *epist.* 3, 43, p. 49 : *Et spero* ***actutum*** *fore, ut exspectatione, quae de te magna* est, maior habearis. *Nec ego istius modi scriptum recepissem, nisi apud me liqueret, quod* ***emendato pectori*** *bona uerba mandarem. Quod restat, memento* ***salute referenda*** *et tuum munus exequi et mei officii diligentiam prouocare* et B.-J. Schröder, *Bildung und Briefe*, p. 340-343. Plusieurs reprises lexicales ou expressions synonymes confirment que la lettre de l'orateur Symmaque a constitué un modèle pour Ennode (*emendato pectori* ; *actutum ; salute referenda ; etc.*).

11. L'édification morale proposée par Ennode repose sur des exemples concrets, comme la pédagogie stoïcienne : voir Sen., *epist.* 102, 30, p. 154 : *Cogita quantum nobis exempla bona prosint : scies magnorum uirorum non minus praesentiam esse utilem quam memoriam*, « Songe au profit que nous tirons des bons exemples : tu reconnaîtras que le souvenir des grands hommes n'est pas moins utile que leur séjour parmi nous » (trad. H. Noblot).

12. En demandant à Julianus de rester fidèle à ses proches malgré son ascension sociale, Ennode le met en garde contre « l'inconstance » (*casus*, *obliuionem*, etc.) qui révèle une absence de fermeté dans le jugement et dans la conduite et qui menace l'équilibre de l'âme. Cet objectif, qui se rattache à la tradition stoïcienne (Sen., *Tr. An.* 2, 6), présente l'originalité de soumettre l'édification spirituelle et le souci de soi à l'amitié épistolaire et au maintien du lien social. Autrement dit, entretenir des correspondances avec ses proches et maintenir la cohésion du corps social est une condition de l'édification de soi.

13. L'adjectif *bonus* semble employé ici au sens philosophique.

14. Littéralement : « des conditions favorables (*secunda*) de votre santé (*prosperitatis uestrae*) ».

Lettre 8

1. Sur le pape Symmaque, voir *epist.* 4, 1, note 1.

2. Marius n'est connu que par cette lettre d'Ennode qui se présente comme l'intermédiaire entre les héritiers de Marius et le pape Symmaque à propos d'une « affaire » entre Marius et le pape. La *PCBE II* (« Marius 2 », p. 1412) considère que Marius « prête de l'argent au pape Symmaque, probablement en 501, au moment où ce dernier est convoqué à Ravenne ; il meurt avant 502 puisqu'à cette date Ennodius, qui séjourne alors à Rome, intervient auprès du pape pour obtenir le remboursement de cette somme au profit des héritiers de Marius, démarche qu'il réitère par écrit plusieurs années plus tard ». Mais la signification de ce *negotium* n'est pas claire (voir note suivante qui doit beaucoup aux

explications de François Bougard, prof. à l'Université Paris X, auquel nous exprimons toute notre gratitude).

3. Le *fructus*, dont les héritiers se plaignent d'avoir été lésés pendant plusieurs années, ne peut pas correspondre à un simple remboursement, comme le suggère la *PCBE II* (voir note précédente). Il ne désigne pas non plus, comme le pense S. Léglise, les « intérêts » du prêt consenti par Marius. En effet, la pratique du « prêt à intérêt » n'est pas encore attestée au début du VIe siècle et le mot *fructus*, qui n'est pas le mot habituellement utilisé pour l'intérêt, désigne normalement le « fruit » au sens de « revenu ». Dès lors, selon une première hypothèse, le *negotium* pourrait être l'immobilisation, pour des motifs inconnus, d'un bien-fonds appartenant à Marius au profit de l'église romaine ; grâce à la *legitima pactio* de Symmaque, les héritiers de Marius auraient récupéré le bien mais voudraient obtenir le remboursement, en tout ou partie, du manque à gagner pour la non-jouissance du bien et de ses revenus (*per annos plurimos debitos sibi fructus*).

La chronologie précise de cette affaire est toutefois incertaine : Ennode dit que l'affaire a été réglée par décision pontificale lorsqu'il était à Rome en 502 (*dum apud urbem essem*), c'est-à-dire quelques années avant la rédaction de cette lettre qui est postérieure au schisme laurentien (donc écrite vers 504-6 au plus tôt). La période invoquée par les héritiers n'est donc pas claire. Première hypothèse : la restitution du bien obtenue en 502 ne suffit pas aux héritiers et ils veulent des dommages et intérêts pour la période antérieure à 502, lorsqu'ils ne bénéficiaient pas des revenus liés à ce bien. Seconde hypothèse : la décision n'a toujours pas été appliquée et les héritiers n'ont toujours pas pu bénéficier des revenus tirés de ce domaine malgré la décision favorable de l'année 502. La période en question serait donc comprise entre la décision pontificale (502) et la rédaction de la lettre (504 au plus tôt). La seconde hypothèse nous paraît plus crédible, même si elle oblige à retarder la rédaction de la lettre pour justifier la période écoulée *per plurimos annos*.

Mais cette affaire pourrait avoir un lien étroit avec le contexte historique particulièrement agité : plusieurs lettres révèlent en effet qu'Ennode ne cesse d'écrire au pape et à ses proches pour obtenir le remboursement du prêt de 400 *solidi* pour lequel il s'était porté caution (sur cette affaire, voir *epist.* 3, 10 ; 4, 11 ; 6, 16). Il semble donc que le pape Symmaque ait pris l'habitude de restituer ce qu'il devait... avec un certain retard. Mais son attitude revêt une signification politique si l'on considère les discussions du schisme laurentien sur la question des biens aristocratiques légués à l'église de Rome et destinés à retourner (ou pas) dans la famille du donateur après la mort de celui-ci (l'anti-pape Laurent, soutenu par l'aristocratie, était favorable à la restitution alors que le pape Symmaque était contre). Dès lors, l'affaire évoquée dans l'*epist.* 4, 8 a peut-être un rapport avec ce débat : il y a eu un legs (?), une restitution accordée par la décision pontificale et les héritiers demandent les *fructus* qui leur sont dus. Cette interprétation pourrait suprendre si l'on considère qu'Ennode – qui défend pendant le schisme l'inaliénabilité des biens d'origines aristocratiques – semble ici défendre au contraire les intérêts des héritiers. Mais nous pensons qu'il n'en est rien. Sans remettre en cause la réalité du *negotium* en question, les lettres d'Ennode circulent beaucoup au sein des élites et sont souvent conçues comme un moyen de répandre certaines idées. Il est donc possible qu'Ennode ait voulu, sous couvert de la défense d'intérêts particuliers et d'une négociation avec l'Église de Rome, diffuser un portrait très flatteur du pape et rassurer l'aristocratie sur la gestion de ses anciennes possessions par l'Église (« Les seuls gains que vous considérez, ce sont ceux qui naissent pour vous de votre libéralité : pour vous, distribuer des richesses, c'est en recevoir »). Ce procédé pourrait être une façon de poursuivre la propagande pontificale (conduite par Ennode à l'époque du schisme) qui défendait le principe d'une « politique sociale » pour les pauvres fondée sur la générosité du pape et sur la non-restitution des biens d'origines aristocratiques. Cette interprétation, qui permettrait de concilier la position d'Ennode pendant le schisme et, dans cette lettre, la défense des intérêts de la famille de Marius, aurait pour conséquences de relativiser l'importance de l'affaire en tant que telle et de faire de cette lettre un texte de propagande sans doute plus efficace qu'un nouveau discours polémique et théorique sur l'inaliénabilité des biens d'église.

4. L'abondance du vocabulaire économique « évangélico-patristique » (*commodis*, *detrimentum*, *lucra*, *diuitias*, *auara*, *labor*...) est ici remarquable. Le paragraphe 3 insiste sur le thème rebattu de l'enrichissement (spirituel) que retire le donateur du fait même de sa générosité (matérielle). Dès lors, la première phrase semble dire le contraire de celles qui suivent et l'on est tenté, pour rétablir une certaine cohérence, d'introduire une négation : *Errat qui Deo proximam conscientiam credit* <*non*> *commodis invitari* (« Il se trompe, celui qui croit qu'une conscience très proche de Dieu n'est pas attirée par les profits... »). Nous proposons donc de rétablir la leçon de *CP,b* (*in commodis*) mais en un seul mot (*incommodis*) et de traduire littéralement : « Il se trompe, celui qui croit qu'une conscience très proche de Dieu est attirée par les désavantages économiques... ». Le raisonnement d'Ennode permet alors de comprendre la mise en relief de l'avarice qui ouvre la dernière phrase du paragraphe : « Elle est avare, la générosité des saints : elle a beau ne rien garder, elle réduit tout à son propre mérite ». Le thème de la « sainte avarice » renvoie à celui de la *dulcis feneratio* de celui qui place ses intérêts dans les cieux, par l'aumône (sur cette question, voir V. Toneatto, *Marchands et banquiers du Seigneur. Lexiques chrétiens de la richesse et de l'administration monastiques de la fin du IV*[e] *siècle au début du IX*[e] *siècle*, thèse dirigée par le Prof. Fr. Bougard le 28 novembre 2009 à l'Université Paris Ouest – Nanterre La Défense, en particulier p. 104 *sq.* sur les *boni faeneratores*).

5. Cet éloge du « mérite » des saints est peut-être lié au contexte théologique. En effet, en ce début du VIe siècle, on discute encore beaucoup, aussi bien à Rome qu'à Milan et Ravenne, de la querelle

« semi-pélagienne », comme en témoigne, dans la *Correspondance*, l'*epist.* 2, 19 (tome I, p. 72-76) qui constitue une charge violente contre la théologie augustinienne de la grâce. Dès lors, la remarque d'Ennode (« la générosité des saints a beau ne rien garder, elle réduit tout à leur propre mérite ») pourrait être lue comme une critique indirecte des positions augustiniennes sur la grâce et le mérite (*electio quippe ista gratiae est, non utique meritorum*). La critique de la théologie augustinienne avait beaucoup de succès dans l'aristocratie qui avait été très sensible, un siècle plus tôt, à l'enseignement de Pélage.

6. Cette phrase est particulièrement difficile à construire. Nous retenons la conjecture de Vogel *comprehensis* qui permet de rétablir une logique grammaticale *comprehensis superius heredibus* (« les héritiers évoqués plus haut »). Nous aboutissons donc au mot à mot suivant : « Donc en toute assurance, j'ai promis aux héritiers évoqués plus haut le jet par-dessus bord de leur peine quand ils vous verront ». Mais si nous conservions la leçon des manuscrits, le terme *labor* pourrait être interprété différemment et désigner « le travail du bien », c'est-à-dire son « revenu ». Nous serions bien cette fois dans le registre de l'intérêt, celui du « travail » d'un investissement. Nous aboutirions alors à cette traduction : « Donc en toute assurance, j'ai promis aux héritiers que vous examineriez avec compréhension la perte de leur manque à gagner ». Nous avons finalement écarté cette hypothèse qui convient mal au comparatif *superius* qui, comme souvent chez Ennode, renvoie à ce qui a été évoqué « plus haut », c'est-à-dire probablement les *heredes* évoqués au début de la lettre.

7. Le terme *contemplatio* est employé ici comme un synonyme d'*aspectus*. L'expression *uestra contemplatione* signifie donc « en vous voyant », c'est-à-dire « en votre présence ». Sur ce sens de *contemplatio*, voir Min. Fel., 1, 1 : *eius contemplatio (...) subtracta est oculis* ; Hilaire, *in Matth.* 2, 6 : *testimonium de domino suo mittitur et contemplationis et uocis*.

Lettre 9

1. Ennode répète ici un thème qui lui est cher : celui qui exige de recevoir une lettre ne doit pas juger sévèrement le style de celle-ci (voir par exemple, *epist.* 3, 24, 1-3 à Mascator : « Un texte obtenu sous la contrainte, qui n'a pas de valeur par son éloquence, en retire une subrepticement de l'obligation qu'on lui impose. Jamais outrage commis sur ordre n'a mérité de reproche ; on ne saurait légitimement condamner celui qui obéit. Il doit s'imputer à lui-même les dommages qui découlent d'un langage qui se veut rustique, celui qui provoque un incapable. C'est de l'orgueil de ne pas obéir aux plus puissants que soi ; c'est un plus grand orgueil encore de mépriser ce que l'on sait provenir de celui qui obéit. Ce serait la preuve d'un désir malhonnête de ne pas aimer ce que tu exiges. C'est être en accord avec son propre jugement que

de suspendre toute critique contre qui obtempère. C'est une sévérité indûment opiniâtre que de scruter le mérite chez un proche obéissant. Il ne chasse pas la pudeur de la place qui est la sienne, celui qui doit ce qu'il dit à un commandement. Ainsi donc, dans nos propos, ce qui n'a pas de valeur rhétorique est justifié par l'obéissance. À vous de juger la qualité de ce que vous avez ordonné que je vous offre : quant à moi, j'estime que vous avez obtenu, sans porter atteinte à ma personne, ce que vous avez désiré recevoir »).

2. Le verbe *adlegare* est un terme juridique qui signifie « alléguer », « produire comme preuve, comme justification ».

3. Cette image est directement empruntée à la quatrième églogue de Virgile (voir Verg., *ecl.* 4, 42-45, p. 61 : *Nec uarios discet mentiri lana colores / ipse sed in pratis aries iam suaue rubenti / murice, iam croceo mutabit uellera luto, / sponte sua sandyx pascentis uestiet agnos* ; « la laine n'apprendra plus le mensonge des teintures multicolores, mais, de lui-même, alors, dans les prés, le bélier prendra sur sa toison la couleur délicatement pourpre du murex, ou jaune de la gaude ; spontanément, les agneaux à la pâture se revêtiront d'écarlate », trad. E. de Saint-Denis).

4. L'ablatif absolu *aeno inebriante* signifie litteralement « le chaudron étant saturé ».

5. Voir Hor., *odes*, 2, 16, 36 : *murice tinctae.*

6. Le *linguae murex* définit l'écriture précieuse qui caractérise la communication au sommet du pouvoir. La pourpre est un symbole du pouvoir et le *linguae murex* est comparé par Ennode à la pourpre des vêtements « pour l'usage royal » (*ad regalem usum*), aux « vêtements des princes » (*principalibus indumentis*). Peu de temps après, Cassiodore souligne aussi la fonction politique de la langue de « pourpre » dans une lettre placée presque en tête des *Variae* : Théodoric s'adresse au « respectable » Théon à propos d'un vêtement royal (*sacrae uestis*) que le teinturier n'a pas encore réalisé malgré les ordres du roi. L'auteur évoque les procédés de la fabrication de la pourpre, de la cueillette des coquillages, dans la mer de Calabre, jusqu'aux laines qui boivent le liquide précieux, dans une langue aussi contournée et métaphorique que le *linguae murex* d'Ennode : « Nous croyons que quelque négligence est survenue (...), que les laines n'ont pas absorbé la qualité très précieuse du vénérable murex. Car si le plongeur avait solennellement recueilli à la bonne saison les coquillages répandus dans la mer d'Otrante, cette production de Neptune, qui génère la pourpre toujours brillante, l'**ornement du trône**, une fois dissoute par l'abondance des eaux, aurait délivré le **liquide royal** à teinte de feu. La couleur éclatante avec tant de finesse, l'obscurité rougissante, la noirceur sanguine distinguent celui qui règne, exposent le maître à la vue de tous et offrent au genre humain de ne pas pouvoir se tromper sur qui est le prince. (...) Ce que Tyr est pour l'Est, Otrante l'est pour l'Italie, assurément la fabrique des **vêtements de cour**, non seulement la gardienne des richesses du passé mais aussi celle qui transmet sans cesse les richesses nouvelles » (Cassiodore, *uar.* 1, 2, 1-7, le roi Théodoric à Théon, a. 507) ». Voir S. Gioanni, « La langue de 'pour-

pre' et la rhétorique administrative dans les royaumes ostrogothique, burgonde et franc (VIe-VIIIe siècle) », dans Fr. Bougard, R. Le Jan et R. McKitterick (éds.), *La culture au haut Moyen Âge : une question d'élites ?*, Turnhout, 2009 (*Collection Haut Moyen Âge*, 7), p. 21 *sq*.

7. Au cours de l'Empire, le *murex* devint sacré et fut réservé à l'empereur, comme le rappelle le *Code Théodosien* (voir *Cod. Th.* 10, 21, 3 : *Nec pallia tunicasque domi quis serica contexat aut faciat quae tincta conchylio nullius alterius permixtione subtexta sunt*). Voir R. Delmaire, *Largesses sacrées...*, p. 455 : « La pourpre est depuis longtemps le symbole du pouvoir royal et le cérémonial d'adoration de la pourpre en a renforcé cet aspect ». Sur les significations de la pourpre dans l'Antiquité, voir W.T. Avery, *The* Adoratio purpurae *and the Importance of the Imperial Purple in the Fourth Century of the Christian Era*, dans *Memoirs of the American Academy in Rome*, 17, 1940, p. 66-80 ; M. Reinhold, *History of Purple as a Status Symbol in Antiquity*, 1970, 73 p. (*Coll. Latomus*, 116).

8. La métaphore de la production de pourpre et du tissage aboutit à un texte raffiné. Mais il y a plus qu'un exercice de style : l'auteur explique en effet que tout ce faste est inutile et trompeur par rapport aux vertus intérieures. On a donc affaire à un texte paradoxal qui met en œuvre une rhétorique qu'il condamne. Cette lettre illustre ainsi les différentes fonctions de la langue des élites : 1. maintenir un très haut niveau d'écriture latine ; 2. partager le plaisir de relire les « classiques » ; 3. dispenser une leçon d'édification morale ; 4. écrire une lettre de recommandation destinée à faire entrer un jeune homme dans un cercle influent de la cour.

9. Venantius : ce *uir clarissimus* reçoit une lettre d'Ennode (*epist.* 5, 22) qui le qualifie de *propinquus* et loue sa *dignatio*. Cassiodore évoque deux Venantius dans les *Variae*. Le premier, qui pourrait être le correspondant d'Ennode d'après Sirmond et Vogel, est un *uir spectabilis* qui administre les provinces de Lucanie et du Bruttium (*uar.* 3, 8, 46 : *corrector Lucaniae et Bruttiorum*) ; le second est un *uir illustris* qui devint consul en 507 et qui est le fils du préfet du prétoire Liberius (*uar.* 2, 15 et 4, 36) ; (*PLRE II*, « Venantius 2 », p. 1153).

10. L'expression *damna uerborum* est ambiguë : désigne-t-elle « les mots qui manquent » à Venantius ou les « dommages des mots » écrits par Ennode ?

Lettre 10

1. Trasemundus : *uir illustris*, parent du roi de Ravenne Théodoric (*epist.* 4, 10, 1 : *regiae stirpis germen*). Il reçoit une lettre, aujourd'hui perdue, de Julianus l'informant de ses démêlés judiciaires, à Milan, contre Marcellinus et son avocat Gevica (*epist.* 3, 20 vers 504). Ennode raille sa frilosité dans cette affaire (*epist.* 3, 20, 2 à Faustus : « [Julianus] ne put rien tirer d'un homme qui ne trouve pas d'autre remède, dans une

affaire misérable, que de se cacher »). Il faut sans doute l'identifier avec un correspondant homonyne qui reçoit l'*epist.* 4, 10 au sujet d'une autre affaire indéterminée (*epist.* 4, 10 : *ad aliqua suggerenda*). Les termes employés par Ennode à son sujet (*piissimus dominus*) suggèrent, d'après P. Amory, que Trasemundus était catholique (*PLRE II*, « T(h)rasimundus 2 », p. 1117 ; P. Amory, *People and identity in Ostrogothic Italy, 489-554*, Cambridge, 2007, p. 459-460.

2. *Condicione* a peut-être ici un sens plus faible : « de par cette situation ».

3. Dans l'*epist.* 3, 20 à Faustus, Ennode raconte au questeur de Ravenne les ennuis judiciaires de Julianus avec Marcellinus qui était défendu par le goth Gevica. Il l'informe qu'il s'est rendu au tribunal de Milan pour se mettre à la disposition du juge et qu'il a fait savoir à Gevica qu'il attendait le procès avec impatience. Ennode évoque, toujours dans la même lettre, qu'il a également prévenu Trasemundus, faisant sans doute allusion à l'*epist.* 4, 10, l'unique lettre conservée d'Ennode à Trasemundus.

Lettre 11

1. Sur Luminosus, personnage influent dans l'Église romaine, voir *epist.* 3, 10, note 2.

2. Laurent : ce *uir sublimis* est peut-être le *uir sublimis* Laurent qui demande à Ennode une lettre de recommandation pour ses enfants qui se rendent à Rome sans doute pour faire leurs études (*epist.* 4, 22 à Symmaque). Les épîtres 4, 10 et 4, 22 d'Ennnode montrent que le *uir sublimis* Laurent entretenait des contacts avec l'évêque de Rome au point de révéler à Ennode les intentions du pape dans l'affaire du remboursement du prêt (*epist.* 4, 10 à Luminosus). Dans ce cas, l'*epist.* 4, 22, qui montre le rôle d'intermédiaire d'Ennode entre Laurent et Symmaque, pourrait être antérieure à l'*epist.* 4, 10.

3. L'expression *reditus sibi debitos* pose problème. Le pronom réfléchi *sibi* suppose en effet que les sommes ont été dues au sujet grammatical de la phrase, c'est-à-dire au sublime Laurent. Or, d'après l'*epist.* 3, 10 à Luminosus, l'affaire du remboursement du prêt concerne le prêt consenti non pas par un *uir sublimis* mais par l'évêque de Milan, nommé lui aussi Laurent. Dès lors, deux hypothèses sont envisageables : dans un premier cas, le texte pourrait être corrompu et l'expression *sublimis uir Laurentius* devrait être remplacée par *episcopus Laurentius* ; dans un second cas, il s'agirait ici d'un tout autre prêt consenti au pape par un *uir sublimis* qui s'appellerait également Laurent. Cette hypothèse, qui n'est pas exclue, pourrait être rapprochée de l'*epist.* 4, 8 à Symmaque dans laquelle Ennode évoque le mécontentement des héritiers de Marius, privés des *fructus* qui leur étaient dus depuis plusieurs années à la suite d'un *negotium* entre Marius et Symmaque. L'ensemble de ces lettres révèlerait que le pape Symmaque avait bénéficié de nombreux prêts ou

soutiens matériels durant le conflit de légitimité qui l'opposait à l'antipape Laurent.

4. Les autres lettres relatives au remboursement du prêt consenti par l'évêque de Milan au pape Symmaque (*epist.* 3, 10 ; 4, 11 ; 6, 16) nous apprennent que le garant n'est autre qu'Ennode lui-même (voir *epist.* 3, 10, 3-4 : « le Seigneur sait qu'il a dépensé plus de quatre cents sous d'or. Il les a donnés parce que je me suis porté garant. Je ne peux pas me présenter librement devant lui jusqu'à ce que, par votre intermédiaire, comme j'en ai la ferme confiance, la promesse soit accomplie. C'est pourquoi j'ai envoyé le porteur de la présente, homme de religion et de confiance, pour que vous me soulagiez du pacte et de l'injustice dont je viens de parler »). Ennode est donc directement concerné par cette affaire. Il ne joue pas seulement un rôle d'intermédiaire.

5. Ennode exprime clairement les deux registres de l'obligation auxquels on ne peut se soustraire : la justice (*aequalitas*), séculière ou ecclésiastique, et l'affection (*affectus*).

Lettre 12

1. Jean, issu de l'ancienne noblesse (*ueteris decora prosapiae* ; *seniora familiae ornamenta*), fils d'un ami d'Ennode et gendre d'Olybrius, appartient à l'aristocratie milanaise et exerce une charge à Ravenne en 503. Il est alors, semble-t-il, un jeune homme (*adulescentia in te*) et un élève d'Ennode. Préfet du prétoire à partir de 512, il sera le père du préfet Reparatus et du pape Vigile. Il reçut cinq lettres d'Ennode (*epist.* 1, 1 ; 1, 10 ; 2, 18 ; 4, 12 ; 6, 37) qui révèlent la proximité entre les deux hommes (*frater*, *sodalis*, etc.). Dans son éloge posthume en 527, Cassiodore (*uar.* 9, 7) raconte que le préfet Jean a réparé la curie romaine et insiste sur ses qualités d'évergète (*PLRE II*, « Iohannes 67 », p. 609-610).

2. Ennode fait sans doute allusion à sa précédente lettre à Jean (*epist.* 2, 18) dans laquelle il reprochait à son correspondant d'avoir cessé (*cessatio*) tout commerce épistolaire depuis sa nomination à la cour de Ravenne et d'avoir menacé, par son silence, la « concorde promise » : *epist.* 2, 18 à Jean, p. 71-72 : « J'ai de bonnes raisons de m'en prendre à votre sympathie pour moi par la morsure de mon stylet, pourtant rongé par la rouille et bien que tu abondes en qualités naturelles et que tu sois riche en talents, tu ne pourrais pas les balayer. Ai-je jamais cru, moi, qu'un autre pût recevoir des nouvelles de votre retour avant moi ? Ai-je pensé, moi, que le souvenir de moi, quelles que soient vos occupations, quittât ce cœur dévoué aux amis ? Voici que, sous mes yeux, on remet à d'autres des lettres et que mon attente amicale est frustrée chaque fois que ma confiance est méprisée. Mais je refuse de remplir davantage ma lettre du fiel des reproches : un écrit bref suffit aux choses tristes. Mon cœur est toujours dans les mêmes dispositions que lorsqu'il s'est adressé à ta Grandeur au moment de ton départ : il vous appartient, si vous

bravez les malheurs des temps, de préserver la concorde promise. Salut, mon cher Seigneur, et relève celui qui t'aime par l'échange d'un entretien afin de dissiper, en m'écrivant, la tristesse que ton silence épistolaire a causée, tu le vois, à ton ami ».

3. Le préambule de cette lettre contient de nombreux échos à l'*epist.* 4, 65 de l'orateur Symmaque : Ennod., *epist.* 4, 12, 1 : *Natura partum est, ut cura migret in gaudium et mutetur querella praeconiis, quotiens cupita tribuuntur ; incertus animi fui, quid sibi vellet sublimitatis tuae tam longa cessatio ; sed cum potiri datur optato, ipse pro partibus tuis honestum excusationis genus inquiro.* // Symm., *epist.* 4, 65 : *Iamdudum in expectatione eram litterarum tuarum incertus animi, quid sibi vellet tam longa cessatio, sed ubi compotem desiderati me muneris reddidisti, cura uertit in gaudium. Et reuera ita natura partum est, ut expetiti diu officii querella decedat, si potiamur optato* ; sur ces parallèles textuels, voir B.-J. Schröder, *Bildung und Briefe*, p. 250-252.

4. *incertus animi* : voir Tite-Live, 1, 7 ; Tac., *Hist.* 3, 55 et surtout Symm., *epist.* 4, 65.

5. Notre traduction « pour toi » cherche à traduire la double signification de l'expression *pro partibus tuis* qui signifie « pour défendre ta cause » et « à ta place ».

6. Voir Cic., *Verr.*, 1, 128 : *omnia peccata concedere.*

7. Cette lettre contient de nombreux termes exprimant le silence. Chez Ennode, le silence n'est jamais une simple suspension de la voix, un vide. C'est avant tout un danger qui nuit gravement aux relations d'amitié et de parenté. Les devoirs de l'épître conduisent ainsi à une condamnation répétitive du silence sous ses diverses formes (*silentium*, *taciturnitas*, *abstinentia*, *cessatio*, *feriato ore*...) qu'il assimile à du mépris ou de l'hostilité envers ses proches (*epist.* 3, 10, 2 à Luminosus : « qu'il soit loin de mon intention d'imiter ce que l'on me fait endurer et, par le silence, de me venger de votre mutisme. (...) je n'ai pas pu refuser un commerce épistolaire qu'exigent l'intérêt et la sympathie »). Dès lors, il arrive qu'Ennode justifie son propre silence pour menacer des correspondants de mettre un terme à leur relation, c'est-à-dire de les exclure de la communication et de la sociabilité épistolaires (*epist.* 1, 16, 5-6 à Florianus : « réserve à d'autres les charmes de ton entretien. (...) je te prie, si, en observateur vif, tu pénètres les désirs que j'ai conçus par amour du silence, de pardonner du moins aux obligations qui nous accablent » ; *epist.* 2, 12, 4 à Astyrius : « garde donc tes bons mots pour toi ou réserve-les à ceux avec lesquels vous n'avez, sans l'office de la parole, que le langage des gestes »). Ces menaces peuvent s'expliquer par la réprobation morale du mode de vie du correspondant mais aussi par des désaccords politiques, comme le montre le faible nombre de lettres destinées aux adversaires déclarés du pape Symmaque pendant le schisme laurentien. La nécessité du *sermo* épistolaire justifie également l'impossibilité de se réfugier dans le silence pour les personnes éprouvées par le deuil (*epist.* 3, 2, 3 à Eugenes : « Je remarque toutefois que souvent, dans le deuil, la conversation [épistolaire] a été l'expression

d'un malheur très douloureux et que les remèdes du silence ont été interrompus par les paroles d'un entretien. Je dirai : celui qui refuse d'écrire sa lamentation veut voir périr avec sa propre vie l'objet de sa déploration. Le souvenir d'un frère et d'un savant ne mérite pas que disparaisse avec nous ce que nous avons pensé de lui. »). Malgré toutes ces condamnations, Ennode justifie parfois son silence par les mauvaises conditions de transport du courrier ou par la difficulté de trouver des porteurs fiables (*epist.* 3, 13, 2-3 à Apollinaris : « j'ai décidé de m'abstenir d'écrire jusqu'à ce que je trouve un porteur domestique de peur que la preuve de mon amitié, gâchée par des porteurs indignes, ne se dégrade à cause de l'incurie d'autrui et que cette dégradation ne me soit imputée, alors que je n'en suis pas l'origine. En vous expliquant ainsi brièvement la cause inévitable de mon silence, je m'applique de nouveau à vous écrire »). Mais il est une dernière cause qui pourrait faire apparaître le silence comme une marque de sagesse lorsqu'il protège l'amitié des paroles maladroites (*epist.* 3, 32, 2 à Passivus : « je crains que mon pauvre bavardage ne mette un terme à l'estime [et] que l'on considère que le niveau du discours est le même que celui du lien affectif. Il vaut mieux renoncer à la considération par le silence que de causer des dommages par des lettres »). Sur la signification du silence et de ses représentations, voir R. Mancini, *La lingua dei dei : il silenzio dall'antichità al Rinascimento*, Vicenza, 2008 et A. Thiollier, *Intolérable silence*, Paris, 2010.

8. Littéralement : « à de nombreuses personnes qui étaient étrangères au manque de toi ».

9. Peut-être un écho au second livre des Maccabées et au récit de Jason qui, oublieux de ses proches, périt loin de sa patrie et du tombeau de ses pères. Cet exemplum biblique illustrerait parfaitement la mise en garde d'Ennode dans laquelle on devine aussi quelques expressions communes (II. *Macc.* 5, 9-10 : *qui multos de patria expulerat peregre periit Lacedemonas profectus quasi pro cognatione ibi refugium habiturus et qui insepultos abiecerat multos ipse et inlamentatus et insepultus abicitur sepultura neque peregrina usus neque patrio sepulchro participans* ; « Lui qui avait banni tant de personnes de leur patrie, il périt sur la terre étrangère, après s'être rendu à Lacédémone dans l'espoir d'y trouver un refuge, en considération de la commune origine ; lui qui avait jeté tant d'hommes sur le sol sans sépulture, nul ne le pleura et ne lui rendit aucun des derniers devoirs ; il ne fut pas enseveli dans le tombeau de ses pères »).

10. Littéralement : « des éléments totalement séparés par le chemin ».

11. Sénèque définit les *bonae artes* comme la base des études libérales. Elles désignent les sciences dignes de l'homme libre dans la mesure où elles ne servent non pas à gagner de l'argent mais à libérer l'esprit (Sen. *epist.* 88 ; voir aussi Cic., *Arch.* 4 ; *inu.* 1, 35 ; *de orat.* 3, 3, 127 ; *Tusc.* 2, 27). Définies par les pédagogues antiques comme les disciplines préparatoires à l'étude de la philosophie, les *bonae artes* désignent, à la fin de l'Antiquité, la matière principale des études. Leur liste fut établie par

Martianus Capella, vers 420, dans les *Noces de Mercure et de Philologie*. Au nombre de sept, elles furent classées dans un ordre qui fut conservé tout au long du Moyen Âge : grammaire, rhétorique, dialectique, arithmétique, géométrie, musique, astronomie. Contemporain d'Ennode, Boèce réunit les quatre dernières dans le *quadriuium* (arts du nombre) alors que les trois premières formèrent le *triuium* (arts de la parole). L'orateur Symmaque présente les *bonae artes* comme les « semences de la gloire » et comme les « mères des honneurs » (voir Symm., *epist.* 1, 20, 2).

12. La critique des gens « indifférents » et « sans culture » peut dissimuler une critique plus politique (sans qu'on puisse déterminer s'il s'agit, par exemple, d'opposants au pape Symmaque pendant le schisme laurentien). La dévalorisation d'Ennode, au XIIe siècle, par l'évêque Arnulf de Lisieux est une excellente illustration de ce procédé qui consiste à critiquer le style et l'esthétique d'un auteur pour discréditer sa pensée. En effet, l'œuvre d'Ennode fut sévèrement critiquée par Arnulf de Lisieux qui lui reprochait surtout d'avoir contribué à formuler et à imposer la primauté pontificale (voir *Ennode, Lettres*, I, p. CLXVI-CLXIX : « Histoire d'une dévalorisation »). Cette interprétation conférerait une signification politique au silence épistolaire dont cette lettre propose de multiples expressions (voir *supra*, note 7).

13. L'expression *amante posthabito* peut se comprendre de deux façons différentes : « après avoir relégué celui qui t'aime » ou bien « après avoir relégué celui qui aime les arts libéraux ».

14. Voir *epist.* 2, 18, 2 à Jean, p. 71-72 : « Mais je refuse de remplir davantage ma lettre du fiel des reproches : un écrit bref suffit aux choses tristes ».

15. L'expression de la « douceur » (*placatus* ; *delenitus* ; *dulces paginas*) revèle un aspect essentiel de la pédagogie ennodienne qui repose sur « l'autorité de l'amour », fidèle en cela à la tradition patristique (voir P. Yfantis et P. Skaltsis, « Santità e dolcezza di Dio in s. Agostino e nella tradizione patristica orientale », dans *Sant'Agostino nella tradizione occidentale e orientale*, Rome, 2009, à paraître).

16. Voir *epist.* 2, 18, 2 à Jean, p. 72 : « il vous appartient, si vous bravez les malheurs des temps, de préserver la concorde promise ».

Lettre 13

1. Constantius : originaire de Ligurie, *uir illustris* à la cour de Ravenne, ami d'Ennode qui lui adressa cinq lettres *epist.* 2, 17 ; 2, 19 ; 2, 20 ; 4, 13 ; 5, 23 (*PLRE II*, « Constantius 15 », p. 321).

2. Le verbe *promulgari* est un terme technique de droit public qui désigne l'action de présenter officiellement un texte (par exemple une loi). Le choix de ce verbe donne une force particulière à cette épître qui est un éloge de l'amitié épistolaire et à la relation particulière qui unit Ennode à Faustus. Mais le verbe *promulgari* va plus loin : il assimile la

lettre à la loi, donnant à l'épître l'onction d'un texte de loi (les lois de l'amitié).

3. Les correspondances sont conçues dans l'Antiquité, pour reprendre une expression d'Ambroise, comme « une conversation entre absents » (Ambr., *epist.* 48, 1, éd. M. Zelzer, 1990, p. 48 (*CSEL* 82, 2) : *(...) nobis cum absentibus sermo sit* ; voir aussi *epist.* 37, 4, p. 21). Ennode souligne souvent cette fonction de l'épître qui rapproche les êtres éloignés : « (...) j'ai dicté, en quelque sorte en présence de ta Clarté, ce qu'elle devait lire », précise-t-il à Avienus : « il me semblait, en parlant, que ma page te rendait présent » (Ennod., *epist.* 1, 12, 3 à Avienus, p. 27 : *(...) sub quadam claritatis tuae praesentia legenda dictaui : uisa est mihi, dum loquor, pagina mea te reddidisse.*). « La lecture [d'une lettre] », écrit-il à Faustus, « porte au loin jusqu'aux traits du visage et rend présentes les images des êtres chers par les bons offices de l'écrit » (*epist.* 2, 24, 1 à Faustus, p. 78 : *dispendium credo esse diligentiae nullas commeantium manus litterarum dote munerari, quae solent lectione etiam uultus ad longinqua portare et carorum imagines officio praesentare sermonis*). Cette fonction est si importante qu'elle semble parfois justifier à elle seule l'échange épistolaire sans qu'il soit besoin pour Ennode de transmettre quelque information, le seul objet de l'épître étant alors de manifester une forme de présence : « Est-il quelqu'un pour considérer comme parti au loin celui qu'il touche par la pensée ? En effet, si l'esprit est en l'homme un bien de la divinité, il ne peut ressentir les dommages qu'infligent les distances. J'ai dit quelle raison me pousse à vous envoyer ces écrits » (*epist.* 1, 17, 1 à Faustus, p. 33 : *Quisquamne digressum ad longinqua censeat quem mente contingit ? nam si spiritus res est diuinitatis in homine, prolixarum sentire non potest damna terrarum. Dixi causam, quae me faciat scripta porrigere*).

4. Voir Cassien, *conf.* 2, 17, 17, p. 261 : *Non enim Deus verborum tantum actuumque nostrorum discussor et iudex, sed etiam propositi ac destinationis inspector est.*

5. Le terme *peregrinatio* n'a pas ici un sens spirituel. Il désigne seulement le voyage, le séjour dans des contrées lointaines (Cic., *Lae.* 103)

6. Dans l'épître précédente (*epist.* 4, 12), Ennode avait écrit à Jean pour le remercier de sa lettre après la longue attente dont témoigne l'*epist.* 2, 18. Jean est un proche de Constantius puisqu'Ennode remercie ce dernier d'avoir convaincu Jean de lui répondre. Cette proximité explique peut-être la présence de l'*epist.* 2, 18 à Jean dans un groupe de trois lettres à Constantius (*epist.* 2, 17 ; 2, 19 et 2, 20). L'*epist.* 4, 12 à Jean précède également la lettre à Constantius (*epist.* 4, 13). Les lettres adressées aux deux hommes, qui exercent tous deux une charge à Ravenne, ont peut-être été envoyées par Ennode en même temps.

7. Dans l'*epist.* 4, 12, 2-3, Ennode raconte qu'il avait des nouvelles de Jean pendant son long silence puisque celui-ci entretenait des relations

épistolaires avec d'autres personnes : « Où était [cet enthousiasme] lorsque tu t'abstenais fermement d'écrire mais, il est vrai, pas pour tout le monde en Ligurie ? En adressant à de nombreuses personnes qui n'avaient que faire de ton absence des pages qui auraient soulagé ma douleur, tu as fait durer le silence envers moi et tu leur as offert ta conversation qui ne répondait à aucune volonté ».

8. La *felicitas* exprime un état de satisfaction et de bonheur consécutif à l'accomplissement de ses souhaits (Aug., *ciu.* 5, 1 : *constat omnium rerum optandarum plenitudinem esse felicitatem*). Dans la *Correspondance*, Ennode emploie souvent le terme *felicitas* pour exprimer le succès dans la carrière, la réussite, en l'occurrence l'honneur d'exercer une charge à la cour de Ravenne (voir *epist.* 4, 20, 2 à Julianus : *sic bono in medium adscitus reipublicae de felicitatis tuae diuturnitate gratuleris*).

Lettre 14

1. La succession des trois adverbes (*saepe mediocriter gratis*) est lourde et difficile à traduire.

2. Panfronius ou Pamfronius : correspondant d'Ennode (*epist.* 5, 16 et *epist.* 9, 13), il est issu d'une famille noble (*generi et moribus tuis apex*). Pamfronius a insisté pour obtenir d'Ennode la lettre de recommandation qu'il apporte lui-même à la cour de Ravenne (*epist.* 2, 16 et 4, 14 à Faustus et *epist.* 4, 16 à Agapitus). Ennode laisse entendre dans la lettre à Agapitus que Pamfronius est sur le point d'obtenir la charge du vicariat, proprablement la vice-préfecture du prétoire (*epist.* 4, 16, 2 : *cui aliqua de uicariae dignitate suggeranda commisi*). En 508, Pamfronius adresse une correspondance à Ennode à la grande satisfaction de ce dernier (*epist.* 7, 2 : *illustris uiri domni Pamfronii relatione contentus*). Il obtint une charge importante à la cour de Ravenne, comme l'indiquent les expressions *magnitudo tua, uir sublimis et magnificus* (*PLRE II*, « Pamfronius », p. 825).

3. Littéralement : « ceux que l'intériorité méconnaît ».

4. Porte-parole du roi, le questeur est un haut représentant de la justice royale (Delmaire, p. 57-63 : « le questeur du palais ») : il écrit les textes de ses lois et reçoit les suppliques qu'on lui adresse, les *preces*.

Lettre 15

1. Le *supplex* désigne ici le plaignant, celui qui déposait une supplique. L'une des prérogatives du questeur du palais, Faustus en l'occurrence qui exerça cette charge de 503 à 505, était de « recevoir les suppliques » (voir *epist.* 3, 20, note 5). De nombreuses lettres d'Ennode adressées à Faustus concernent des affaires judiciaires dans lesquelles

Faustus était susceptible d'intervenir (voir *epist.* 1, 7 ; 1, 26 ; 2, 23 ; etc.).

2. Ces lignes rappellent le *carm.* 1, 2, 5 d'Ennode qui célèbre la fonction de questeur : *Vox iusti quaestor, legum substantia....*

3. Cette affaire, dont les protaganistes ne sont pas nommés, n'est pas sans rappeler le cas du noble Dalmatius dont le domaine de Sicile a été occupé. Ennode avait saisi le questeur de Ravenne pour qu'il intervienne en faveur de Dalmatius et fasse respecter la *ciuilitas* et ce qu'il reste de l'état de droit (voir *epist.* 4, 5 note 6).

4. Le participe substantivé *submissi* désigne d'abord « ceux qui sont dans un état de soumission », les « humbles ». Ne peut-il pas être compris ici dans le sens plus restrictif de « sujets » du roi Théodoric dont le questeur Faustus est l'un des principaux collaborateurs ?

5. Littéralement : « ce qui concerne la miséricorde ».

Lettre 16

1. Sur Agapitus, ami d'Ennode et peut-être parent de Faustus, voir *epist.* 4, 6 note 1.

2. Le terme *prouidentia* peut être synonyme de *prudentia*, c'est-à-dire de « sagesse » : voir Sen. *dial.* 3, 3, 7 : *nulli nisi homini concessa prudentia est, prouidentia, diligentia, cogitatio* ; 7, 9, 4 : *summum bonum est prouidentia.*

3. Voir *epist.* 2, 18, 2 à Jean, p. 72 : *sufficit tristibus stricta narratio* (« un écrit bref suffit aux choses tristes »).

4. L'expression *cura epistolaris* désigne le soin apporté au commerce épistolaire (voir *epist.* 5, 11, 2 à Avienus ; *epist.* 9, 4, 4 à Probinus ; etc.) : voir introduction, p. XVII-XXII « Éthique et société : la *cura epistularis* d'Ennode ».

5. Panfronius ou Pamfronius : voir *epist.* 4, 14, 1, note 2.

6. Ce pluriel fait sans doute aussi allusion à la lettre de recommandation qu'Ennode a adressée au questeur du palais pour introduire Panfronius à la cour (*epist.* 2, 16, 1 à Faustus, p. 70 : « Certes, il eût été égal, puisque le sublime Pamfronius se rend auprès de vous, que la fonction de la lettre fût remplie par un entretien de vive voix et que ce noble Seigneur ne fût pas chargé d'un fardeau épistolaire, car il a eu l'occasion de connaître moins mes paroles que mes sentiments »).

7. Le terme *uicaria* est souvent employée pour désigner la *uicaria praefectura*, c'est-à-dire la vice-préfecture du prétoire (voir W. Ensslin, « Der *uicarius praefecturae urbis* », dans *Byzantinische Zeitschrift*, 36, p. 320-326 et *Cod. Theod.*, 6, 26, 4 : *Proximos memoriae, epistularum ac libellorum ita uicariorum honore cumulamus, ut inter eos merito dignitatis habeantur, qui pro praefectis dioeceses sibi creditas temperarunt, ex eo tempore, ex quo eos splendor indepti proximatus ostentat, insequentibus praeponendi, qui* uicarias *postea administrauerint*).

8. Cette requête (*petitionem*) reprend mot pour mot la précédente supplique (*suggestionem*) d'Ennode à Agapitus (*epist.* 4, 6, 3 : *ad uotiuum perducatis effectum*).

9. Sur l'expression *adesse partibus tuis*, voir *epist.* 3, 25, 2 à Eugenes, note 2.

10. Le sens de *certis* est ambigu : s'agit-il de « choses sûres » ou de « personnes sûres » en qui Ennode a toute confiance ? Nous avons interprété *certis* comme un masculin pluriel.

Lettre 17

1. Decoratus : originaire de Spolète où son épitaphe le célèbre comme *lumen patriae* ; Decoratus est le frère d'Honoratus et l'ami d'Ennode qui lui adressa trois lettres (*epist.* 4, 17 ; 7, 6 ; 7, 10). En 510, il exerce la charge d'avocat avec Florus à Ravenne où il devient *quaestor sacri palatii*. Decoratus est présenté par Boèce dans la *Consolatio Philosophiae* comme un magistrat indigne, délateur et courtisan (Boeth., *cons.*, 3, 4, 4). Il fut peut-être mêlé à la campagne contre Boèce. Sous la plume de Cassiodore, Théodoric adressa une lettre à son frère Honoratus, célébrant au contraire son courage et son esprit de sagesse (Cass., *uar.* 5, 3, p. 144-145 : *Tali igitur omine Decoratus eualuit : eualuit, inquam, ac se honoribus palatinis iudicio nostro laudatus immiscuit, dignitatem sumens quam solemus*). *Patronus* de Spolète, Decoratus installa un hospice près de la ville à proximité de la Via Flaminia pour les pélerins qui se dirigeaient vers Rome, comme le rappelle son épitaphe. Il mourut en 524 (*PLRE II*, « Decoratus 1 », p. 350-351 ; *PCBE II*, « Decoratus 1 », p. 541-542).

2. Cet éloge de la conversation épistolaire, fréquent dans la *Correspondance*, souligne ici un aspect essentiel de la communication dans l'Antiquité tardive et le haut Moyen Âge. Elle se traduit en effet par une valorisation de l'écrit qui caractérise la christianisation du monde romain et le haut Moyen Âge. Alors que le monde antique est dominé par la parole et la rhétorique, qui sont la source de toute autorité, le monde médiéval voit peu à peu s'imposer l'écrit, notamment dans le domaine du droit ; l'autorité de « la coutume » (*consuetudini*) s'efface devant la force de la « loi » (*legi*). Dès lors, il serait réducteur de résumer le rôle des épîtres à leur fonction culturelle (entretenir la tradition de l'épistolographie latine) et sociale (nouer des relations entre les individus). Ces correspondances révèlent aussi un nouveau rapport à la communication, nécessairement écrite, qui illustre une normalisation des rapports par l'intermédiaire de l'écrit (*per eas*) et une « juridicisation » des rapports sociaux dont témoigne par exemple l'abondance du vocabulaire juridique dans cette courte lettre (*recte*, *iure*, *tracta*, *testimonium*, *testa*, *legi*, *deliberationem*...) qui envahit habilement le champ de l'amitié et de la spiritualité (voir introduction, p. XIV-XVII : « La 'contractualisation' des échanges dans l'Italie théodoricienne »).

3. Il est difficile de traduire en français la relative au subjonctif qui revêt ici une valeur causale.

4. La compréhension de cette phrase suppose une modification de la ponctuation adoptée par les éditeurs. Nous remplaçons le point (après *licuit*) par une virgule et nous remplaçons la virgule (après *promisisset*) par un point.

5. Littéralement : « ...qu'est-ce qui s'est implanté sur les sentiments envers ta grandeur ».

Lettre 18

1. D'après J. R. Martindale et C. Pietri, Opilion, qui reçut deux lettres d'Ennode (*epist.* 1, 22 et 5, 3), doit être identifié avec Venantius Opilio, *uir clarissimus et illustris*, préfet du prétoire en Italie, patrice et consul en 524. Opilion est en effet évoqué par Ennode dans des termes très honorifiques (*epist.* 5, 3, 1 : *uir illustris* ; *epist.* 4, 18, 1 : *sublimis et magnificus uir* ; *epist.* 5, 3, 2 : *magnitudo uestra* ; *epist.* 1, 22, 2 : *amplitudo* ; *culmen*). L'*epist.* 4, 18, 1 nous apprend que les parents d'Opilion étaient installés en Afrique. Opilion reçut deux lettres d'Ennode (*epist.* 1, 22 et 5, 3) ; (*PLRE II*, « Venantius Opilio 5 », p. 808-809 ; *PCBE II*, « Opilio 4 », 1557-1558).

2. Agnellus : qualifié de *magnificus uir* par Ennode, Agnellus se trouve alors en Afrique lorsqu'Ennode demande au questeur de Ravenne une lettre de recommandation destinée à Agnellus en faveur des parents d'Opilion (*epist.* 4, 18, 1). Agnellus s'adresse directement à Ennode pour l'informer qu'un certain Dominator, probablement installé en Afrique, souhaite entamer une correspondance avec le diacre de Milan (*epist.* 4, 23). Agnellus apparaît comme un personnage redoutable en affaires dans l'*epist.* 5, 3 à Opilion. Agnellus semble avoir bénéficié d'une certaine gloire en Italie et en Afrique (*epist.* 9, 19, 2). Cassiodore nous apprend que Théodoric envoya Agnellus en Afrique pour veiller à la défense des intérêts du royaume (Cassiodore, *uar.* 1, 15, p. 22 au patrice Festus, a. 507 / 511 : *Idcirco praesenti iussione decernimus, ut domus patricii Agnelli ad Africam discedentis, qui regnum petens alterius nostris est utilitatibus seruiturus, saluis legibus tua tuitione ualletur, ne uiolentos cuiusquam impetus subtracta domini defensione patiatur*). Ennode lui adressa sept lettres (*epist.* 7, 4 ; 7, 11 ; 7, 15 ; 7, 16 ; 7, 26 ; 8, 20 ; 9 19) et lui dédia quelques vers (*carm.* 2, 107-109) ; (*PLRE II*, « Agnellus », p. 35).

3. Nous avons essayé de rendre dans la traduction la paronomase *prae*state *prae*cipua.

Lettre 19

1. Sur Apollinaris, parent d'Ennode, qui se trouve en Gaule, voir *epist.* 3, 13, note 1.

2. Deux interprétations sont possibles : la première pourrait exprimer « la sagesse d'un âge avancé » qui renforcerait les liens d'amitié ; elle supposerait que le correspondant d'Ennode soit « d'un âge avancé », ce qui n'est pas démontré. La seconde hypothèse, que nous avons retenue, exprime « la perspective d'un âge avancé » (voir aussi B.-J. Schröder, p. 370 : « Die Vorsorge der alten Zeit ») ; cette interprétation rappelle un argument développé par Venance Fortunat dans *carm.* 7, 12, vers 1-2 et 67-68 : « Le temps s'enfuit et vole, les heures fugitives nous abusent et la pente glissante de la vie entraîne les hommes vers la vieillesse. (...) J'avais cru qu'avec le déroulement du temps la force de votre affection redoublerait » (trad. M. Reydellet).

3. Il est difficile de rendre en français l'allitération : *f*acilius, *f*rater, *f*uerat...

4. Peut-être un écho à Pline, *epist.* 7, 4, 5 à son cher Présens qui constitue une exhortation au retour : *si cenam tibi facerem, dulcibus cibis acres acutosque miscerem...*

5. Littéralement : « ceux qui circulent », « ceux qui vont et viennent ». Sur le substantif *commeantes*, fréquent dans l'Antiquité tardive, voir *epist.* 3, 13, 1 note 4. Ennode rappelait déjà la fonction essentielle des « voyageurs » et des porteurs occasionnels dans la communication épistolaire : voir *epist.* 3, 13, 1 à Apollinaris : *Nulla commeantium damna (...).* L'évocation des « voyageurs » dans les lettres à Apollinaris s'explique par le fait qu'Apollinaris réside en Gaule et demeure très éloigné d'Ennode qui ne recourt pas à des porteurs mais profite du voyage en Gaule de ses amis pour leur confier du courrier.

6. Littéralement : « les consolations de tes désirs dispensées aux absents par la grâce céleste ».

7. L'expression *patriam conferre*, qui est difficile à traduire, désigne davantage qu'un simple sentiment d'être « chez-soi », comme le comprend B.-J. Schröder qui traduit par « ein Zuhause verschafft » (p. 370). Cette expression suppose sans doute le soutien concret (recommandation, aide financière... ?) des personnes originaires de la même patrie.

Lettre 20

1. Sur Julianus, comte du patrimoine à Ravenne, voir *epist.* 4, 7, note 1.

2. Voir *epist.* 2, 26, 1 à Liberius, p. 80 : « L'écriture est à la fois l'aliment et le soutien de l'affection. La conversation épistolaire est la servante de l'amour. Une tendresse qui reste muette offre l'image de l'ingratitude. L'amitié qui ne jaillit pas en paroles déprécie ce qui fait son

plaisir. Il est bon que le sanctuaire du cœur se laisse ouvrir par la clef d'un entretien. (...) s'il n'est pas privé de la parole qui dévoile la pensée ».

3. Le « bien de l'amitié » (*bonum diligentiae*) et le « bien de l'État » (*bonum reipublicae*), qui encadrent cette courte épître, semblent étroitement liés sous la plume d'Ennode qui fait de l'amitié épistolaire un fondement de la sociabilité aristocratique au service de l'administration royale et, donc, du bien commun. La fin de l'épître va même plus loin en donnant l'impression de subordonner la réussite de Julianus à la conservation des liens épistolaires avec Ennode (voir introduction, p. XVII-XXII : « Éthique et société : la *cura epistularis* d'Ennode »).

Lettre 21

1. Constantius : évêque de Verceil en Italie qui consacra ses deux sœurs à la virginité et composa pour elles une épitaphe métrique. Constantius apparaît dans la lettre d'Ennode (*epist.* 4, 21) et dans la liste des portraits épiscopaux (au 12e rang) placés dans la cathédrale de Verceil et détruits au XVIIIe siècle (*PCBE II*, « Constantius 22 », p. 479-480).

2. Vigilius : sous-diacre attaché à l'église de Verceil ; Vigilius n'apparaît que dans cette lettre d'Ennode qui demande à l'évêque de Verceil de le consacrer diacre (*PCBE II*, « Vigilius 4 », p. 2297).

3. Le sens de la conjonction *sed*, dont la présence ne fait aucun doute dans le texte, est difficile à comprendre puisqu'elle introduit une phrase qui ne s'oppose pas à la proposition précédente. Dubois consacre un développement aux « phrases avec *sed*, sans liaison logique avec les propositions précédentes. De deux choses l'une. Ou bien ce sont des anacoluthes ; les phrases semblent inachevées, plusieurs restent comme en suspens. Mais comment comprendre qu'un écrivain tel qu'Ennode ait pu répéter plusieurs fois ces négligences sans en être choqué, sans les corriger ? Ou bien les conjonctions *quamuis*, *sed* ont une acception toute spéciale, très différente de leur sens ordinaire ; mais il n'est pas facile d'apprécier le changement de signification » (Dubois, p. 514).

Lettre 22

1. Sur le pape Symmaque, voir *epist.* 4, 1, note 1.

2. Laurent : ce *uir sublimis* est peut-être le même Laurent qui avait prévenu Ennode que le pape Symmaque refusait de rembourser le prêt consenti par l'évêque de Milan à Symmaque durant le schisme laurentien (*epist.* 4, 10, 2 à Luminosus). En revanche, d'après la *PCBE II*, « il n'y a aucune raison, malgré l'homonymie, de l'identifier avec Laurentius, *uir illustris*, lié à l'évêque de Vienne Avit (voir Avitus, *epist.* 9, 46A, 47, 48 et « the laurentius file », p. 135-140) » (*PCBE II*, « Laurentius 30 », p. 1249). Toutefois, cette hypothèse ne nous semble pas totalement exclue puisque les correspondances d'Avit révèlent que le fils de Laurent était très impliqué dans les affaires religieuses (notamment le schisme

acacien) et dans l'entourage de l'évêque de Rome. Or, les épîtres 4, 10 et 4, 22 d'Ennnode, qui sont antérieures à celles d'Avit, montrent que le *uir sublimis* Laurent entretenait des contacts avec l'évêque de Rome au point de révéler à Ennode les intentions du pape dans l'affaire du remboursement du prêt. C'est pourquoi nous pensons que l'*epist.* 4, 22, qui montre le rôle d'intermédiaire d'Ennode entre Laurent et Symmaque, pourrait être antérieure à l'*epist.* 4, 10.

3. L'objet de cette lettre n'est pas précisé : les enfants de Laurent se rendent-ils à Rome pour leurs études, entrent-ils dans l'Église de Rome ou ont-ils seulement besoin du secours de la prière du pape ? L'emploi des termes techniques de la recommandation sociale (*commendatione* ; *adiutricem paginam* ; *in adstipulatione germinis*, etc.) semble indiquer que le sublime Laurent souhaite que l'évêque de Rome soutienne ses enfants qui s'apprêtent à se rendre à Rome, peut-être pour faire leurs études comme le suggèrent leur jeune âge (*pignorum* ; *subolis* ; *filiis* ; *paruulos...*) et l'inquiétude de leur père (*patris prudentia* ; *sollicitudine genitali* ; *trepridante diligentia* ; *patrium ardorem...*).

4. Sur ce sens de *in adstipulatione*, voir Ennod., *opusc.* 1, 17, 79, p. 220 : *in adstipulatione uictoriae*.

5. En latin tardif, *ipse* est souvent employé comme un équivalent du pronom *is* ou *ille* (Dubois, p. 336-338 : « emploi du pronom *ipse* »).

Lettre 23

1. Dominator, qui n'est connu que par l'*epist.* 4, 23, semble avoir manifesté son désir, par l'intermédiaire d'Agnellus, de recevoir un écrit d'Ennode. Le fait qu'Agnellus, qui se trouvait en Afrique, ait joué le rôle d'intermédiaire signifie peut-être que Dominator résidait lui aussi en Afrique. Ennode s'exécute tout en s'étonnant de ne pas avoir reçu directement une lettre de Dominator (voir B.-J. Schröder, *Bildung und Briefe*, p. 314 *sq*).

2. Sur Agnellus, *magnificus uir* en Afrique, voir *epist.* 4, 18, 1, note 2.

3. Sur le sens du verbe *elicere* (« attirer »), voir *epist.* 1, 3, 1 à Faustus, p. 9 (*diligentiam sancti pectoris, quam artifex silentium tegebat, elicui*) et 2, 28, 1 à Avienus, p. 82 (*eliciti utor stili genio*).

4. Sur la métaphore de la rouille, voir M. Banniard, « La rouille et la lime : Sidoine Apollinaire et la langue classique en Gaule au ve siècle », dans *De Tertullien aux Mozarabes, I, Mélanges offerts à Jacques Fontaine*, Paris, 1992, p. 413-427.

5. Sur la notion de *rusticitas* dans les théories rhétoriques de l'Antiquité latine, voir *epist.* 3, 24, note 4.

6. *Tamen* répond au *quidem* de la première phrase et introduit la seconde partie de la lettre.

7. Les emplois de *genius* sont souvent « ambigus » chez Ennode (*TLL*, VI, col. 1839 : *interpretatione multis locis, imprimis apud*

Ennod. satis ambigua). Dans l'extrait de l'*epist.* 4, 23 2, le Thesaurus considère *genius* comme un synonyme de *uires*, *uigor*, *auctoritas* (voir aussi Ennod., *opusc.* 6, 3, 10 : *genius uigorque ueri* ; Cassiodore, *uar.* 10, 13, 4 : *habebunt genium* [=*auctoritatem*] *mores*).

8. Ce vocabulaire imagé, qui faisait les délices de l'orateur Symmaque (voir Symm., *epist.* 1, 3, 2 et 3, 11, 2), est emprunté à Juvénal esquissant le portrait d'un poète d'exception (*Sat.* 7, 53-55 : *Sed uatem egregium, cui non sit publica uena, / Qui nil expositum soleat deducere, nec qui / Communi feriat carmen triuiale moneta* : « mais le poète exceptionnel à l'inspiration non-pareille, fuyant les sujets banals, sachant n'être pas qu'un plat fabricant de vers éculés », trad. O. Sers). La métaphore de la *moneta* réapparaît chez Ennode dans l'*epist.* 7, 16, 2 à Agnellus qui joue précisément le rôle d'intermédaire entre Ennode et Dominator : *Quamuis monetam Latiaris eloquentiae teneas (...)*.

Le mot *perpendiculum* désigne le fil à plomb (Cic., *Fat.* 22). L'expression *ad perpendiculum* signifie, au sens figuré, « suivant la règle » (Aus., *Par.* 5).

Lettre 24

1. L'anxiété et la souffrance d'Ennode s'expliquent peut-être par le contexte polémique et violent du schisme laurentien (voir introduction, p. VII-XIV : « le contexte historique : le schisme laurentien et ses suites (498-507) »). L'expression « vigueur des ennemis » pourrait être, en effet, une allusion aux troubles qui ensanglantèrent Rome. Le *Liber Pontificalis* raconte que les partisans de l'anti-pape Laurent assassinaient les partisans de son rival Symmaque (*Liber pontificalis*, éd. L. Duchesne, Paris, 1955[2], *Symmachus* (498-514), 53. 5, p. 260-261 : *Qui uero communicabant beato Symmacho iuste, publice qui inuenti fuissent intra Vrbem gladio occidebantur*) ; Ennode, porte-parole de Symmaque, se serait donc senti directement menacé (*labefactatam salutem*). D'après cette hypothèse, Ennode se trouverait donc à Rome au moment où il écrit cette lettre.

Lettre 25

1. Bassus : *uir clarissimus* (*epist.* 1, 20, 6 à Faustus, p. 38), résidant en Gaule, époux de Viola à laquelle Ennode consacre un poème (*carm.* 2, 129, p. 245). Bassus a été, semble-t-il, un ami très proche des *parentes* d'Ennode et notamment de Camillus qui pourrait être son père (voir note suivante). Bassus se rend à Ravenne auprès du questeur Faustus pour lui remettre une lettre d'Ennode (*epist.* 1, 20, 6 à Faustus, p. 38).

2. Cette épître contient plusieurs indices sur l'ascendance directe d'Ennode. Deux hypothèses ont été formulées faisant d'Ennode tantôt le fils de Firminus, tantôt celui de Camillus. La première solution, la plus fréquemment admise, se fonde sur des données onomastiques (C. Setti-

pani, « Ruricius Ier évêque de Limoges et ses relations familiales », p. 195 ; *PLRE II*, p. 393 ; *PCBE II*, p. 620). Dans la *dictio* 8, écrite à l'occasion de l'entrée de son neveu Lupicinus dans l'auditorium de Deuterius, Ennode demande à Lupicinus (Flauius Firminus Licerius Lupicinus) de faire fructifier l'héritage de ses *maiores* : « Firminus et Licerius, astres de leur époque, confortent ton talent par ces paroles : contemple (...) la souche de l'une et l'autre famille (Ennod., *dict.* 8, 4) ». Cet encouragement semble révéler l'identité des grands-pères de Lupicinus (Firminus et Licerius) et, partant, celle du père d'Ennode (Firminus). Toutefois, il est possible qu'Ennode ait cité les noms des personnages les plus en vue dans chacune des deux familles. La *Correspondance* témoigne en effet de son admiration pour un certain Firminus (*epist.* 1, 8 et *epist.* 2, 7) qui fut peut-être le correspondant de Sidoine Apollinaire et le commanditaire du livre IX des épîtres de Sidoine (Sidon., *epist.* 9, 1, 1). Ce Firminus est bien un parent d'Ennode mais ne peut pas être son père, décédé depuis longtemps. Si le père d'Ennode s'appelle Firminus, il faut donc supposer l'existence de deux Firminus. Néanmoins, la révérence d'Ennode pour son correspondant montre que ce Firminus est suffisamment rayonnant pour être cité en exemple à Lupicinus. Possible grand-oncle du jeune homme, il ne serait pas surprenant qu'il fût présenté comme un de ses *maiores*. Ce constat a conduit J. Sirmond, en 1611, à considérer que le père d'Ennode était le frère de Firminus, Camillus, le second fils de Felix Ennodius, proconsul d'Afrique vers 420, qui est cité dans l'*epist.* 4, 25, 2 à Bassus : « si tu gardes à l'esprit Camille, tu n'oublieras pas Ennode ». L'ascendance directe de Camillus nous est donnée par une lettre de Sidoine Apollinaire : « à côté [de Sévérinus] se trouvait Magnus, préfet honoraire depuis longtemps, consul honoraire depuis peu, une personnalité digne de cette double distinction, après lequel avait pris place Camillus, le fils de son frère, qui, en assumant lui aussi la charge de deux magistratures avait fait honneur à la fois au proconsulat de son père et au consulat de son oncle (Sidon. *epist.* 1, 11, 10 à Montius, II, p. 38) ». Reprise par G. Hartel dans son édition de 1882 et défendue récemment par B. Bureau, cette seconde hypothèse s'appuie sur l'*epist.* 4, 25 d'Ennode à Bassus qui entretenait une vieille amitié avec les *parentes* d'Ennode (B. Bureau, « Parthenius et la question de l'authenticité de la *Lettre à Parthenius* d'Arator », *Moussyllanea. Mélanges de linguistique et de littérature anciennes offerts à Claude Moussy*, 1998, p. 387-399). Cette lettre ne permet pas d'affirmer catégoriquement que le *parens* d'Ennode, Camillus, soit son père puisque le vocabulaire de la « parenté » ne désigne pas seulement les liens du sang (M. Heinzelmann, « *Pater Populi* : langage familial et détention de pouvoir public », *Aux sources de la puissance : sociabilité et parenté*, 1989, p. 47-56 ; voir aussi S. A. Kennell, p. 140, n. 64). Toutefois, « s'il est difficile d'aller jusqu'à dire que Camillus est le père d'Ennode, il est tout aussi difficile, et peut-être plus encore, de le faire pour Firminus (B. Bureau, « Parthenius et la question de l'authenticité de la *Lettre à Parthenius* d'Arator », *art. cit.*, p. 395) ». La lecture des *Épîtres* nous conduit donc à préférer l'hypothèse de Sirmond, même s'il faut bien reconnaître que ce choix ne bouleverse pas la connaissance de la famille d'Ennode puisque Firminus et Camillus étaient probablement frères, fils de Felix Ennodius, proconsul d'Afrique vers 420.

3. Voir note précédente.

4. Le mot *baiulus* est employé par Jérôme pour désigner les porteurs (Hier., *epist.* 6, 1, p. 19 : *neglegentia baiulorum*).

Lettre 26

1. Sur Eugenes (ou Eugenetes), probablement frère d'Olybrius et fils d'un avocat milanais, questeur du palais en 506 puis maître des offices, voir *epist.* 3, 2 note 1.

2. *Faustum* : la lettre commence par un jeu de mot sur l'adjectif *faustus* qui signifie « heureux, favorable, prospère » et qui est aussi le nom de Faustus, questeur du palais et puissant soutien d'Ennode à Ravenne, qu'Eugenes vient à peine de remplacer dans cette charge.

3. Il s'agit de la questure du palais. Porte-parole du roi, le questeur est un haut représentant de la justice royale : il écrit les textes de ses lois et reçoit les suppliques qu'on lui adresse, les *preces*. Ennode, qui écrit souvent à Faustus pour lui demander de résoudre des affaires, célèbre la fonction de questeur dans ses hymnes : *carm.* 1, 2, 5 : *Vox iusti quaestor, legum substantia...* (Delmaire, p. 57-63 : « le questeur du palais »).

4. L'oxymore *dominus libertatis* souligne un aspect essentiel de la représentation du roi de Ravenne Théodoric, aussi qualifié par Ennode de *dominus rerum* : voir J.-P. Callu, « Être Romain après l'Empire », *Identità e Valori, Fattori di Aggregazione e Fattori di Crisi nell'Esperienza Publica Antica*, A. Barzanò *et alii* (éds.), Roma, 2001, p. 294 : « le roi était *dominus libertatis* qui, en garantissant au « Sacré Collège » ses biens et ses dignités, le rendait encore plus libre : *Senatui liberiori per dominum*. En Provence, on était redevenu citoyen ; à Rome, les sénateurs accroissaient leurs privilèges dans la société. À défaut de commander, la Curie prospérait. N'avait-elle donc pas le droit de se proclamer *libertatis penetralia* ? ». Sur l'image et l'idéologie politiques de Théodoric, voir aussi A. Goltz, *Das Bild Theoderichs des Großen in der Überlieferung des 5. bis 9. Jahrhunderts*, Berlin, New York, 2008, p. 307-432 : « Die Überlieferung im Ostgotenreich bis zum Gotenkrieg ».

5. Littéralement : « sans le dommage du changement ».

6. Le sens de l'expression *in magna beneficiorum promulgatione* n'est pas clair : s'agit-il de la période de vœux qui accompagnent une entrée en charge ou plutôt des mesures bénéfiques qu'est en train de prendre Eugenes ? Mais une troisième interprétation est possible puisque Eugenes, comme questeur, est chargé de « publier » les bienfaits du roi, c'est-à-dire ses lois. Il faudrait alors comprendre « pendant que vous publiez de grands bienfaits ».

Lettre 27

1. Sur Senarius, ami et parent d'Ennode (*uincula caritatis et sanguinis*), qui occupait de hautes fonctions à la cour de Ravenne, voir *epist.* 3, 11, note 1.

2. Le verbe *dictare* rappelle qu'Ennode ne copiait pas lui-même ses lettres, même s'il lui arrivait probablement de le faire. Suivant une pratique très répandue, il les « dictait » à un copiste comme l'ont fait, avant lui, d'autres épistoliers célèbres : par exemple Cic., *Att.* 2, 23, 1 : *haec dictaui ambulans* (« j'ai dicté ces lignes tout en marchant », trad. L.-A. Constans).

3. La forme de génitif pluriel *sensuum* est souvent employée par Ennode dans le sens de « pensées » : Jean brille par « la nouveauté de ses pensées » (*nouitas sensuum, epist.* 1, 1, 4), Dieu est « celui qui scrute les pensées » (*discussor sensuum, epist.* 4, 13, 1), le porteur, « celui qui révèle les pensées dans les limites étroites des lettres » (*inter sermonum angustias interpres sensuum, epist.* 4, 27, 1) et le maître, « celui qui façonne les pensées » (*fabricator sensuum, dict.* 7, 3). L'expression *sensuum nouitas* est également employée par Symmaque dans une lettre souvent citée par Ennode (voir Symm., *epist.* 1, 53, 2).

Lettre 28

1. Sur Agapitus, ami d'Ennode et peut-être parent de Faustus, voir *epist.* 4, 6, note 1.

2. La même idée est exprimée dans *epist.* 5, 16, 1 à Luminosus : *Non deberent esse negotiosa conloquia, quæ pro remedio sibi amor invenit, nec religionis stipendium ad necessaria nos oporteret euocare commercia : quia dulce esset epistularum munia soli militare concordiæ.*

3. La précédente lettre à Agapitus (*epist.* 4, 16) était une lettre de recommandation dans laquelle Ennode demandait à Agapitus d'aider le *uir sublimis* Panfronius à obtenir la charge du vicariat (probablement la vice-préfecture du prétoire). L'*epist.* 4, 28 fait donc peut-être allusion à d'éventuels obstacles empêchant la réalisation de ce projet. Sur Panfronius, voir *epist.* 4, 14, 1 à Agapitus, note 2.

4. La fin de la phrase n'est pas claire. Nous n'avons identifié avec certitude ni le sujet de *ferat* (sans doute *uir sublimis*) ni le sens de *compendium* (avantage, compensation) ni la nature de *forte* (adjectif neutre épithète de *compendium*).

Lettre 29

1. Sur le pape Symmaque, voir *epist.* 4, 1, note 1.

2. *Inauspicatus* est employé par Ennode dans le sens d'« inattendu », « inespéré » : voir *epist.* 1, 5, 8 à Faustus : *inauspicatis successibus* ; 9, 33, 6 à Césaire : *inauspicata sublimitas.*

3. Cette remarque apparemment anodine rappelle, comme l'*epist.* 2, 19 à Constantius, une conception anti-augustinienne du salut. En effet, on ne peut pas ne pas rapprocher cette épître du contexte de la controverse semi-pélagienne, qui était encore active au début du VIe siècle en Provence et en Italie du Nord : la réfutation de l'hérésie pélagienne avait conduit saint Augustin à radicaliser sa doctrine en estimant que le salut n'était « pas dû aux mérites, mais à la grâce » (voir *De dono perseuerantiae* ; *De praedestinatione sanctorum*). Les derniers développements de la doctrine augustinienne sur la grâce, notamment sur la prédestination des élus, avaient troublé les moines provençaux qui insistaient sur la collaboration de la grâce et du libre arbitre, soulignant l'importance des « mérites » individuels et les dangers d'une conception fataliste du salut. L'*epist.* 2, 19 d'Ennode à Constantius défendait la théorie des moines provençaux, qualifiée de « semi-pélagienne » depuis le XVIe siècle. La lettre d'Ennode à Constantius, qui ressemble à une sorte de petit traité sur la grâce et le libre arbitre, illustre le succès des thèses « semi-pélagiennes » dans les cercles aristocratiques au début du VIe siècle, rappelant l'attrait de l'aristocratie impériale pour la doctrine pélagienne de la nature, du mérite et du libre arbitre à Rome au début du Ve siècle (voir J.-M. Salamito, *Les virtuoses et la multitude*, Grenoble, 2005, p. 293). L'*epist.* 4, 29 adressée au pape montre quant à elle que l'évêque de Rome était lui-même attaché à la collaboration de la grâce et du libre arbitre, définitivement adoptée par le concile II d'Orange (529) qui mit un terme à la controverse entre les moines provençaux et certains disciples prédestinationistes d'Augustin.

4. La référence à l'évêque d'Aquilée, dans la suite de la lettre, montre qu'il s'agit sans doute des ennemis de Symmaque durant le schisme laurentien.

5. Il s'agit sans doute de l'évêque d'Aquilée Marcellianus, ennemi du pape Symmaque pendant le schisme laurentien, et qui refusa la communion de Rome jusqu'à sa mort, survenue peu après la résolution du schisme en faveur de Symmaque. Ennode fait donc ici probablement allusion au décès de l'évêque d'Aquilée dont il refuse de citer le nom et dont il supervisera de très près la succession (voir *epist.* 4, 31 à Avitus et surtout *epist.* 5, 1 à Liberius ; voir aussi Cl. Sotinel, *Identité et christianisme. Aquilée du IIIe au VIe siècle*, 2006, p. 291).

6. Ennode réitère ici, de façon plus discrète, sa demande de l'*epist.* 4, 1, 1 : « C'est le propre d'un bon général d'attiser le courage du soldat éprouvé au combat (...). Puisse-t-elle reconnaître mon dévouement dans la paix afin que la concorde mette en valeur la soumission de celui

dont le zèle s'est révélé dans l'adversité ». Comme pour cette première épître, l'insistance d'Ennode est une façon détournée de réclamer au pape ce qu'il réclame de façon beaucoup plus explicite dans les lettres destinées à l'entourage du pape : le remboursement des sommes prêtées à Symmaque par l'évêque de Milan au moment du schisme, les fameux 400 *solidi* d'or dont Ennode s'était porté caution : voir *epist.* 3, 10, 3 à Luminosus : « Vous savez parfaitement que, par mon intermédiaire et de vive voix, votre saint père, le seigneur évêque, vous a demandé que la dépense qui a été faite pour les nécessités du Seigneur pape à Ravenne, soit l'objet d'un remboursement » (voir introduction, p. VII-XIV : « le contexte historique : le schisme laurentien et ses suites (498-507) »).

Lettre 30

1. Sur Eugenes (ou Eugenetes), probablement frère d'Olybrius et fils d'un avocat milanais, questeur du palais en 506 puis maître des offices, voir *epist.* 3, 2 note 1.

2. Le Latium symbolise l'éloquence classique des auteurs antiques (*epist.* 2, 6, 3 à Pomerius : « tu t'acharnais à chercher dans mes lettres dictées sans application l'harmonieuse symétrie de Rome et la veine fluide du Latium ». L'expression *Romana aequalitas et Latiaris undae uena* définit un idéal stylistique qui renvoie à la « latinité » classique (*Ennode, Lettres*, I, p. C-CIII).

3. L'expression *cessantibus studiis* rappelle le renoncement d'Ennode aux études libérales et à l'éloquence profane. Dans la *Correspondance*, Ennode explique souvent cette rupture par le choix de la cléricature : « (...) il y a longtemps que l'amour de l'oraison m'a éloigné des figures oratoires et que je ne peux me laisser accaparer par les fleurs de la rhétorique, moi que le cri du devoir appelle aux plaintes et aux prières (*epist.* 1, 16, 4 à Florianus) ». Ce renoncement est illustré par son éloignement des écoles et des études libérales : « De notre côté, nous qui sommes éloignés de l'enseignement des écoles, nous provoquons par les gouttelettes d'un aride talent les flots d'un océan » (*epist.* 2, 7, 3 à Firminus). Ennode aurait en quelque sorte rompu avec son passé de rhéteur, comme le suggère l'allusion aux deux périodes de son existence, « avant » et « après » la rupture : « Si jadis (*quondam*), quand je me délectais encore des études libérales toutes nouvelles pour moi, quelqu'un m'avait touché d'un tel coup de dent, j'aurais préparé soit une réplique adaptée pour me justifier soit une objection dont je n'aurais pas eu à rougir. Mais à présent (*nunc*), salut, mon cher Seigneur, et, à mon égard, joue plutôt le rôle de défenseur de l'enseignement de l'Église (*epist.* 2, 6, 5 à Pomerius) ». Le sentiment d'une incompatibilité entre sa *professio* et les études littéraires est exprimé clairement lorsqu'il affirme détester le nom même des arts libéraux (*epist.* 9, 1, 4 à Arator) ou lorsqu'il refuse à sa parente Camilla d'instruire son fils dans les arts

libéraux en invoquant le fait que l'enfant est déjà engagé dans l'Église (*epist.* 9, 9, 1-2 à Camella). Plus symbolique que réelle – puisqu'Ennode continue d'écrire suivant les canons rhétoriques traditionnels – cette rupture n'en est pas moins fondamentale : elle présente le profane comme une figure limite, un repoussoir qui permet à celui qui l'exclut du discours d'affirmer son identité propre. La *Correspondance* entretient donc l'image d'un choix radical de la cléricature après un temps de perdition auxquels l'*Eucharisticum* (*opusc.* 5) donne plus de solennité. Il semble qu'Ennode ait cherché à forger cette représentation – très augustinienne – de lui-même et à la diffuser aussi bien dans ses épîtres que dans son autobiographie.

4. Cette courte lettre est marquée par l'expression de la satisfaction : *successibus, gaudia, hilaritas, laetitia, prosperitatis, plenitudine.*

5. Le parfait *reddiderunt* a la valeur d'un « aoriste gnomique » grec qui exprime une vérité d'expérience en dehors de toute considération temporelle. Il se traduit plutôt par un présent en français (voir Ernout-Thomas, § 244, p. 224).

6. Nous traduisons *per sudum rutilans* par « resplendissant de pureté ». L'adjectif substantivé *sudum* désigne le ciel pur, le temps serein (voir Plaut., *Mil.* 2 : *cum sudum est*, « quand il fait beau »). Ennode emploie six fois l'expression *per sudum rutilans* dans son œuvre, comme une expression proverbiale, fréquente dans la littérature latine (voir Verg., *Aen.* 8, 529 : *per sudum rutilare*).

7. Jeu de mot sur *uerba discurrunt* ; *discurrere* signifie « accourir de différents côtés » mais aussi « discourir », surtout en latin tardif : voir Amm. 17, 4, 1 : *pauca discurram.*

Lettre 31

1. Fils d'Helisea, parente d'Ennode (*epist.* 5, 5, 2 à Avitus : *uincula proximitatis*), Avitus réside à Aquilée où il interviendra directement, avec sa mère, dans la succession de Marcellianus et dans l'élection d'un évêque favorable à Symmaque. Exerçant une fonction judiciaire, Avitus est un personnage de rang élevé comme le suggèrent les termes *magnitudo* et *culmen.* Il reçut 7 lettres d'Ennode (*epist.* 4, 31 ; 5, 5 ; 5, 20 ; 5, 21 ; 5, 25 ; 6, 13 ; 6, 14) qui lui demande d'intervenir dans la succession de l'évêque d'Aquilée (*epist.* 4, 31 ; 5, 5) et en faveur du frère de Bonifacius, prisonnier dans la région d'Aquilée (*epist.* 5, 20). Il se rendit également en Ligurie où il défendit, avec Ennode, le fils du préfet de l'annone Sabinus (*epist.* 5, 25). Par la suite, il se fixa sans doute à Ravenne où il s'associa à plusieurs personnages de la cour pour s'adresser au pape Jean II (533-535) sur des questions théologiques.

2. Il n'est pas certain qu'il faille interpréter la première personne du pluriel comme un pluriel de majesté. En effet, Ennode traduit dans cette

lettre le sentiment de son évêque, Laurent de Milan, et de son Église fortement impliquée aux côtés de Symmaque.

3. Le code épistolaire impose de répondre à la nouvelle d'un décès par l'expression, même formelle, de la tristesse. Mais nous sommes loin d'une lettre de consolation. Quel que soit son respect pour un « si grand pontife », Ennode a du mal à cacher sa satisfaction qui éclate dès la première lignes (*gaudii* ; *hilaritatis* ; *iucunditas* ; *serena*). Les partisans de Symmaque sont enfin débarrassés de l'un de leurs principaux adversaires, l'évêque d'Aquilée, un des sièges stratégiques d'Italie du Nord, qui demeurait un obstacle à l'autorité grandissante de l'évêque de Rome.

4. *Ab hoc quia* est employé en latin tardif comme synonyme de l'expression classique *ex eo quod* ou *ab eo quod* (Cic., *nat. deor.*, 2, 68).

5. Le thème de la santé du pape est sans doute métaphorique. En effet, durant le schisme laurentien, la mauvaise santé du pape était une métaphore du schisme qui déchirait l'Église de Rome (*epist.* 1, 14, 3 à Faustus, p. 30 : « La santé du saint évêque, votre Père, presque arrivée à un point critique, m'a absorbé et, bien que l'Église entière se lamentât sur sa maladie, je fus pourtant accablé d'une tristesse toute particulière, moi qui dois davantage à son amour. J'ai vu la paix de la cité quitter l'enceinte de notre ville sous la pression de la discorde et échapper à nos yeux comme une divinité hésitante et vagabonde. Mais qu'une brève narration suffise à de tristes événements ! »).

6. Peut-être une allusion à Symmaque auquel s'était durement opposé Marcellianus. Ennode semble vouloir dire que l'évêque de Rome a aussi la « charge de l'âme » de l'évêque d'Aquilée, suggérant au passage la soumission spirituelle des évêques au siège de Rome que refusait précisément l'ancien évêque d'Aquilée (voir introduction, p. VII-XIV : « le contexte historique : le schisme laurentien et ses suites (498-507) »).

7. Si la métaphore du « chemin » se poursuit, il faudrait traduire « il est sacrilège (...) de conduire sur des chemins incertains / aventureux (...) ».

Lettre 32

1. Sur Eugenes (ou Eugenetes), probablement frère d'Olybrius et fils d'un avocat milanais, questeur du palais en 506 puis maître des offices, voir *epist.* 3, 2 note 1.

2. On retrouve la même idée dans la lettre suivante (*epist.* 4, 33, 3 à Senarius) : « il n'est pas juste de demander aux personnes occupées d'avoir les activités des oisifs ; il est difficile de pouvoir s'abaisser à ces devoirs pour ceux qui sont attachés au service du prince ».

3. Ennode parle de « religion des amitiés » (l'expression *amicitiarum religio* est employée quatre fois : *epist.* 1, 19, 2 ; 2, 1, 1 ; 3, 10, 1 ; 4, 35, 1) ou de « religion de l'échange épistolaire », s'appuyant sur l'une des étymologies du mot *religio*, à savoir « ce qui fait lien ». Cette « religion des amitiés » confère à l'échange épistolaire l'aura d'un véritable rite

social au caractère obligatoire. C'est pourquoi la quasi totalité des lettres se terminent par une condamnation du silence (Sur la « religion des amitiés », voir *Ennode, Lettres*, I, p. LXXIII-LXXVI).

4. Montanarius : porteur d'une lettre d'Ennode à Eugenes, questeur du palais à Ravenne. Ennode se plaint que celui-ci ne lui ait pas remis de réponse (*epist.* 4, 32, 3 à Eugenes). Il faut peut-être l'identifier avec le porteur homonyme chargé de remettre une épître du roi Théodoric (Cassiodore, *uar.* 2, 8) et une somme de 1 500 *solidi* à l'évêque Seuerus, évêque d'Italie du Nord ou de Provence (Seuerus de Vence ?). Cette somme devait sans doute compenser les frais consécutifs au passage de l'armée gothique dans la province de l'évêque Seuerus au moment de l'annexion de la Provence en 508 (*PLRE II*, « Montanarius », p. 765 ; *PCBE II*, « Montanarius », p. 1522).

Lettre 33

1. Sur Senarius, qui occupait de hautes fonctions à la cour de Ravenne, voir *epist.* 3, 11, note 1.

2. Voir Tite-Live, *suppl.* lib. 19, 11 : *aestimator improuidus.*

3. Il s'agit bien entendu d'une réponse épistolaire.

4. L'adjectif *comitatensis* est formé à partir de *comitatus* qui désigne l'entourage du prince, la cour. Il est un synonyme, à l'origine, de *palatinus* (voir G. Maier, *Amtsträger und Herrscher in der Romania Gothica, Vergleichende Untersuchungen zu den Institutionen der ostgermanischen Völkerwanderungsreiche*, Stuttgart, 2005, p. 310).

5. D'après la suite du texte (*tecto uelamine* ; *sine obstaculo uestium*), l'expression *lineis quadrata fabrilibus* pourrait renvoyer à la magnificence des habits de cour revêtus par Senarius, dont « la grandeur est magnifiée par les traits des artisans (=tisserands) ». Mais il s'agit peut-être d'artisans ayant réalisé un buste ou une statue du questeur. On pourrait alors traduire *quadrata* par « statufiée » (« la grandeur est statufiée par les traits des artisans (= sculpteurs) »).

6. Deux interprétations sont possibles pour cette phrase : le groupe *aulicis excocta fornacibus* peut se rapporter à *latentis interna consilii* (« les arcanes d'une décision secrète façonnées dans les forges de la Cour ») ou bien à *urbanitas* (« l'urbanité acquise dans les forges de la cour »). La seconde interprétation développe une idée très proche de la phrase précédente et permet rattacher *apud caros* (« auprès des êtres chers ») à la seconde partie de la proposition. Mais il est possible qu'Ennode joue volontairement sur cette ambiguïté syntaxique pour tenir un double registre de langage à la fois politique (Ennode veut connaître les secrets de la cour) et moral (Ennode enseigne l'importance de la sincérité des cœurs).

7. Ennode ne précise pas la nature de ces *latentis interna consilii.* S'agit-il de sentiments personnels ou de secrets politiques gardés à Ravenne ? Peu de temps après cette lettre, vers 510, Cassiodore écrit une

lettre, au nom du roi Théodoric, qui fait l'éloge de Senarius pour sa probité et sa discrétion dans les affaires sensibles (*uar.* 4, 3, 3 : *fuit quoque in te pars altera uitae laudabilis, quod* ***arcana nostra probitate claudebas****, multorum conscius, nec tamen, cum plura nosses elatus*). Rien ne prouve qu'il existe un rapport entre les *latentis interna consilii* évoqués par Ennode et les *arcana nostra* rappelés par Cassiodore. Mais l'éventualité d'un tel lien, qui n'est pas exclu, permettrait d'accorder une signification politique à l'insistance d'Ennode qui évoque aussi la « peur » et la menace des « ennemis ». Senarius est en effet une personnalité politique de première importance, ambassadeur du roi Théodoric, et un homme de confiance du pape. Vers 515-516, Avit de Vienne s'adresse également à Senarius (Avit, *epist.* 39, p. 123-126) pour entrer en contact avec le pape Hormisdas, dans le contexte du schisme acacien et des négociations entre le pape et l'empereur Anastase sur la question du monophysisme (voir *epist.* 3, 11, 1 à Senarius, note 1).

8. On retrouve la même idée dans la lettre précédente (*epist.* 4, 32, 1 à Eugenes) : « S'abstenir d'envoyer des lettres pourrait, à la rigueur, être excusé chez ceux qui sont occupés par des charges d'utilité publique ».

Lettre 34

1. Hormisdas : membre d'une riche famille campanienne, fils de Iustus, diacre sous le pontificat de Symmaque puis évêque de Rome (514-527), père de Silverius, lui-même évêque de Rome (536-537). Hormisdas apparaît d'abord dans la *Correspondance* comme un diacre influent de l'Église de Rome. Ennode s'adresse plusieurs fois à lui pour résoudre des affaires, notamment le remboursement du prêt consenti par l'évêque de Milan à Symmaque au cours du schisme laurentien. Durant le conflit, Hormisdas fut un des principaux soutiens de Symmaque en l'aidant à obtenir, grâce à ses relations privilégiées avec le diacre de Milan, des aides financières et matérielles de l'Église de Milan. C'est Hormisdas qui fut chargé de lire à haute voix le texte de la *scriptura* durant le second concile du pontificat de Symmaque, à l'automne 501, qui décida d'annuler la *scriptura* de 483 et d'adopter un nouveau règlement pour l'administration des biens de l'église de Rome (voir introduction, p. VII-XIV : « le contexte historique : le schisme laurentien et ses suites (498-507) »). Il est mentionné au 3e rang des diacres sur la liste de présence à la 5e session du troisième concile, réunie le 6 novembre 502 sous la présidence de Symmaque, au cours de laquelle fut réaffirmée l'autorité de Symmaque. Le diacre Hormisdas reçut sept lettres d'Ennode (4, 34 ; 5, 13 ; 6, 33 ; 7, 12 ; 8, 33 ; 8, 39 ; 9, 5) qui révèlent un respect mutuel et une grande relation de confiance. Hormisdas demande lui aussi les services d'Ennode (*epist.* 7, 12). Ennode accéda au siège de Pavie à peu près au moment où Hormisdas devient évêque de Rome le 20 juillet 514. Plusieurs indices suggèrent qu'Ennode participa à l'élabora-

tion de lettres officielles du pape Hormisdas. Il s'agit des épîtres relatives au schisme acacien qu'Ennode a personnellement apportées à Constantinople au cours des deux ambassades pontificales qu'il a conduites en 515 et en 517 (*PCBE II*, « Hormisda », p. 1015-1016 et S. Gioanni, « La contribution épistolaire d'Ennode de Pavie à la primauté pontificale sous le règne des papes Symmaque et Hormisdas », dans *MEFRM*, 113, 2001, p. 245-268).

2. Cet argument fut repris par Venance Fortunat, *carm.* 7, 12, vers 63-66 : « Vous voyez le temps s'écouler et ne rompez pas un long silence, vous refusez de me réconforter et vous taisez, pour ma peine. Non, je ne pensais pas dans mon exultation, lorsque la Germanie eut réuni nos regards, que votre amitié reculerait » (trad. M. Reydellet).

3. Littéralement : « grâce à ces devoirs, rien ne périssait dans l'affection entre ceux qui vivent éloignés ».

4. Deux interprétations sont possibles pour l'expression *uersa aestimatione* : s'agit-il de l'avis d'Ennode (« moi qui suis d'un avis différent ») ou, comme nous l'avons compris, de son correspondant (« puisque vous avez changé d'avis ») ?

5. La métaphore de la lime est habituelle pour désigner le travail de l'écriture et de la perfection rhétoriques, y compris dans la *Correspondance*. Le travail de la « lime » est explicitement évoqué dans l'*epist.* 2, 6, 3 à Pomerius (*quid lima poliret inuenit*) et dans l'*epist.* 2, 13, 3 à Olybrius (*limam studiorum ad oris fabricam*). M. Banniard écrit à propos de Sidoine Apollinaire que ce « vocabulaire (...) est moins imagé que technique. L'expression *lima oris* renvoie aux *uitia oris*, qui désignent chez Quintilien les défauts de diction et de voix, qu'il faut corriger (*expolire*) jusqu'à obtenir la perfection » (voir M. Banniard, *La rouille et la lime : Sidoine Apollinaire et la langue classique en Gaule au Ve siècle*, p. 415. L'auteur cite l'*epist.* 2, 10, 6 de Sidoine et deux extraits de Quintilien (*inst.* 1, 11, 13 ; 11, 3, 30). En évoquant « la lime des études », Ennode prie son correspondant de ne pas adopter les habitudes profanes qui leur sont étrangères et de nouer avec lui une amitié sincère qui permet à la *concordia* d'atteindre la *coniunctio*.

6. Sur la notion d'*urbanitas*, voir *epist.* 4, 5, 1 à Faustus, note 4.

Lettre 35

1. Apronianus : cet ami d'Ennode ne reçut qu'une lettre du diacre de Milan (*epist.* 4, 35) ; les termes employés (*uir illustris*, *domine*...) suggèrent qu'Apronianus occupait une fonction importante à Ravenne. Cassiodore nous apprend qu'Apronianus était comte des Largesses privées de 507 à 511 (*uar.* 3, 53, p. 108 : *Aproniano illustri uiro comiti priuatarum Theodericus rex*). Sur la fonction de comte des Largesses Privées (CRP), responsable notamment de la gestion des domaines du fisc et des confiscations, voir Delmaire, p. 121 et p. 138 *sq.* (*PLRE II*, « Apronianus 2 », p. 124).

2. La métaphore agreste, nourrie de nombreux échos à Virgile, est fréquente dans la *Correspondance* d'Ennode (par exemple *epist.* 1, 3, 1 à Faustus, p. 9 : « Ainsi la terre féconde donne-t-elle au laboureur le salaire de son travail quand il a tourné et retourné les mottes et, de chaque germe, la glèbe enfante une noble moisson »). Elle exprime la croissance de l'amitié alimentée par la religion épistolaire et l'excellence morale des correspondants. Elle préfigure le genre des Géorgiques spirituelles qui se multiplieront au Moyen Âge, comme en témoignent par exemple Jean de Garlande au XIIIe siècle (B. Faye Wilson, « The *Georgica Spiritualia* of John of Garland », dans *Speculum*, 8, 1933, p. 358-377) ou Dante au XIVe siècle (par ex., *epist.* 5 « *Ecce nunc tempus acceptabile* », 5, 15-17 : *uos autem qui lugetis oppressi « animum subleuate, quoniam prope est uestra salus »* [*Luc.* 21, 28]. *Assumite* rastrum *bone humilitatis, atque* glebis *exuste animositatis* occatis, agellum *sternite mentis uestre, ne forte celestis imber,* sementem *uestram ante iactum preueniens, in uacuum de altissimo cadat. Non resiliat gratia dei ex uobis tanquam ros quotidianus ex lapide ; sed uelut* fecunda *uallis concipite ac uiride* germinetis, *uiride dico* fructiferum *uere pacis ; qua quidem* uiriditate *uestra terra* uernante, *nouus* agricola *romanorum consilii sui boues ad aratrum affectuosius et confidentius coniugabit. Parcite, parcite iam ex nunc, o carissimi, qui mecum iniuriam passi estis, ut hectoreus* pastor *uos* oues *de* ouili *suo cognoscat...*).

3. Nous comprenons l'expression *senior prouidentia* comme B.-J. Schröder (p. 307 : « die Fürsorge der Alten » = « la sagesse des anciens ») et non comme S. Léglise qui traduit « la vénérable Providence ». Sur les emplois de *prouidentia* comme synonyme de *prudentia*, voir *epist.* 4, 16, note 2, p. 130.

TABLES DES MATIÈRES

Ce volume,
le trois cent quatre-vingt-quinzième
de la série latine
de la Collection des Universités de France,
publié aux Éditions Les Belles Lettres,
a été achevé d'imprimer
en juin 2021
par La Manufacture Imprimeur
52202 Langres Cedex, France

N° d'édition : 9957
N° d'impression : 210626
Dépôt légal : juillet 2021